"十三五"国家重点出版物出版规划项目

中道
国路

国家出版基金项目
NATIONAL PUBLICATION FOUNDATION

|经|济|建|设|卷|

社会主义初级阶段
理论与实践

THE THEORY AND PRACTICE IN THE
PRIMARY STAGE OF SOCIALISM

卫兴华 著

中国财经出版传媒集团

经济科学出版社
Economic Science Press

图书在版编目（CIP）数据

社会主义初级阶段理论与实践/卫兴华著 . —北京：
经济科学出版社，2017.9（2018.5 重印）
（中国道路·经济建设卷）
ISBN 978 - 7 - 5141 - 8489 - 1

Ⅰ.①社⋯　Ⅱ.①卫⋯　Ⅲ.①社会主义初级阶段 -
理论研究 - 中国　Ⅳ.①D616

中国版本图书馆 CIP 数据核字（2017）第 236644 号

责任编辑：胡蔚婷
责任校对：杨晓莹　杨　海
责任印制：李　鹏

社会主义初级阶段理论与实践

卫兴华　著

经济科学出版社出版、发行　新华书店经销
社址：北京市海淀区阜成路甲 28 号　邮编：100142
总编部电话：010 - 88191217　发行部电话：010 - 88191522
网址：www. esp. com. cn
电子邮件：esp@ esp. com. cn
天猫网店：经济科学出版社旗舰店
网址：http：//jjkxcbs. tmall. com
北京季蜂印刷有限公司印装
710 × 1000　16 开　22 印张　270000 字
2017 年 9 月第 1 版　2018 年 5 月第 2 次印刷
ISBN 978 - 7 - 5141 - 8489 - 1　定价：66.00 元

《中国道路》丛书审读委员会

总　　序

　　中国道路就是中国特色社会主义道路。习近平总书记指出，中国特色社会主义这条道路来之不易，它是在改革开放三十多年的伟大实践中走出来的，是在中华人民共和国成立六十多年的持续探索中走出来的，是在对近代以来一百七十多年中华民族发展历程的深刻总结中走出来的，是在对中华民族五千多年悠久文明的传承中走出来的，具有深厚的历史渊源和广泛的现实基础。

　　道路决定命运。中国道路是发展中国、富强中国之路，是一条实现中华民族伟大复兴中国梦的人间正道、康庄大道。要增强中国道路自信、理论自信、制度自信、文化自信，确保中国特色社会主义道路沿着正确方向胜利前进。《中国道路》丛书，就是以此为主旨，对中国道路的实践、成就和经验，以及历史、现实与未来，分卷分册作出全景式展示。

　　丛书按主题分作十卷百册。十卷的主题分别为：经济建设、政治建设、文化建设、社会建设、生态文明建设、国防与军队建设、外交与国际战略、党的领导和建设、马克思主义中国化、世界对中国道路评价。每卷按分卷主题的具体内容分为若干册，各册对实践探索、改革历程、发展成效、经验总结、理论创新等方面问题作出阐释。在阐释中，以改革开放近四十年伟大实践为主要内容，结合新中国成立六十多年的持续探索，对中华民族近代以来发展历程以及悠久文明传承进行总结，既有强烈的时代感，又有深刻的历史感召力和面向未来的震撼力。

丛书整体策划，分卷作业。在写作风格上注重历史与现实、理论与实践、国内与国际结合，注重对中国道路的实践与经验、过程与理论作出求实、求真、求新的阐释，注重对中国道路作出富有特色的、令人信服的国际表达，注重对中国道路为发展中国家走向现代化和为解决人类问题所贡献的"中国智慧"和"中国方案"的阐释。

在新中国成立特别是改革开放以来我国发展取得重大成就的基础上，近代以来久经磨难的中华民族实现了从站起来、富起来到强起来的历史性飞跃，中国特色社会主义焕发出强大生机活力并进入了新的发展阶段，中国特色社会主义道路不断拓展并处在新的历史起点。在这新的发展阶段和新的历史起点上，中国财经出版传媒集团经济科学出版社精心策划、组织编写《中国道路》丛书有着更为显著的、重要的理论意义和现实意义。

《中国道路》丛书 2015 年策划启动，首批于 2017 年推出，其余各册将于 2018 年、2019 年陆续推出。丛书列入"十三五"国家重点出版物出版规划项目、国家主题出版重点出版物和"90种迎接党的十九大精品出版选题"。

《中国道路》丛书编委会
2017 年 9 月

前　言

社会主义初级阶段的基本国情
"没有变"与"不断变"的辩证逻辑

　　社会主义初级阶段理论，是在总结我国改革开放前经历 30 年社会主义建设事业的经验教训基础上提出的，也是遵循社会主义经济发展规律的创新理论。我国曾脱离半殖民地半封建主义的旧中国给新中国留下来的生产力极端落后的遗产，在经济、文化、教育、医疗、科技等方面与发达国家存在巨大差距的条件下，急于求成，做了许多超越发展阶段的错事，付出了损害人民利益和社会主义事业的巨大代价。在解放思想，弄清什么是社会主义、怎样建设社会主义的理论变革中，中央提出了社会主义初级阶段理论。提出这一理论的现实根据是什么？1987 年党的十三大报告在以往中央有关论述的基础上，进一步较为系统地阐述了提出社会主义初级阶段理论所依据的具体国情和这一理论的重要现实意义。既确认我国是社会主义国家，要致力于社会主义建设事业，排除右的认识；又确认我国的社会主义还处于初级阶段，改革与发展要依据这一最大国情，不能盲目冒进，排除了"左"的认识。十三大报告指出："也正因为我们的社会主义是脱胎于半殖民地半封建社会，生产力水平远远落后于发达的资本主义国家，这就决定了我们必须经历一个很长的初级阶段，去实现别的许多国家在资本主义条件下实现的工业化和生产的商品化、社会化、现代化。"同时又说明尽管我国经过 30 年的发展，社会主义经济制度已经建立，经济、教育、文化有了相当大的发展，但是，"另一方面，人口多，底子薄，人均国民生产总值仍居于世界后列。突出的景象是：十亿多人口，八亿在农村，基本上还是用手工工具搞饭吃。"还存在"大量落后于现代水平几十年甚至上百年的工业"。我国"少量具有世界先进水平的科学技术，同普遍的科技水平不高，文盲半文盲还占人口近四分之一的状况，同时存在。"自然经济和半自然经济还占很大比重。1987 年的十三大报告距离 1956 年"三大改造"基本完成的时间，已经历了 30 多年的发展，还处于这样的落后状况。可见，1958 年就提出通过人民公社通向共产主义的举措，是多么脱离实际条件了。据国家统计局统计，改革开放初期，按旧标准计算，我国农村还有 2.5 亿贫困人口，温饱问题有待解决。到 1984 年，我国人均国民生产总值只达到 310 美元。同年，日本人均国民生产总值为 10 630 美元，美国为 15 390 美元。从这可以看出我国生产力落后的程度。生产力落后的程度决定了人民群众生活水平的低下程度。因此，提出了社会主义初级阶段的主要矛盾是人民日益增长的物质文化需要同落后的社会生产之间的矛盾。为了解决这一矛盾，"就必须大力发展商品经济，提高劳动生产率，逐步实现工业、农业、国防和科学技术的现代化，并且为此而改革生产关系和上层建筑中不适应生产力发展的部分。"

根据我国物质文化落后的具体国情，提出社会主义初级阶段理论，这一理论本身就成为我国改革与发展所依据的最大国情。习近平同志也指出，"我们要从社会主义初级阶段这个最大国情出发"。[①] 在 2017 年 7 月 26 日省部级主要领导干部专题研讨班开班

---

① 《习近平关于社会主义经济建设论述摘编》，中央文献出版社 2017 年版，第 10 页。

式上，习近平同样强调："全党要牢牢把握社会主义初级阶段这个最大国情，牢牢立足社会主义初级阶段这个最大实际。"

但是，应当明确，党的十三大提出社会主义初级阶段所依据的生产力和人民生活水平落后的具体状况，只是当时作为起点的具体国情。长达百年的社会主义初级阶段在不断发展中，现在再描述我国社会主义初级阶段的发展状况，就需要有新的论述、新的语境。

社会主义初级阶段理论所经历的时间，中央文件确认从1956 年"三大改造"完成算起，要经历百年时间，就是直到 21世纪中叶。应当明确两点：一是提出社会主义初级阶段理论所依据的物质文化落后状况，并不构成初级阶段的经济特点，而是作为初级阶段要消除落后贫困状态的任务论述的。概括地说，就是通过社会主义初级阶段 100 年的发展，不断提高生产力水平和满足人民群众的物质文化需要，走向共同富裕。二是提出社会主义初级阶段所依据的具体国情状况，只是 1956～1987 年 30 多年的发展状况。事实上，在初级阶段的长时期中，我国的生产力和人民的物质文化生活水平会不断提高。我初步考虑，可以大体上把长达 100 年的社会主义初级阶段，根据实际发展状况，划分为三个 30 年左右的具体小阶段。1956 年到 1987 年的 30 多年是前期小阶段，是总体上处于落后贫困的阶段。从 1987 年到 2020 年的30 多年中，是中期小阶段，是实现第一个 100 年即共产党成立100 周年的任务，即实现全面小康水平。通过发展和扶贫，消灭全国尚存的几千万人口的贫困状态。改革开放以来，我国的经济社会发展无论从纵向还是横向比较都是最快的。从 1978 年开始改革开放到 2015 年，我国 GDP 总量从 3 678 亿元增加到 685 505亿元，年均增长率为 9.7%；人均 GDP 由 385 元增加到 49 992元，年均增长率为 8.6%。2016 年，我国人均 GDP 已达到 8 000美元。农村贫困发生率，按 2010 年的标准计算，由 1978 年的

97.5% 下降到 2015 年的 5.7%。① 再经过约 30 年的发展，到本世纪中叶，即新中国成立 100 周年时，将实现第二个 100 年的目标，建成富强、民主、文明、和谐的社会主义现代化国家，实现中华民族的伟大复兴。

从横向国际发展比较看，我国目前的实际情况，如习近平同志所指出："我国用几十年的时间走完了发达国家几百年走过的发展历程。"②"我国在世界经济和全球治理中的分量迅速上升，我国是世界第二经济大国、最大货物出口国、第三大货物进口国、第二大对外直接投资国、最大外汇储备国、最大旅游市场，成为影响世界政治经济版图变化的一个主要因素。"③ 这与作为我国社会主义初级阶段的前期状况相比，真乃天壤之别。但是，我们绝不能以此自满。我国现在虽然摆脱了初期阶段的绝对落后状态，但还处于相对落后状态。习近平总书记多次用事实说明这一点。他在 2014 年 4 月 1 日的讲话中说："中国经济总量虽大，但除以十三多亿人口，人均国内生产总值还排在世界第八十位左右。中国的城乡低保人口有七千四百多万人……根据世界银行的标准，我国还有二亿多人口生活在贫困线以下。"2015 年 9 月 22日，他又在演讲中指出："中国依然是世界上最大的发展中国家，中国的人均国内生产总值仅相当于全球平均水平的三分之二，美国的七分之一……这两年，我去了中国很多贫困地区，看望了很多贫困家庭，他们渴望幸福生活的眼神深深印在我的脑海里。"④习近平同志对社会主义初级阶段的理论与实践运用了"没有变"与"不断变"的辩证法，他多次强调我国处于社会主义初级阶

---

① 国家统计局：《中国统计年鉴 2016》，中国统计出版社 2016 年版。

② 《习近平总书记系列重要讲话读本》（2016 年版），学习出版社、人民出版社，第 36～37 页。

③ 《习近平关于社会主义经济建设论述摘编》，中央文献出版社 2017 年版，第 39 页。

④ 《习近平关于社会主义经济建设论述摘编》，中央文献出版社 2017 年版，第 89 页。

段的最大国情没有变。在中国共产党成立九十五周年大会上的讲话中提出"三个没有变"，即"我国仍处于并将长期处于社会主义初级阶段的基本国情没有变，人民日益增长的物质文化需要同落后的社会生产之间的矛盾这一主要矛盾没有变，我国是世界上最大发展中国家的国际地位没有变。这是我们谋划发展的基本根据。"这里讲的"三个没有变"与我国改革开放近40年来的快速发展的大变化怎样相统一呢？在这个问题上，应注意到习近平同志于2017年7月26日在省部级主要领导干部专题研讨班开班式上的重要讲话。他指出："全党要牢牢把握社会主义初级阶段这个最大国情，牢牢立足社会主义初级阶段这个最大实际，更准确地把握我国社会主义初级阶段不断变化的特点"（重点为引者所加）。并且指出：改革开放和党的十八大以来，"党和国家事业发生历史性变革，我国发展站到了新的历史起点上，中国特色社会主义进入了新的发展阶段。中国特色社会主义不断取得的重大成就，意味着近代以来久经磨难的中华民族实现了从站起来、富起来到强起来的历史性飞跃。"这段话概括地说明了我国社会主义初级阶段发展中的重大变化。新中国的前30多年，虽然还处于落后和贫穷的状态，但中国国家和人民站起来了，洗雪了百年任由列强侵略宰割的耻辱；并建立了独立的工业体系，发展成就超过了旧中国的一两百年。党的十三大以后，改革开放不断推进，逐步朝着富起来、强起来的目标前进。特别是党的十八大以来，在富起来和强起来方面的工作成就尤为显著。

既强调我国社会主义初级阶段的最大国情没有变，社会主义初级阶段的主要矛盾没有变，这是从总体发展战略的大逻辑上讲的。既要看到初级阶段发展目标实现的长期性和复杂性，又要看到改革开放以来，我国日新月异的发展变化。具体变化表现在诸多方面，比如改革开放初期，提倡一部分人一部分地区通过诚实劳动、合法经营先富起来，先富带动后富。当前"先富起来"的政策已经完成其历史任务，而且出现了当时没有预想到的贫富分化现象。现在所强调的是以人民为中心的共享发展，将保障和改善民生问题提到一个很高的地位，强调缩小个人收入分配的过大差距，走共同富裕道路。

从战略定力的大逻辑来讲，我国社会主义初级阶段的主要矛盾没有变，并有例可证。根据世界旅游组织发布报告显示，中国游客蝉联境外消费冠军。2016 年中国游客境外消费达到 2 610 亿美元，比 2015 年增加了 12%；连续 15 年保持两位数的增长，把美、德、英、法甩在了后头。2015 年，中国人买走全球 46% 的奢侈品。这表明，中国生产的消费品仍不能完全满足国人的需要。另外，我国有些重要生产资料如某些特殊的高级钢材还需要进口。但是，要用发展的眼光评析问题。改革开放以来，我国的供求关系已发生了根本性的变化。在前期阶段，连日用消费品也严重供不应求，凭票证和副食本供应。随着市场化改革的推进和所有制结构的调整，乡镇企业和私人工商业在卖方市场条件下迅速发展起来，逐渐改变了"短缺经济"状况，由卖方市场转为买方市场，有些低端产品积压滞销。现阶段，由于人们的收入和生活水平总体上显著提高，需求结构产生变化，对高端产品包括奢侈品的需求增加。2008 年国际金融危机以后，国外消费需求发生变化，我国出口贸易也需要适应这种变化改革出口产品结构。由此，中央提出了供给侧结构性改革。供给侧结构性改革又是与近年来的发展新常态、经济增长转入中高速换挡期相联系的。

在前期阶段，讲 10 亿人口 8 亿在农村，现在也发生了重大变化。我国现在人口已达 13 多亿。根据国家统计局统计，2016年底，我国常住人口城镇化率为 57.35%，户口籍人口城镇化率为 41.3%。美国《福布斯》双周刊网站预测，到 2030 年，中国的城市居民人口将达到 10 亿，占中国总人口的 70%。我国虽然走出了十亿人口八亿农业人口主要靠手工搞饭吃的局面，但还应看到，我国的农业劳动生产率远比发达国家落后得多。英美等国家的农业劳动力只占总数的 3% 左右。与此相比我国农民务农收入明显低下，其出路在于实现农业现代化，提高农业劳动生产率，提高农产品的质量和效益。

社会主义初级阶段的重要经济特点，是国有经济为主导、公有制为主体、多种所有制经济共同发展；按劳分配为主体、多种分配方式并存。这一理论和政策同样长期坚持不变，但在具体提法上和实际发展中也在变化。原来的提法是公有制为主体、非公有制为补充。后来放弃"补充"一词，改提"共同发展"。非公有制经济的最初发展与现在的发展状况已不可比拟。"三大改造"是要让资本主义性质的私营经济"绝种"，个体经济也基本消除。所以，改革开放后，非公有制经济的发展，是一个从无到有、从少到多的过程。邓小平于 1985 年 8 月 28 日的讲话中说："公有制为主体，……包括全民所有制和集体所有制，现在占整个经济的百分之九十以上"。这种比例关系确实意味着只占百分之几的非公经济，只能起补充作用。然而，近些年来的发展情况发生了根本性变化。《人民日报》于 2007 年 2 月 1 日发表了《民营经济是构建和谐社会的重要力量》一文。其中讲到"民营经济已占到全国 GDP 的 65% 左右，占经济总量的 70% ~ 80%，成为经济发展中的最大动力来源。"这里所讲的民营经济，主要是私营经济。即使包括外资和个体经济在内的全部私有经济，也占较大的比例了。怎样看待这一问题，人们存在不同看法。个别学者根据自己的统计方法，得出我国依然是公有制为主体的结论。有的则认为，公有制和按劳分配已失去其主体地位，应引起重点关注。关于这个问题，这里可不讨论，只是借以说明从战略大逻辑看的"社会主义初级阶段的基本国情没有变"中的各种具体变化。主要是强调正效应的变化，也不能排除某些负效应的变化。习近平同志一再强调公有制的重要地位和作用；强调"两个毫不动摇"；强调做强做优做大国有经济。面对我国发展中的新问题，提出了以人民为中心的发展思想，用新发展理念统领发展全局。他明确指出："我国经济发展的'蛋糕'不断做大，但分配不公问题比较突出，收入差距、城乡区域公共服务水平差距较大……为此，我们必须坚持发展为了人民、发展依靠人民、发展成果由人民共享，做出更有效的制度安排，使全体人民朝着共同富裕的方向稳步前进，绝不能出现'富者累百万，而贫者食糟糠'的现象。"①

本书能较顺利地出版在某些方面得力于田超伟博士对我的协助，许多事务性的工作由他承担，也得力于出版社编辑的密切配合。我的两位博士生武志和赵海虹参加了对书稿的校对工作，在此一并表示谢意。

卫兴华

2017 年 8 月 13 日于中国人民大学

---

① 《习近平关于社会主义经济建设论述摘编》，中央文献出版社 2017 年版，第 25 页。

目　录

第一章

社会主义初级阶段导论

一、社会主义理论与实践产生与发展的特点

任何社会形态都要经历一个产生与发展的过程。但是社会主义社会形态的产生与发展，与以往的社会形态不同。以往社会形态的产生与发展，都既是一个客观的必然的历史过程，又是一个自发的、没有事先理论指导与谋划的过程。就拿资本主义来比较，远在 14 世纪，资本主义经济成分就在地中海沿岸产生了，它是在封建主义制度内部自发产生的。资本主义经济不断发展壮大，经历了四五百年，直到 19 世纪才出现从经济制度上所讲的资本主义概念。至于"市场经济"概念，则出现的更晚。尽管资本主义经济一天也离不开商品市场关系，二者是鱼水关系。但是，在几百年的发展时期中，资本主义和市场却没有相应的概念与理论。

西方国家的某些学者对"资本主义"一词最先由何人何时提出，做了一些探索。中国有的学者也在追溯"资本主义"和"市场经济"概念最先见之于何人的论著。有关这个问题的考证和论述，至今仍众说纷纭，莫衷一是。

《书与人》1999 年第 4 期发表的《对市场与资本主义关系的

再认识》（以下简称《再认识》）一文，开篇讲了这样一段话："今天人们或许很少注意这样一段历史：'资本主义'这个名词，其实不仅不是马克思的发明，而且马克思本人从来没有使用过它；到本世纪初，西方经济学家也一直拒绝在学术讨论上使用'资本主义'，因为他们认为，这个名词带有强烈的意识形态色彩，不利于客观公正的学术讨论。但后来到本世纪二三十年代，社会主义与资本主义阵营进行了一场经济问题大论战，主张自由放任的西方经济学家们一时也找不出更好的名词来表达市场经济制度的合法性基础，于是勉强使用了'资本主义'这个词"。该文还认为，在西方经济学界，"资本主义"与"市场经济"是联系在一起的，二者实质上是一回事。就是说，"市场经济"和"资本主义"都是在 20 世纪二三十年代开始使用的。

在马克思和恩格斯的著作中，没有商品经济和市场经济概念。资本主义概念也在早期著作中不存在。

比如，马克思和恩格斯在 19 世纪 40 年代写的《哲学的贫困》《共产党宣言》《雇佣劳动与资本》等重要著作中，较为普遍地使用"资本""资本家""资产阶级""资产阶级社会""资产阶段制度""资产阶级生产关系"等词，但没有出现"资本主义"一词。直到 19 世纪 50 年代写的《〈政治经济学批判〉导言》、《政治经济学批判》等经济学著作中，也未使用"资本主义"概念。在这些著作中，马克思使用的是"现代资产阶级社会"、"现代资产阶级生产方式"、"资产阶级的生产关系"、"资产阶级社会制度"等。

关于"资本主义"一词何时在何人著作中最先使用，中外学者虽有所考证，但其说不一，也不准确。

有的学者断言：直到 20 世纪初，"资本主义"一词才作为社会主义天然反义词出现。有的还说直到 20 世纪二三十年代，西方经济学家们迫于与社会主义的大论战，使用了"资本主义"这个词。的确，西方经济学论著中使用"资本主义"一词的时间很晚，但也早于 20 世纪。如庞巴维克这个竭力反对社会主义和马克思主义的西方学者，在其 1884 年写的《资本与利息》一书中，就多处讲"资本主义"了，在该书的目录中，就有"资本主义生产"、"资本主义生产制度"、"资本主义工业"等提法，在该书的第七编第一章还有"在资本主义与社会主义之间"的论述，同样是从两种对立的学说和对立的社会制度的角度着眼的。

最早从社会经济制度含义上运用"资本主义"概念的，正是马克思。虽然马克思在 19 世纪 50 年代的论著中还很少使用"资本主义"一词，但有的地方还是使用了。例如，在 1857 ~ 1858 年的《经济学手稿》中，马克思讲了这样的话："有一种幻想，以为资本家实际上是'节欲'的，似乎正因为这样他们才成为资本家——这是一种在资本主义以前的时期才有意义的要求和想法。"① 这里的"资本主义"一词，是与封建制度相对而言的资本主义制度。在 19 世纪 60 年代的著作中，马克思已普遍地使用"资本主义"概念了。如 1865 年写的《工资价格和利润》中，就论述了"资本主义的生产或雇佣劳动制度，正是在资本和劳动之间的这种交换的基础上建立的"。② 在 1867 年出版的《资本论》第一卷中，则更为广泛地使用了"资本主义"一词。诸如"资本主义生产"、"资本主义生产方式"、"资本主义所有制"、"资本主义制度"、"资本主义占有规律"、"资本主义积累"、"资本主义积累的一般规律"、"资本主义时代"，等等。《资本论》第一卷第一章第一页的第一句话是："资本主义生产方式占统治地位的社会财富，表现为'庞大的商品堆积'"。③ 这句话在写于 1858 ~ 1859 年的《政治经济学批判》中开头的表述是："资产阶级的财富表现为一个庞大的商品堆积"。就是说，

---

① 《马克思恩格斯全集》第 46 卷上册，人民出版社 1979 年版，第 244 页。
② 《马克思恩格斯文集》第 3 卷，人民出版社 2009 年版，第 58 页。
③ 《马克思恩格斯文集》第 5 卷，人民出版社 2009 年版，第 47 页。

在《政治经济学批判》中尚未使用"资本主义"概念。而在《资本论》中则将"资产阶级"一词换成"资本主义生产方式"。马克思在60年代以后的著作中,广泛使用"资本主义",是千真万确,不容置疑的,也绝不存在翻译上的问题。

《马克思主义研究》2000年第4期发表了吴向东先生写的《马克思与"资本主义"》一文,他支持国外某些学者的考证,断言在威纳尔·桑巴特于1902年出版的名著《论近代资本主义》一书中,"资本主义"才真正出笼。而"马克思实际上对该词的这种含义一无所知。"吴向东先生怎样面对《资本论》中大量使用"资本主义"概念的事实呢?他核对了多种外文进行考证。得出结论说:马克思在《资本论》等著作中使用的是"资本主义"的形容词,而非"资本主义"名词。这种考证令人惊异:即使肯定马克思多用的是"资本主义的"形容词,试问:《资本论》中讲的"资本主义生产方式"、"资本主义制度"等概念的内涵不是资本主义又是什么呢?难道讲"红色的"形容词,会对"红色"名词的内涵"一无所知吗"?

至于"市场经济"概念,出现的时间更晚。虽然资本主义天然是市场经济派,而且在19世纪60年代,"资本主义"已被马克思和恩格斯广泛使用,但是,在他们的著作中却根本没有提过"市场经济"一词。西方学者使用这个词也远远晚于使用"资本主义"一词。我国有的学者认为,"市场经济这个范畴,在19世纪末,资产阶级新古典学派兴起以后才广为流行"。但没有也难以提供具体出处,因而同样不足为凭。事实上,从笔者所接触到的有关文献来看,最先提出"市场经济"一词的是列宁。他在1906年的《土地问题和争取自由的斗争》一文中,在经济思想史上,第一次把市场经济与计划经济作为相对立的两种制度提了出来:"只要还存在着市场经济,……世界上任何法律都无法消灭不平等和剥削","只有建立起大规模的社会化的计划经济",同时一切生产资料转归劳动者所有,"才能消灭一切剥削"。

西方学者和政治家后来宣传市场经济，在相当程度上是针对社会主义国家当时所实行的计划经济的。特别是在 20 世纪二三十年代的大论战中，他们确实把市场经济与资本主义连在一起，宣扬资本主义实行市场经济的优点，评论社会主义实行计划经济的缺点。因此，西方学者较为广泛地使用"市场经济"一词和宣扬市场经济，是在 20 世纪二三十年代及以后的时期。尽管西方学者和政治家，大都把市场经济与资本主义联系为一体，并且事实上市场经济之于资本主义有如水之于鱼一样不可分离，但在西方的经济思想史上，市场经济概念的出现，比之于"资本主义"概念的出现，要滞后数十年时间，这个历史事实也应弄清。

资本主义国家是先有资本主义经济和市场经济实践，后有相关的概念。不言而喻，资本主义经济理论不会产生于资本制度出现之前，在 16 世纪，英国的资本主义工场手工业经济已有大规模的发展，在经济上已进入资本主义时代。到 1581 年，匿名出版了《对我国同胞某些控诉的评价》，是一部早期重商主义的论著。晚期重商主义的代表作是英国托马斯·孟（Thomas Mun）于 1664 年出版的《英国得自对外贸易的财富》，这是为英国资本主义发展献计献策的具有划时代意义的资产阶级经济学著作。随后又产生了资产阶级古典政治经济学。其代表人物有英国的威廉·配第（William Petty）、亚当·斯密（Adam Smith）、大卫·李嘉图（David Ricardo）等。李嘉图作为英国工业革命时期的经济学家，作为英国古典政治经济学的完成者，已经是 19 世纪的事情了。

从以上说明可以清楚地看出：是先有资本主义经济制度的产生与发展，后有相关概念和经济理论的形成。而社会主义则不同。需要首先说明一下："社会主义"是个广义的概念。包括社会主义思想和理论；社会主义运动；社会主义革命；社会主义制度等。"社会主义"概念的出现，远早于"资本主义"。社会主义理论经历了从空想社会主义到科学社会主义的转变。是先有社会主义理论，后有社会主义实践：在社会主义实践中又发展和创新了理论。在马克思主义的科学社会主义形成后，在此理论指导下，进行了社会主义运动和社会主义革命，出现了社会主义制度，从社会主义理论到社会主义实践，都是一个有政党指导的自觉的推进过程，当然这一过程的成功，要以遵循社会经济发展规律为条件。

从近代空想社会主义的出现，到现在已经历了整整 500 年，空想社会主义的早期代表人物有英国的托马斯·莫尔（Thomas More）和意大利的托马斯·康帕内拉（Thomas Campanella）。莫尔于 1516 年出版了《乌托邦》一书，康帕内拉于 1623 年出版了《太阳城》。莫尔反对英国资本原始积累过程中对农民土地的暴力剥夺。马克思在《资本论》中引用了莫尔抨击英国剥夺农民土地变牧场以高价出卖羊毛的行为是"羊吃人"的警语。莫尔设想了一个乌托邦岛，那里废除了私有制，实行公有制，财富按需分配。康帕内拉的《太阳城》是一部幻想小说。他批评了当时的社会制度，描述了他的理想社会制度；那里没有私有财产，人人劳动，每人一天只做四小时工作，每个人从社会领取自己所必需的东西。之所以称之为空想社会主义，是他们自己也知道这只是一种不能实现的假想。"乌托邦"一词的本意就是不存在的地方。

随着资本主义的发展，其内在矛盾也同样加深，空想社会主义也有新的人物和新的思想出现。著名的三大空想社会主义者有法国的圣西门和傅立叶及英国的欧文。他们是这一时期空想社会主义的伟大代表。他们批评了资本主义制度的弊端，揭露了其内在矛盾，阐述了资本主义不是永恒的制度，终将被社会主义所代替，他们的思想表达了被剥削的劳动人民改造社会的希望。三大空想社会主义者的进步观点，成为马克思主义科学社会主义思想的一个来源。恩格斯指出："德国的理论上的社会主义永远不会忘记，它是站在圣西门、傅立叶和欧文这三个人的肩上的。"①

---

① 《马克思恩格斯全集》第 2 卷，人民出版社 1995 年版，第 635 页。

不过，他们的理论存在重大缺陷：幻想用和平手段建立新社会制度。他们把新社会制度看作人类理性的产物。只要统治阶级理解了新社会制度的优越性，就会接受社会主义理想。

马克思和恩格斯是在 19 世纪 40 年代资本主义已发展成熟的条件下，着手建立自己的科学社会主义理论的。他们既汲取了三大空想社会主义者理论思想中的合理部分，又批判了他们的不切实际的空想性。恩格斯在《反杜林论》和《在马克思墓前的讲话》中，一再强调指出：马克思在社会主义发展史上最重要的两大理论贡献是历史唯物主义和剩余价值理论。从此，社会主义由空想变为科学。

马克思的科学社会主义理论的提出，是与他直接参与和领导当时蓬勃发展的工人运动——社会主义运动紧密相连的。他从工人运动的历史经验中看到，无产阶级用和平手段取得政权，建立社会主义是不可能的。在资本主义剥削制度下，工人阶级起先进行自发的斗争，只是为缩短劳动时间和提高工资进行经济斗争。随着认识的提高，开展了政治斗争，但都被统治当局镇压下去。从历史事实来看：1831 年和 1834 年，法国里昂丝织工人爆发了两次武装起义；英国工人从 1836 年到 1848 年爆发了三次高涨的请愿示威游行并在局部转变为武装起义；德国西里西亚纺织工人于 1844 年也爆发了武装起义；最终都被资产阶级政权用暴力无情扑灭。这样，马克思的科学社会主义就不能不接受经验教训，正视无产阶级和资产阶级的斗争，并提出武装夺取政权和实行无产阶级专政问题。

马克思主义政治经济学，既揭示了资本主义经济关系的本质及其产生、发展最终将被社会主义所取代的客观规律；也从与资本主义的对比和社会经济发展规律的必然趋势中论述了未来社会主义的本质关系和经济特点。

马克思和恩格斯原预计社会主义革命将首先在几个发达的资本主义国家取得胜利，并提出了从资本主义转向共产主义的划分阶段：无产阶级取得政权后，要经历一个从资本主义社会到共产主义社会的过渡时期，共产主义社会又区分为低级阶段和高级阶段。过渡时期应当是过渡到共产主义低级阶段即现在所讲的社会主义社会的时期。至于社会主义社会要不要再区分不同的阶段，马克思主义经典作家没有提出过。但从以上的分析可以看出：社会主义是先有概念、理论、运动而后通过社会主义革命建立起社会主义制度的。

2013 年 1 月，习近平总书记阐述了社会主义 500 年所经历的六个时间段。总的说，经历了从空想到科学、从理论到实践、从一国实践到多国实践的过程。第一个时间段，是空想社会主义的产生和发展。空想社会主义者揭露资本主义社会的罪恶，论证未来社会主义代替资本主义的必然性和合理性。但是，他们的共同局限是唯心史观，无法找到实现社会理想的正确道路和社会力量。

第二个时间段，是马克思恩格斯创立科学社会主义理论体系，创立了唯物史观和剩余价值学说，使社会主义实现了从空想到科学的伟大飞跃。科学社会主义深刻揭示了资本主义产生、发展、灭亡和共产主义取代资本主义的历史必然性，对未来社会主义的发展和一般特征做了科学预测和设想。如何付诸实践，是后来人的使命。

第三个时间段，是列宁领导十月革命的胜利并实践社会主义，创造性地提出社会主义可能在一国或数国首先取得胜利的理论。经过对 1918～1921 年实行的战时共产主义政策暴露出来的问题进行了反思，提出了新经济政策。

第四个时间段，是在斯大林领导下建立了单一的公有制和指令性计划经济体制，这种模式在特定的历史条件下促进了苏联经济社会快速发展。但随着时间的推移，其弊端日益暴露。

第五个时间段，是新中国成立后对社会主义的探索和实践，建立起社会主义基本制度，刚开始，只能学习苏联经验。但在实践中很快觉察到苏联模式的局限，开始独立探索适合中国国情的社会主义建设道路。在后来的实践中，由于党在指导思想上的"左"的错误，很多关于社会主义建设的实践没有得到贯彻落实，使我们党在探索社会主义历程中遭到严重挫折，但其为新的历史时期开创中国特色社会主义提供了宝贵经验、理论准备、物质基础。

第六个时间段，进行改革开放，开创和发展中国特色社会主义，彻底否定了"以阶级斗争为纲"的错误理论和实践。把马克思主义普遍真理与我国的具体实践结合起来走自己的路，建设有中国特色的社会主义，开拓了马克思主义新境界，确立了社会主义市场经济体制，确立了社会主义初级阶段基本经济制度和分配制度，成功地把中国特色社会主义推向了 21 世纪。

二、关于"过渡时期"的理论是非

马克思在《哥达纲领批判》一文中说："在资本主义社会和共产主义社会之间，有一个从前者变为后者的革命转变时期。同这个时期相适应的也有一个政治上的过渡时期"① 这个过渡时期的时限是什么？在我国，有个曾起到重大社会影响的解读，是把过渡时期定断为过渡到共产主义高级阶段的时期。把整个社会主义阶段说成是过渡时期，背离了原意。需要说明：马克思在这里把共产主义社会划分为两个成熟程度不同的阶段，即"第一阶段"（或称低级阶段）与"高级阶段"。其"第一阶段"就是我们所讲的社会主义社会。其高级阶段就是我们现在所讲的共产主义社会。从理论逻辑上来解读，所谓从资本主义社会过渡到共产主义社会，应是过渡到共产主义社会的第一阶段即社会主义社会，不应把共产主义的第一阶段也作为过渡到共产主义社会的

---

① 《马克思恩格斯文集》第 3 卷，人民出版社 2009 年版，第 445 页。

9

"过渡时期"。列宁在《国家与革命》一书中对此讲得很清楚。他说:"在共产主义社会的第一阶段(通常称为社会主义)",又说:"社会主义同共产主义在科学上的差别是很明显的。通常所说的社会主义,马克思把它称作共产主义社会'第一'阶段或低级阶段,既然生产资料已成为公有财产,那么'共产主义'这个名词在这里也是可以用的,只要不要忘记这还不是完全的共产主义"。① 在《共产主义运动中的"左派"幼稚病》一书中,列宁又讲:我们在俄国推翻资产阶级后的第三年,"还刚处在从资本主义向共产主义低级阶段过渡的最初阶段"。② 显然,所谓"过渡时期",就是过渡到共产主义社会的"第一阶段",即社会主义社会的历史时期。毛泽东主席1953年提出党在过渡时期的总路线时,过渡的时限是"从中华人民共和国成立,到社会主义改造基本完成,这是一个过渡时期",也就是过渡到社会主义社会。毛泽东于1958年1月提出的《工作方法六十条(草案)》中也明确讲的是"由资本主义到社会主义的过渡时期"。他又讲将来还有一个"由社会主义过渡到共产主义"的时期。毛泽东1959年12月10日~1960年2月9日读苏联《政治经济学教科书》下册"结束语"时,在批注中讲:马克思和恩格斯"他们创立了无产阶级革命的理论,论证了从资本主义到社会主义的过渡时期的经济必然性,指出这个时期是用革命手段把资本主义社会变为社会主义社会的特殊历史时代"。显然,将马克思讲的"过渡时期"依然解读为过渡到社会主义社会建立的历史时期。但是,在毛泽东读教科书的谈话中,又指出了对过渡时期存在不同理解的问题。他说:"过渡时期包括一些什么阶段,现在也有各种各样的说法。一种说法是,过渡时期包括从资本主义到社会主义,也包括从社会主义到共产主义;另一种说法是,过渡时期

---

① 《列宁选集》第3卷,人民出版社1995年版,第196、198~200页。
② 《列宁选集》第3卷,人民出版社1995年版,第154页。

只包括从资本主义到社会主义，究竟怎样说法才对，要好好研究"。[①] 这里没有否定第一种说法，就为在后来一个时期内将"过渡时期"错解和宣传为过渡到共产主义高级阶段的"理论"埋下了伏笔。在 20 世纪六十年代到七十年代"左"的一套盛行的一个时期内，在我国的理论宣传中，坚持说马克思和列宁认为过渡时期是过渡到共产主义社会"高级阶段"的历史时期，把整个社会主义社会定位为"过渡时期"，再把列宁所讲的过渡时期必然是阶级斗争空前残酷、空前尖锐的话加之于整个社会主义社会。以此为搞"阶级斗争为纲"提供理论依据，提出整个社会主义社会的主要矛盾是两个阶级、两条道路和两条路线的矛盾和斗争，从而忽视或模糊了发展生产力、实现共同富裕的社会主义根本任务与目的，给我国的社会主义事业带来重大损害。

三、马克思主义经典作家并没有为社会主义再划分具体阶段

马克思虽然提出了过渡时期、共产主义低级阶级或第一阶级、共产主义高级阶段三阶段论，但是，过渡时期需经历多少时间，社会主义阶段要经历多少时期，社会主义阶段是否还划分为不同的阶段，马克思和恩格斯不可能也不能要求他们提出具体的意见。因为当时既没有社会主义实践的经验，又没有可以作出科学预见的必要条件。不过，马克思主义为我们留下了科学分析社会主义发展阶段的方法，这就是：对任何社会都应理解成是一个不断发展的社会历史过程，他们明确指出："'社会主义社会'不是一种一成不变的东西，而应当和任何其他社会制度一样，把

---

① 《毛泽东文集》第 7 卷，人民出版社 1999 年版，第 351～352 页。

它看成是经常变化和改革的社会。"① 这表明：社会主义社会作为一种社会经济形态，本身有一个产生、发育和不断发展的过程。在这一过程中，社会主义社会不是自始至终都一样的，而是会经常变化和不断前进的。这就意味着社会主义社会在发展过程中有可能呈现出若干个不同的阶段。可是，不能要求马克思和恩格斯进一步具体阐明社会主义究竟需要经历哪几个发展阶段，那样要求是不现实的。

列宁虽然亲自领导俄国人民取得了社会主义革命的胜利，建立了第一个社会主义国家，但是，列宁同样没有也难以对社会主义的发展进程作出具体分析，把它划分为不同的阶段。有些同志认为，列宁在十月革命后，曾经把社会主义划分为"初级形式的社会主义"和"发达的社会主义"两个阶段。实际上，这是一种误解。如果列宁真的早把社会主义社会划分为两个发展程度不同的阶段，为什么斯大林在 1936 年宣布苏联基本上已实现了社会主义以后不久，接着就提出了从社会主义过渡到共产主义的任务，为什么苏联长期不研究列宁关于社会主义两个阶段的理论？其实，所谓列宁提出"初级形式的社会主义"，无非是根据他在 1919 年 12 月《关于星期六义务劳动》的报告中的一段话："我们在剥夺了地主资本家以后，只获得了建设初级形式的社会主义的可能性，但是这里丝毫没有共产主义的东西。"② 仅从这句话中难以看出"初级形式的社会主义"概念的具体含义。只要我们联系下文来看，就会发现这里的"初级形式的社会主义"不是指社会主义社会的初级阶段。列宁在这句话的后面说："如果要问苏维埃俄国现时的经济制度是什么，那就应当说，它是在大生产中为社会主义奠定基础，是在资本主义以千百万种形式进行最顽强的反抗的情况下改造资本主义旧经济……在我们经济制度

---

① 《马克思恩格斯文集》第 10 卷，人民出版社 2009 年版，第 588 页。
② 《列宁选集》第 4 卷，人民出版社 1995 年版，第 142 页。

中暂时还没有什么共产主义的东西。"① 联系到列宁讲话的时间，我们可以看到，列宁这里所说的没有共产主义东西的"初级形式的社会主义"是指过渡时期苏维埃政权初期的社会主义成分而言的。在过渡时期，特别在苏维埃政权的初期，社会主义的幼芽还很嫩弱，旧的经济形式还占统治地位，因而社会主义还只能是初级形式的。这一含义在《列宁全集》中文第二版中得到反映，在那里，把涉及"初级形式的社会主义"的一段话改译为："我们在剥夺了地主和资本家以后，只获得了建立社会主义那些最初级形式的可能。"②

　　关于"发达的社会主义"概念，在列宁的著作中，从正面正式提出来的共有两处。在 1918 年 3 月《苏维埃政权的当前任务》一文中是这样说的，"从已经是发达的社会主义社会的角度来看，让资产阶级知识分子获得比工人阶级的优秀阶层高得多的劳动报酬，是根本不公平和不正确的"。③ 这里的"发达的社会主义"不是指现在我们所说的社会主义社会发展的高级阶段。因为列宁认为，给资产阶级知识分子以很高的酬金，是无产阶级不得不采用的旧的资产阶级的方式，是对资本主义的"一种妥协，是对巴黎公社和任何无产阶级政权的原则的背离"。④ 这就是说，列宁实际上认为，给资产阶级知识分子以很高的酬金，从比过渡时期的社会主义远为发达的社会主义这个角度来看，是不公平和不正确，它只是过渡时期所采取的一种暂时的退却措施。因此，这里所说的"发达的社会主义"，就是指作为共产主义第一阶段的社会主义阶段。之所以要称为"发达的"，这是相对于过渡时期的还只是嫩芽的社会主义而言的。

　　列宁在 1920 年 2 月《关于全俄中央执行委员会和人民委员

---

① 《列宁选集》第 4 卷，人民出版社 1995 年版，第 93 页。
② 《列宁全集》第 38 卷，人民出版社 1986 年版，第 37 页。
③④ 《列宁全集》第 34 卷，人民出版社 1985 年版，第 129、161 页。

会的工作》一文中也使用了"发达的社会主义"概念，但只要分析一下，这里也没有把社会主义划分为初级阶段和发达阶段的意思。列宁说："怎样想象出一个发达的社会主义社会，这也不困难。这个任务也已经解决了。"① 这里所说的"想象出"的发达的社会主义社会，是指马克思主义经典作家依据社会经济的运动规律，在理论上加以科学地论述的社会主义社会。在列宁的著作中和列宁以前的马克思主义著作中，没有地方从社会主义社会阶段划分的角度上提出所谓想象的发达社会主义阶段问题。其实，列宁这里所说的"发达的社会主义"，还是指与过渡时期的不发达的、正在生长中的社会主义相对而言的社会主义社会。关于社会主义社会的远景，马克思在《哥达纲领批判》、列宁在《国家与革命》中都从理论上进行了分析和论述，这就是列宁所说的"想象出"的社会主义。对它的描述的确已经解决了。当时苏维埃政权面临的任务是在实践上怎样具体地从资本主义顺利地过渡到社会主义，这是一个困难的任务。

在列宁的著作中，有时也使用"完全的社会主义"概念。这一概念的含义和"发达的社会主义"概念的含义实际上是一样的。如列宁1921年3月《在全俄运输工人代表大会上的演说》中谈到"工农统治永远存在"这个口号是不正确的时候指出："如果工农统治真的永远存在，那么也就永远不会有社会主义了，因为社会主义就是消灭阶级，而既然存在着工人和农民，也就存在着不同的阶级，因而也就不能有完全的社会主义。"② 这里所说的"完全的社会主义"、"社会主义"是同样的含义，都是指过渡时期结束以后的社会主义。

有的同志认为，列宁在《共产主义运动中的"左派"幼稚病》（以下简称《幼稚病》）一书中把社会主义社会划分为不同

① 《列宁全集》第30卷，人民出版社1985年版，第299页。
② 《列宁全集》第32卷，人民出版社1958年版，第258页。

阶段。这也缺乏根据。的确，在这部著作中曾提过共产主义的"低级阶段"、"中级阶段"和"最高阶段"。列宁说："从共产主义的观点看来，否认政党就意味着从资本主义崩溃的前夜（在德国）跳到共产主义的最高阶段而不是进到它的低级阶段和中级阶段。"① 列宁在《国家与革命》等著作中，遵循马克思的观点，把共产主义社会划分为低级阶段（社会主义）和高级阶段。《幼稚病》中所讲"低级阶段"，依然是指社会主义阶段，其中所谓"中级阶段"和"最高阶段"显然不与社会主义阶段相联系。就是说，中级阶段和最高阶段不包括在社会主义社会之中。其本意究竟是什么，需另行研究。

列宁之所以没有把社会主义社会划分为不同的阶段，是因为列宁也没有在社会主义社会中生活过，因而他不愿意也不可能对社会主义的具体情况和实际情况发表意见，他认为，对于社会主义，"我们只知道这条道路的方向，我们只知道在这条道路上前进的有哪些阶级的力量；至于具体情况，实际情况，那只有千百万人的实践经验才能表明"。②

四、社会主义的实践与初级阶段理论的提出

当社会主义理论成为实践而且社会主义制度确立以后，把社会主义社会划分为不同的发展阶段，从而正确认识各国所处的历史发展阶段，把握这个阶段社会经济生活的主要矛盾及其运动规律，就成为社会主义各国制定路线、方针、政策的依据，成为各国指导社会主义建设的立足点。苏联作为第一个社会主义国家，由于缺乏经验，对苏联社会主义社会所处的发展阶段的认识，经

---

① 《列宁选集》第 4 卷，人民出版社 1995 年版，第 154 页。
② 《列宁全集》第 25 卷，人民出版社 1958 年版，第 273 页。

历了一个长期的曲折的摸索过程。苏联东欧等原社会主义国家已经发生了剧变而改变了社会经济制度性质，但是从总结历史经验教训的角度来讲，可以看出，建立了社会主义制度和全面建成了社会主义制度是有区别的两个问题。许多社会主义国家包括原苏联、东欧社会主义国家，都存在脱离实际条件急于求成而事与愿违的事情。1936 年，斯大林在《关于苏联宪法草案》中指出：苏联已经基本上实现了社会主义，建立了社会主义制度。但到 1939 年，斯大林在苏共十八次代表大会上就提出了向共产主义过渡的任务，把社会主义阶段看得很短。1952 年苏共十九次代表大会提出苏联共产党的决心是"光荣地完成建设共产主义的历史任务"。1959 年苏共二十一大赫鲁晓夫提出苏联已"进入全面展开共产主义社会建设的时期"。1961 年苏共二十二大他又宣布苏联要在 20 年内过渡到共产主义社会，即到 1980 年"苏联将基本建成共产主义"。勃列日涅夫上台以后，他在 1967 年纪念十月革命 50 周年的报告中提出苏联是处在发达社会主义阶段，不再提建成共产主义，比赫鲁晓夫后退了一步。1983 年安德罗波夫又改变了勃列日涅夫的提法，不再提苏联已经建成了发达的社会主义，而认为苏联正处在发达社会主义这一漫长历史阶段的起点，提出了完善发达社会主义的任务。契尔年科把这一观点同苏联的当前任务和长远任务联系起来，明确指出，确认我们正处在发达社会主义的开端，"这就决定了党和苏联人民当前任务和长远任务的实质"，强调了正确认识苏联所处的社会主义发展阶段的重要性。戈尔巴乔夫上台后，既没有否定也没有肯定苏联处于发达社会主义阶段起点的论断，他没有再提发达社会主义概念，而是要求"完善发展中的社会主义"，研究"发展中的社会主义以及它的推动力与矛盾的辩证法以及社会的现状"。"发展中的社会主义"并不是划分阶段的概念。总之，从苏联领导人对苏联所处社会主义历史阶段的提法的不断改变，可以看出，他们是在不断重新认识自己所处的社会主义历史阶段的性质。从形式上看，提法步步后退了，但由于逐步退到比较符合实际的立足点上来，所以毋宁说这是认识上、理论上和实践上的前进。

原东欧社会主义各国对自己所处的社会主义发展阶段的认识，也进行了反思。他们也通过总结实践中的经验教训，重新认识本国所处的社会主义发展阶段。如波兰根据自己的经验和实践，在统一工人党第七次和第八次代表大会文件中明确指出：有关波兰向"发达的社会主义阶段"过渡的论断"提得过早"，认为波兰现在尚处在"从资本主义向社会主义过渡时期的最后阶段"。匈牙利也认为，"根据从良好愿望出发的革命幻想推断出来的社会主义蓝图，正在发生变化"，因而反对跳跃阶段匆忙行事。

我党对我国所处的社会主义发展阶段的认识也经历了一个曲折的过程。1952～1953 年提出了过渡时期的总路线，基本内容是"一化三改"。当时按毛泽东同志的设想，过渡时期大约要经历 15 年的时间，现在看来，可以说 15 年的时间短了一些。但是，1956 年就宣布"三大改造"完成，进入社会主义。显然，用三四年时间完成过渡时期是过快了，过渡时期结束的标志只看"三大改造"的基本完成，而撇开了工业化的任务。即使只看"三大改造"也是过快的，如在农业合作化中，有许多高级社是在没有基础的情况下，在批判了"小脚女人"后的运动形势和政治压力下建立起来的。1955 年全国还只有少数高级社，1956 年却全部高级社化了。有些农民是被动地加入高级社的，结果挫伤了农民的积极性。由于社会主义改造后期要求过急，工作过粗，改变过快，形式也过于简单划一，以致在长时期里遗留了一些问题。

1956 年宣布进入社会主义后刚刚两年，1958 年又刮起共产风，提出"跑步进入共产主义社会"，当时中央《关于在农村建立人民公社问题的决议》中就说："看来，共产主义在我国的实现，已经不是什么遥远将来的事情了，我们应该积极地运用人民公社的形式，摸索到一条过渡到共产主义的具体途径。"在这一理论指导下，"左"的一套方针、政策大大膨胀起来。在发展生产力方面，脱离开生产力的发展规律，搞"大跃进"，"超英赶美"，并且把"超英赶美"的时间不断缩短，最后提出三年赶上英国；在生产关系方面，脱离开生产关系一定要适应生产力状况的规律，人为地拔高生产关系，急于向共产主义过渡。结果超越了现实的历史发展阶段，使国家和人民遭到了重大损失。彭德怀同志 1959 年在庐山会议上对当时存在"左"的一套提出正确意见，结果遭到严酷批判与打击，并由此在全国掀起了反右倾运动。"左"风刮得更高。进而把由于"左"的错误造成严重损失而必然引起的党内外不满，归结为阶级斗争，从而转向大抓阶级斗争。虽然通过刮共产风的经验教训，正确认识到社会主义社会不是一个短暂的时期，而是一个"相当长的历史阶段"，但可惜没有由此得出正确的结论，正确认识我国所处的社会主义阶段的性质，反而提出整个社会主义社会是从资本主义到共产主义的过渡时期的"大过渡"理论，认为这个时期始终存在着两个阶级、两条道路、两条路线的斗争。因而离开了八大路线，放弃了发展生产力的主要任务，搞"阶级斗争为纲"，进而酿成了"文化大革命"的历史悲剧。在"文化大革命"中，继续搞经济基础领域中的"不断革命"、搞"穷过渡"、"割资本主义尾巴"。可见，社会主义改造完成以后的一个较长时期内，由于我们受"左"倾错误的影响，急于求成，盲目求纯，以为单凭主观愿望，依靠群众运动，就可以使生产力急剧提高，以为社会主义所有制形式越大越公越好，把发展生产力的主要任务放到一边，用主要精力去抓阶级斗争，把许多束缚生产力发展的，并不具有社会主义本质属性的东西，或者只适合于某种特殊历史条件的东西，附加给社会主义，把许多在社会主义条件下有利于生产力发展和生产商品化、社会化、现代化的东西，当作资本主义加以反对，从而形成了过分单一的所有制结构和僵化的经济体制，以及同这种经济体制相联系的权力过分集中的政治体制，严重束缚了生产力和社会主义商品经济的发展，使我们付出了十分重大的代价。我国的实践也表明，在理论上和实践上不能正确认识我国所处的社会主义发展阶段和现阶段的主要任务，必然导致路线和政策上的错误。

党的十一届三中全会重新确立了实事求是的马克思主义思想路线，冲破了"左"的一套和教条主义的束缚，解放了思想，为正确地总结社会主义建设的经验教训和实事求是地分析我国国情，从而为正确地判断我国所处的社会主义发展阶段开辟了道路。十一届四中全会通过的叶剑英同志在新中国成立 30 周年纪念会上的讲话，就初步提出了类似社会主义初级阶段的思想，他指出："社会主义制度还处在幼年时期。" 1981 年，在中共中央《关于建国以来党的若干历史问题的决议》中第一次明确指出："我们的社会主义制度还是处于初级的阶段。" 1982 年，党的十二大文件又指出："我国的社会主义社会现在还处在初级发展阶段。" 1986 年在《关于社会主义精神文明建设指导方针的决议》中又说："我国还处在社会主义的初级阶段。"党的十三大在以往认识的基础上，进一步系统地和充分地阐述了我国社会主义初级阶段理论，明确指出这是建设中国特色的社会主义的首要问题，并把它作为我们党制定基本路线、方针、政策的理论基础。

我国仍处在社会主义初级阶段的论断，是完全符合我国国情的，因而是正确的科学结论。我国社会主义初级阶段存在的客观必然性，主要是由我国落后的社会生产力水平决定的。所谓落后的社会生产力水平，是从两个方面来衡量的。一方面，从生产力内在的尺度或绝对尺度来衡量，意味着还没有为社会主义制度建立起自身应有的完全的物质技术基础。从提出社会主义初级阶段当时的历史情况来看，我国的生产力水平就总体而言是显著较低的，又是多层次的。当时，我国 10 亿多人口，8 亿在农村，基本上还是用手工工具搞饭吃；一部分现代化大机器工业，同大量落后于现代水平几十年甚至上百年的工业，同时存在；一部分经济比较发达的地区，同广大不发达地区和贫困地区，同时存在，少量具有世界先进水平的科学技术，同普遍的科技水平不高同时存在，文盲、半文盲还占总人口的近1/4，同时存在大量贫困人口。另一方面，我国低下的社会生产力水平，在世界经济发展的整体状况中处于后列。人均国民生产总值居于世界倒数几位。根据国家统计局统计，直到改革开放后的1984年，我国人均国民生产总值为310美元，排在128个国家和地区的倒数第20位，属于低收入国家。同年，日本人均国民生产总值为10 630美元，美国为15 390美元，高出我国几十倍。这种较低的社会生产力水平也决定了与之相适应的社会主义生产关系和上层建筑，处于发展的初级阶段。

改革开放以来的30多年中，我国在经济、文化、教育、卫生等各方面都有了巨大的发展，1978～2008年的30年中，经济年均增长9.8%，在世界经济发展史上是空前的，目前，我国的经济规模已跃居世界第二位，贫困人口大幅减少。根据国家统计局统计，2016年，全年国内生产总值达到744 127亿元人民币，增速达6.7%，虽然增速下降到中高速，但仍属世界领先水平。大陆人口已增至138 271万人。人均国内生产总值达53 980元，约合8 000美元，远远超过改革开放初期的1978年，由贫困国家进入中高收入国家，但与发达国家相比，我国还有很大差距，依然是发展中国家，依然处于社会主义初级阶段。

五、社会主义初级阶段是一个长期的历史过程

任何社会制度的产生、发展到成熟都需要一个比较长的历史时期，而且生产力越落后，这个时期就越长。从原始社会开始瓦解到奴隶社会的最后确立，曾经历了数千年的时间，有的地方甚至经历了上万年的时间。在西欧，奴隶制度从1世纪开始瓦解到5世纪罗马帝国灭亡，建立起封建社会制度，经历了400～500

年。但 5 ~ 10 世纪还只是西欧封建社会的初期，直到 10 世纪以后，农奴制度才完全确立起来，这一成熟过程也经历了 400 ~ 500 年。资本主义萌芽于 14 世纪的地中海沿岸，而世界史到 16 世纪才进入资本主义社会。但从 16 世纪到 18 世纪，还是工场手工业占统治地位的时期，也可以说是资本主义的初期。只有经过 18 ~ 19 世纪大约 100 年的产业革命（以英国为例），建立了机器大工业的工厂制度，资本主义才最终确立了自己的物质技术基础，进入其成熟时期。所以，从资本主义制度建立到最后成熟，经历了 300 年的时间。

社会主义作为一个新的社会制度，它的产生、发展、成熟同样也需要一个较长期的历史过程。当然，从上面简要论述的社会历史发展过程来看，生产力发展水平越高，由旧的社会制度向新的社会制度转变的时间也就越短，同样，一个社会制度发展得越快，其成熟过程也就越短，这是因为，生产力的发展不仅是连续的和不断提高的，而且有一种加速发展的趋势。因此，由奴隶制度转变到封建制度，比由原始社会转变到奴隶制度所经历的时间要短得多。而由封建制度转变到资本主义制度所经历的时间就更短些。可以肯定，由资本主义制度转向社会主义制度，社会主义制度由不成熟发展到成熟，所需要的时间必然会更短一些，但这个过程绝不会是几十年或百年内就能够完成的。

可见，从社会经济发展的一般过程来说，任何国家进入社会主义社会以后，都不可能一下子就建立起成熟的社会主义制度，即使在发达的社会生产力基础上建设社会主义，它也需要一个不断成熟的过程，经历一个社会主义的起始阶段和发展阶段。

但是，各个不同的国家在进入社会主义社会时所继承下来的生产力和整个社会经济条件不同，这就决定了他们在经历社会主义起始阶段时必然表现出不同的本国特色，形成各自特殊的社会主义起始阶段，从而所经历的社会主义起始阶段也就长短不一。一般地说，在发达的社会生产力基础上建设社会主义，社会主义起始阶段的时间会相对短一些，而在落后国家建设社会主义，社会主义起始阶段的时间会更长一些，路程更曲折一些。

我国的社会主义初级阶段，其含义不是泛指社会经济发展一般进程中任何国家进入社会主义都要经历的起始阶段，而是特指我国在生产力十分落后，商品经济不发达条件下建设社会主义必然要经历的特定阶段，这是由我国特殊的历史背景决定的。

按照社会历史发展的一般规律，社会主义是在资本主义充分发展的基础上产生的。而我国则是在半殖民地半封建社会制度的基础上，越过了资本主义充分发展的历史阶段，进入社会主义的，毛泽东同志在《新民主主义论》中充分论证了中国人民可以不经过资本主义充分发展阶段而走上社会主义道路的现实可能性和历史必然性，谁要是不承认这一点，就要犯右倾错误。但是，由于我们逾越了资本主义的充分发展阶段，就使我们不可能在资本主义充分发展所创造的发达的生产力基础上，而只能在半殖民地半封建社会落后的社会生产力和不发达的商品经济基础上开始社会主义建设。虽然我们逾越了资本主义的充分发展阶段，却不能逾越商品经济、生产力的充分发展阶段。因此，我国在进入社会主义以后，必须经历一个很长的初级阶段，去实现别的国家在资本主义条件下已经实现的工业化和生产的商品化、社会化、现代化，这就决定了我国社会主义初级阶段的特殊性、长期性和复杂性。

我国社会主义初级阶段结束的标志是什么，这还要取决于生产力的水平和生产关系的发展程度。全体人民的共同富裕，这是社会主义的根本目的，在社会主义的高级阶段才能完全实现。人均收入是生产力所达到的水平的具体化。作为初级阶段结束的标志的生产力水平，应该包含两个方面的要求，一方面是生产力的发展，已经为社会主义建立了自身强大的物质技术基础；另一方面，由于世界上还存在着发达的资本主义国家，因而虽然我国的生产力水平经过若干年后会有相当大的发展，但如果经济发展水平和人均收入与发达国家相比还有较大差距，那仍很难说我们已经结束了社会主义的初级阶段。总之，只有当我们摆脱了贫穷和落后，建立了现代化的工业国家，达到了商品经济的比较充分发展，实现了社会主义现代化，我国的社会主义初级阶段才能宣告结束。邓小平同志在谈到我国的现代化道路时提出：现在到 20 世纪末，我们仍处在一个摆脱贫困的阶段。到 20 世纪末达到小康水平，人均国民生产总值达到 800 ~ 1 000 美元，有了这个基础，再过 50 年，翻两番，国民生产总值人均达到 4 000 美元。这时，我国人民就可以有一个中等生活水平。如果把这个生产力水平作为我国社会主义初级阶段结束的标志，从 1956 年算起，这也需要有上百年的时间。

我国经济社会发展的实际情况，远远超出邓小平同志的预测。如果到 21 世纪中叶，人均 GDP 只达到 4 000 美元，依然是处于低收入水平的落后国家。因为世界各国经济都在或快或慢地发展，人均 GDP 高低贫富的标准也在相应提高。

2015 年 10 月 29 日，党的十八届五中全会通过了《中共中央关于制定国民经济和社会发展的第十三个五年规划的建议》，其中讲到"十二五"规划即将胜利实现，我国经济实力、科技实力、国防实力、国际影响力又上了一个大台阶。从 2016 年起的"十三五"时期，将坚持发展是第一要务，以提高发展质量和效益为中心，统筹推进经济建设、政治建设、文化建设、社会建设、生态文明建设和党的建设，确保如期全面建成小康社会，为实现第二个百年奋斗目标、实现中华民族伟大复兴的中国梦奠定更加坚实的基础。

中央提出"两个百年"的奋斗目标。第一个百年是到 2020 年建党百年时，全面建成小康社会，国内生产总值和城乡居民收入比 2010 年翻一番。根据《中国统计年鉴》数据，2010 年我国 GDP 总量为 401 202 亿元，人均 GDP 为 29 992 元，到 2020 年翻一番，GDP 总量应为 802 404 亿元，人均 59 984 元。这个目标可提前达到。第二个百年是到 21 世纪中叶，中华人民共和国成立百年时，建成富强民主文明和谐的社会主义现代国家。这正是邓小平所讲的我国社会主义初级阶段 100 年的预计时间。

走出社会主义初级阶段，是否立即进入社会主义高级阶段？我们主张应经历一个社会主义中级阶段的时间。西方封建主义社会制度经历了几千年时间，资本主义社会制度从十六世纪算起，已经历了 500 年的时间，可能还要经历一个更长的发展阶段。我国社会主义进入中级阶段后，生产力和商品经济进一步发展，社会主义生产关系进一步发展与成熟，贫富分化基本消除，共同富裕的目标基本实现，然后进入全面发展的成熟的社会主义高级阶段。

六、社会主义初级阶段的基本经济特征

分析社会主义初级阶段的基本经济特征，要以正确把握分析社会主义初级阶段的方法论为前提。有的同志把社会主义初级阶段存在的一些现象如平均主义、以权谋私等都看作初级阶段的特征，这在方法上是不适当的。作为社会主义初级阶段经济特征的东西，应是在现阶段有其存在的客观必然性，又有利于社会主义发展，从而政策上是允许的。那些不利于社会主义发展的、应该在初级阶段就消除但暂时还没有消除的现象，不应看成是初级阶段的经济特征。

分析社会主义初级阶段的基本经济特征的方法，应从两个方面来把握。一方面从社会主义经济来看，构成社会主义初级阶段基本经济特征的，首先是社会主义经济的一般特征在社会主义初级阶段的特殊表现。作为社会主义经济的一般特征如公有制、为满足人民需要而生产、计划调节、按劳分配、共同富裕等，是社会主义的共性，它存在于社会主义的各个发展阶段。不具有社会主义一般特征的社会，就不是社会主义社会。但是，在社会主义

的各个不同发展阶段上，这些一般经济特征又不是以同一形式表现出来，而是有其特殊表现，从而使各个发展阶段相互区别。因此，分析初级阶段的社会主义经济的基本特征，就是分析社会主义经济的一般规定性在初级阶段的特殊表现，或者说，就是分析社会主义经济的一般规定性在社会主义初级阶段怎样以不充分、不完善、不成熟的形式表现出来。另一方面社会主义初级阶段的经济特征，还应包括其他阶段不存在的阶段性特征，这些阶段性特征超出了社会主义经济的范围，是初级阶段必然存在的东西。如私营经济、外资经济是资本主义经济，属于非社会主义经济，但它又是社会主义初级阶段必然存在的东西，因而应包含在社会主义初级阶段的经济特征范围内。在这里，必须把社会主义初级阶段的经济特征与初级阶段的社会主义经济特征严格区别开来，后者只包括社会主义经济自身，而前者则除包括社会主义经济以外，还包括一些非社会主义经济。在分析社会主义初级阶段的基本经济特征时，把以上两个方面区别开来加以考察具有重要意义，如果把二者混淆了，就会把社会主义初级阶段的经济特征当成是初级阶段的社会主义经济特征，从而必然导致把社会主义初级阶段存在的一些非公有制经济或非社会主义经济成分，说成是社会主义性质的，混淆它们同公有制经济之间的本质区别，从而提出一些诸如"社会主义的个体经济"、私有经济是"人民社会主义"等不正确的概念。以这样的理论指导社会主义实践，就会产生不好的结果。

以上从两方面分析社会主义初级阶段的经济特征和初级阶段的社会主义经济特征的区别是笔者在中央于 1997 年提出社会主义初级阶段的基本经济制度以前的理论辨析。1997 年 9 月中共十五大报告对非公有制经济的地位提出了新的论断："公有制为主体、多种所有制共同发展，是我国社会主义初级阶段的一项基本经济制度。"将公有制经济和非公有制经济放入同一基本经济制度概念中。这时的理论辨析就转向不要混同社会主义经济制度与社会主义初级阶段的基本经济制度的区别了。

我们可以把社会主义初级阶段的基本经济特征概括为以下几个方面。

第一，以全民所有制经济即国有经济为主导、公有制经济为主体，多种经济成分即多种所有制形式并存。这一特征一方面是和我国存在不同层次的还比较落后的生产力水平相适应的，另一方面又是和社会主义的不成熟性相联系的。社会主义的不成熟性就需要非社会主义经济成分作为补充。在社会主义初级阶段，新的社会主义经济制度刚刚建立起来，这时社会主义的根本任务是大力发展社会生产力，要在生产力发展的基础上不断提高人们的物质文化水平。由于生产力落后、国有资金短缺，公有制经济的产品不能满足人民日益增长的物质文化需要。以公有制为主体的多种经济成分并存，有利于更好地实现上述任务和目的，因而它应有一个相对稳定的发展时期。例如，在一定时期中，我国资金短缺、管理和技术落后，是制约我国经济发展的主要因素，引进外资，发展外资企业和中外合资企业等资本主义经济和国家资本主义经济，就有利于缓解我国资金的短缺状态，学习和引进外国的先进管理经验和技术，以促进生产力的发展。

非公有制经济，本来就是私有制经济。个体经济是小私有制经济；私营经济和外资企业是资本主义私有制经济，但我国改变公有制一统天下、发展多种经济成分时，既回避提私有制经济概念，更回避提资本主义经济概念，而是想出了一个"非公有制经济"概念。这反映出当时的政治与理论认识的历史背景，在改革开放前的"左"倾思潮风行的年代，要消灭一切私有制经济，要让资本主义绝种，大讲"斗私批修"、"兴无灭资"。连集市贸易、包产到户也作为走资本主义道路受到批判。直到现在，非公有制经济也很少称其为私有制经济、资本主义经济，反而换了个更顺耳的概念——"民营经济"，便于将其视作人民的经济。本来，民营经济是与国营经济相对而言的概念。"民营经济"包括一切非国营经济。不只包括私有制经济，也包括部分劳动群众的集体经济。按理说，改革以来根据所有权与经营权可以分离的原则，我国不再搞国有国营两权统一的经济。而是改革为国家所有、企业经营。所以将国营经济改为国有经济，我国宪法也对此做了改变，作为与其相对称的民营经济也就没有存在的必要和合理性了，可是目前民营经济反而成为替代非公经济的流行概念了。

提出社会主义初级阶段的理论，当时最主要的思路就是为了解放思想，允许、鼓励和引导非公有制经济合法发展，最初是先放开一个小口，允许个体经济发展。后来才将口放得更大，允许雇佣几十人以上的私营经济发展。

在发展公有制占主体地位的多种经济成分问题上，有必要澄清这样一种见解，认为发展多种经济成分，就是走资本主义道路。这种看法是不正确的，因为如前所述，发展多种经济成分是和我国存在的不同层次的和较低的生产力水平以及我国社会主义制度的不成熟性相联系的。因此，发展多种经济成分，并不等于向资本主义倒退，而是发展社会主义的必经阶段，是为了更好地发展社会主义。只要我们在政策上掌握住非社会主义经济成分在国民经济中的量的界限，并加强引导和管理，发展多种经济成分，就不会否定和放弃社会主义公有制经济。还应看到，社会主义初级阶段的非社会主义经济成分，由于一方面要受到国家的宏观控制和调节，另一方面又是和社会主义公有制经济相联系、作为公有制经济的补充或辅体而存在，这就使它们具有了不同于旧社会私有制经济的特点。要将非公有制经济在社会主义初级阶段的地位和作用，同它们的社会经济性质区别开来讨论，它们在社会主义现阶段的必要性，具有重要作用是一回事，但并不会因此而改变它们的非社会主义性质是另一回事。

有些同志认为，多种经济成分并存的格局不仅在初级阶段存在，而且在高级阶段也会存在，因而不能把它作为社会主义初级阶段的基本经济特征。其论据主要有以下几种：

论据之一，任何社会形态的经济形式都不是纯粹的、单一的，如在资本主义社会中，不仅存在着作为主体的资本主义经济形式，而且还存在着个体经济、合作经济等形式。社会主义社会也不能认为最终要实现单一的社会主义经济形式。这种看法是不妥当的，因为该论据忽略了两个基本事实。其一，在原始社会并不存在多种经济成分并存的现象，在共产主义高级阶段也肯定不会存在，因而其理论概括是不全面的。其二，奴隶社会、封建社会和资本主义社会固然都不是纯粹的、单一的经济成分，但不要忘记这些社会形态都是以私有制为基础的，因而它不能用来概括以公有制经济为基础的社会形态。在资本主义经济中，不论是作为主体的资本主义经济，还是零散的个体经济，它们都是私有制经济，因而可以自始至终的并存。即使存在于资本主义社会的合作经济，也一般是以私有制为基础的。而在社会主义社会中，多种经济成分存在的所有制基础却是不同的，其社会性质也有差别。公有制经济同私有制经济，社会主义经济同非社会主义经济，存在相互矛盾的一面，只能在一定的条件下和一定的历史阶段并存，而不能无条件地永远并存。因此，不能依据私有制社会中存在非单一的经济成分来判断社会主义高级阶段也必然始终存在多种经济成分。从社会主义发展总的和长远趋势来看，或者说从社会主义初级阶段到中级阶段再到高级阶段的发展过程来看，在中级阶段的一个较长时期中，非社会主义经济成分占比将会逐渐缩小，进入社会主义高级阶段后，将会是单一的公有制经济。

论据之二，有人引证马克思的这样一段话，"在一切社会形式中都有一种一定的生产决定其他一切生产的地位和影响，因而它的关系也决定其他一切关系的地位和影响。这是一种普照的光，它掩盖了一切其他色彩，改变着它们的特点。这是一种特殊的以太，它决定着它里面显露出来的一切存在的比重"。① 有的学者认为马克思的这段话是讲一切社会中都是多种经济成分并存，"普照的光"或"以太"是指多种经济成分中占主导地位的经济成分。这是一种误解。马克思这里根本没有涉及多种经济成分即多种所有制形式问题。马克思的这段话其实是为了说明这样一个观点的：经济范畴往往表现一定社会中主体存在形式的个别侧面。把握主体存在形式、存在规定，对于政治经济学的分篇"具有决定意义"。如果研究的主体是资本主义社会经济，那么就不能从地租和土地所有制开始，尽管土地是一切生产的必要条件。因为工业资本及其剩余价值生产支配着其他一切生产的地位和影响，工业资本和雇佣劳动的关系支配着其他一切关系的地位和影响。因此，工业资本是资产阶级社会的"普照的光"或"以太"。资本主义社会的出现，是由工业资本的产生和发展决定的。如果研究的主体是封建社会，那么，"耕作居于支配地位，那里连工业、工业的组织以及与工业相应的所有制形式都多少带着土地所有制的性质"。② 在这里，土地所有制具有支配地位和影响，是"普照的光"或"以太"。可见，马克思所讲的是研究资本主义政治经济学如何安排逻辑体系和经济范畴的顺序问题。而且只是从政治经济学分篇的范畴顺序上考察这种关系的。

论据之三，有人引证党的十三大报告中的这样一段话，"在所有制和分配上，社会主义社会并不要求纯而又纯，绝对平均。在初级阶段，尤其要在以公有制为主体的前提下发展多种经济成分"。认为这里显然包含着在社会主义的高级阶段也存在多种经济成分的思想。这种看法也是不妥当的。因为十三大报告还明确指出："以公有制为主体发展多种所有制经济，以至允许私营经济的存在和发展，都是由社会主义初级阶段生产力的实际状况所

① 《马克思恩格斯选集》第2卷，人民出版社1995年版，第24页。
② 《马克思恩格斯选集》第2卷，人民出版社1995年版，第25页。

决定的。"又说："社会主义初级阶段的所有制结构应以公有制为主体。"显然，这里是把多种所有制经济作为社会主义初级阶段的规定来讲的。这样，十三大报告对多种经济成分的论述是否前后自相矛盾呢？不是的，这里的关键是如何理解"社会主义社会不要求纯而又纯"的提法。实际上，这里讲的是初级阶段的社会主义。另外，我们说社会主义的高级阶段不存在多种经济成分并存，并不意味着高级阶段绝对不能存在某些私有制的残余，如很少量的具有特殊性的个体手工艺经济等。但这与多种所有制经济并存，共同发展，完全不是一回事情。

第二，与较低的社会生产力水平相适应，社会主义初期的商品经济的发展还比较落后，从而初级阶段是大力发展商品经济的时期。大力发展商品经济，首先是发展社会生产力的需要。商品经济同社会生产力是互为条件、相互促进共同发展的，商品经济不发展，是生产力落后的反映，商品经济不发展，又反过来延缓了社会生产力和整个社会主义经济的发展。商品经济对生产力发展的促进作用在于，商品经济的发展，意味着生产专业化和社会分工的发展，意味着市场的扩大和发展，意味着生产社会化的发展。这都会推动社会生产的发展。只有商品经济充分发展了，社会生产力才能得到充分发展，经济现代化才能实现。因此，商品经济的充分发展，是我国实现现代化的必要条件。大力发展商品经济，也是把社会主义经济真正搞活的必要条件。只有充分发展商品经济，才能促使企业依据商品经济规律办事，提高效率，灵活经营，灵敏地适应复杂多变的社会要求；也才能更好地满足人们日益增长的物质和文化生活需要。总之，商品经济的充分发展，是社会经济发展不可逾越的阶段。我国虽然逾越了资本主义充分发展的历史阶段，但不能逾越商品经济充分发展的阶段，否则，就等于要逾越生产力的充分发展。因此，我国必须补上充分发展商品经济这一课，可以说，社会主义初级阶段，就是使商品经济获得充分发展的阶段。

发展商品经济，从一般意义上讲，一方面是发展商品的数量和质量，不仅要扩大商品生产的规模，还要不断提高商品质量，增加花色品种；另一方面是发展商品经济关系，完善市场体系，健全市场机制，发挥商品经济规律的作用。发展商品经济，从经济性质的角度看，有必要把"社会主义商品经济"概念同社会主义初级阶段的商品经济概念区分开来。前者是指公有制基础上的有计划的商品经济，即社会主义经济形式内部的商品经济；后者是指以公有制经济为主体的多种经济成分基础上的商品经济，它不仅包括社会主义商品经济，也包括非社会主义性质的或不完全社会主义性质的商品经济，如个体性质的商品经济、资本主义性质的商品经济、国家资本主义性质的商品经济、各种不同经济成分联合的商品经济等。在社会主义初级阶段，既要首先大力发展社会主义商品经济，也要允许和鼓励非社会主义商品经济获得应有的发展。

有的同志不赞成把实现商品经济的充分发展作为初级阶段的基本经济特征，认为充分发展商品经济应该贯穿于整个社会主义历史阶段，如果把它仅仅作为初级阶段的经济特征，就意味着高级阶段不需要发展商品经济了。的确，商品经济将存在于社会主义发展的全过程，但在社会主义发展的不同阶段，商品经济发展的程度是不同的。在我国社会主义的前期阶段，商品经济的发展水平仍很低，因而初级阶段就成为充分发展商品经济的阶段，实现商品经济的充分发展，是初级阶段结束的一个标志。因此，在社会主义的高级阶段，商品经济已经充分发展了，充分发展商品经济的任务已经完成了，这时，也就没有必要再提充分发展商品经济的问题了。商品经济发展问题，是我国长期存在的不同认识的理论和实际问题。在改革开放前的"左"倾思潮风行的年代，曾把发展商品经济与发展资本主义联系起来。所谓"堵不住资本主义的路，就迈不开社会主义的步"，实际上，左堵右堵的就是发展商品经济的路。也有从事马克思主义经济学研究的经济学家主张社会主义非商品经济论，这种观点不符合实际。直到改革开放初期，我国的商品经济发展还很落后。商品经济的发展水平与生产力的发展水平是一致的，二者相互促进。社会主义初级阶段要实现经济的社会化、商品化，这也可以说是社会主义初级阶段的任务。

第三，实行按劳分配为主体多种分配方式并存的分配制度。按劳分配自身也是不完全和不充分的。这主要表现在：从分配方式上看，由于社会主义初级阶段存在着以公有制经济为主体的多种经济成分，按劳分配只能是社会主义经济内部个人收入分配的原则，而不是全社会的唯一分配原则。就是说，除存在按劳分配收入以外，还存在非按劳分配收入。要保证按劳分配在分配结构中的主体地位，否则，非劳动收入占比过大，就会引起社会矛盾的激化，甚至会削弱社会主义经济制度。从按劳分配自身的状况看，即使在全民所有制经济中，按劳分配的实现也是不完全和不充分的。这是因为，在社会主义初级阶段，按劳分配还缺乏一个统一的社会尺度。在职工的劳动收入和企业的经济效益挂钩的情况下，不同企业占有客观生产条件的优劣程度不同，经营管理水平不同，就会引起不同企业的职工劳动收入水平的差别，从而使不同企业的职工虽然付出了同量的社会劳动，但获得的劳动收入却不同。从以上事实可以看出，在社会主义初级阶段，不仅存在事实上的不平等，而且存在形式上的不平等。仅就事实上的不平等来说，也比马克思原来预见的要多，范围更广泛。因此，调节由各方面的分配收入差别引起的利益关系上的矛盾，是一项重要的任务。

非按劳分配收入分两类：一类是在资本主义经济性质的私营经济和外资企业中，实行按要素所有权分配的原则。资方凭资本所有权获得收入。劳动力所有者按劳动力价值或价格获得收入。另一类收入是个体经济自有自营的收入。它表现为全部属于个人劳动收入。

第四，由计划经济逐步转轨为社会主义市场经济。马恩著作中没有计划经济概念，也没有商品经济和市场经济概念。但有商品生产、商品流通、计划调节等概念。在列宁的著作中，既有商品经济、市场经济概念，也有计划经济概念。所有社会主义国家都曾把实行计划经济当作社会主义经济的特征，把实行市场经济当作资本主义经济的特征。在这个问题上，西方政要和学者也持同样的看法。双方的认识一致，反映了当时的经济实际。我国改革开放以后，先是强调发挥市场的作用，价值规律的作用，在计划经济体制内引入市场机制，提出计划经济为主，市场调节（市场经济）为辅的改革方向；以后又提出公有制基础上有计划的商品经济理论；又先后提出计划和市场是覆盖全社会的，"国家调节市场，市场引导企业"；最后，邓小平南方谈话提出：计划经济不等于社会主义，市场经济不等于资本主义，突破了将计划经济与市场经济作为两种对立的经济制度属性的观点。在这个问题上经历了长期的理论认识的争鸣和复杂的转变过程，中央的指导思想从大的思路概括，经历了：完全实行计划经济—计划经济为主，市场调节（市场经济）为辅—计划经济与市场调节（市场经济）相结合—放弃计划经济，完全实行市场经济。

第五，大力发展生产力，消除贫困，走共同富裕的道路。

大力发展生产力是整个社会主义阶段的任务，更是社会主义初级阶段的紧迫任务。因为我们从旧中国接受下来的经济遗产太落后了，社会主义初级阶段要通过快速发展生产力，使广大劳动人民群众尽早摆脱贫困，走上社会主义所要求的共同富裕的道路。摆脱贫困，走向共同富裕，不可能同步实现。总会存在有先有后的差别，所以邓小平曾提出让一部分人先富起来的政策。

社会主义要实现共同富裕，这是由社会主义生产目的决定的。但是，共同富裕不是所有社会成员在同一时间以同等速度富裕起来。我国的实践表明，如果不允许一部分人先富裕起来，讲"穷革命，富则修"（修正主义），那样不但不能达到共同富裕，反而会造成平均主义，导致共同贫穷。在社会主义初级阶段，允许和鼓励一部分人通过诚实劳动和合法经营先富起来，会对大多数人产生强烈的吸引力和鼓舞作用，从而带动越来越多的人走向富裕，最终实现共同富裕。

在社会主义初级阶段，允许和鼓励一部分人先富起来，是指通过以下两种渠道实现的富裕。一是通过贯彻按劳分配原则使一部分贡献大的人先富起来。比如，有重大科学发明、对国家有特殊贡献的科技人员和各界杰出劳动者，给予较高的物质奖励。因为按劳分配原则承认，劳动者不同等的劳动能力是"天然特权"，不同劳动者在体力和智力上的差别，就会造成劳动者之间富裕程度的差别，这个方面我们做得还很不够，在长时期中，分配中的弊端是搞平均主义。这就需要继续贯彻按劳分配原则，合理拉开收入差距。另一条渠道是社会上一部分能人通过自己的劳动和各种有益的工作以及合法经营获得较多的收入而先富起来，如某些个体专业户，企业的承包者、租赁者和私营企业主等。允许和鼓励一部分人先富起来，更多的方面是指通过第二种渠道实现的。因为通过按劳分配使一部分人先富起来，示范效应较小。因而如果没有第二种渠道，就没有必要把在实现共同富裕的过程中一部分人先富起来作为初级阶段的独立特征。

在允许和鼓励一部分人先富起来的同时，一定要防止两极分化，贫富悬殊，要坚持共同富裕的方向。邓小平同志曾指出，我们在制定和执行政策时，"决不能导致贫富两极分化。如果导致两极分化，改革就算失败了"[①] 这个问题值得重视。让一部分人先富起来，必须以坚持国有经济为主导，公有制为主体，在分配领域坚持按劳分配为主体、公平与效率并重为前提条件。如果让非公有制经济任意自发发展，私营经济、外资经济、个体经济在国民经济中占据主体地位，必然产生收入分配的严重不公平，出

---

① 邓小平：《建设有中国特色的社会主义》增订本，人民出版社 1987 年版，第118 页。

现贫富两极分化。我国改革开放已经历了近40年的历程。与改革开放初期和前期的经济情况已大不相同了。现在生产力大幅提高了，财富随之大幅增加了，全国人民的生活水平总体上说，也有显著的提高，但是出现了收入差距过分扩大、贫富分化现象。因此，在新的情况下，让一部分人先富起来的理论和政策，已经完成了它的任务，现在应强调的是：消灭贫困、缩小收入差距扩大趋势，走共同富裕道路。

七、对社会主义初级阶段基本经济特征不同意见的商榷

在中央提出社会主义初级阶段理论时的最初讨论过程中，有的同志认为，对社会主义初级阶段基本经济特征的以上概括，是把社会主义初级阶段的社会客观特征和党的主观政策混为一谈了，如多种所有制经济并存、多种分配方式并存等，不是社会主义初级阶段的社会客观特征，只是我们党根据初级阶段的社会客观特征而采取的一系列具体政策。社会主义初级阶段的基本特征应该是指我国当时客观存在的具体国情，其中包括如10亿多人口，8亿在农村；文盲和半文盲还占人口近1/4等。笔者当时在讨论中提出，这种看法是值得商榷的，这是因为：第一，社会主义初级阶段的基本特征，不应只是对我国当时客观存在的具体现象的简单描述，而应是对具体国情进行本质概括。第二，作为社会主义初级阶段的基本经济特征，应该具有相对稳定性，它必须适用于社会主义初级阶段的整个历史时期。显然，把诸如10亿人口，8亿在农村；文盲和半文盲占人口的1/4等一类现象作为初级阶段的特征是和这一要求不相符合的。因为这些具体情况都是在不断变动的，它并不适用于初级阶段的一切时期，如果这种状况在整个初级阶段始终存在，那么，我国改革和发展的成果还

表现在哪里呢？实际上，社会主义初级阶段的任务，恰恰是要由农业人口占多数、以手工劳动为基础的农业国，逐步变为非农产业人口占多数的现代化的工业国。既然如此，8亿人口在农村，文盲半文盲占1/4等，只是当时的状况，而不是整个社会主义初级阶段的特征。第三，不能把多种经济成分并存，多元分配方式并存等仅仅看成是主观政策。我们党允许发展多种经济成分，实行多元分配方式等，看起来是主观政策，但这种政策是建立在客观要求的基础上，不是想做就做，不想做就不做的。历史上我们曾盲目求纯，急于消除非公有制经济成分，结果受到客观规律的惩罚。这表明，在现阶段发展多种经济成分，实行多元分配方式，是历史的客观必然。现在我们党允许发展多种经济成分，实行多元分配方式，只是证明了我们党的政策正确地反映了客观事实或规律。而且，在正确政策下发展起来的事物，会作为客观存在而运行着，并发挥其自身的作用。例如，实行和发展公有制经济，实行和完善按劳分配制度，是我们党的政策，但公有制和按劳分配就成为客观存在，是社会主义经济制度的本质特征。

还有的同志认为，社会主义初级阶段的根本特征就是生产力水平低。是的，生产力水平低是客观事实，但能否成为整个社会主义初级阶段的经济特征，也值得讨论。我们知道，把握了事物的特征，就把握了事物的质的规定，而我们从"生产力水平低"这一论断中，并不能了解和把握社会主义初级阶段的质的规定。原始社会的生产力水平很低，奴隶社会和封建社会的生产力水平也低。因此，把社会主义初级阶段的根本特征归结为一个生产力水平低，并不能表明这一历史阶段同以往生产力水平低的社会形态的区别。我国现阶段的生产力落后，多层次、不平衡，这是决定我国社会主义处于初级阶段的根本条件，而不是表明社会主义初级阶段根本规定的特征。作为社会主义初级阶段的经济特征，应首先属于社会经济制度的范畴，它一是要反映社会主义自身的一般规定，二是要反映它在初级阶段的不成熟性和初级阶段特有的其他规定。而生产力水平低，并不能反映社会主义自身的一般规定，也不能从社会形态的角度反映社会主义初级阶段的本质规定，因而，不属于社会经济制度的范畴。我们重视生产力的决定作用，强调生产力标准，这是一回事；但它能否作为社会主义初级阶段的根本特征甚至唯一的特征，则是另一回事。实际上，我们在概括社会主义初级阶段的特征时，已经把生产力落后作为决定条件而予以说明了。如果想通过社会主义初级阶段特征的表述来反映出生产力的落后，那就应同社会主义的物质技术基础还没有完全建立起来相联系而加以概括，强调社会主义初级阶段要把快速发展生产力作为重要任务。

生产力是不断发展的。到 21 世纪四五十年代，到初级阶段的末期，生产力几十倍地发展了，还能说生产落后是社会主义初级阶段的经济特征吗？

我们认为，社会主义初级阶段的最根本经济特征，应首先是以公有制经济为主体的多种经济成分并存。无论对一个社会形态来说，或是对同一社会形态内的不同历史阶段来说，所有制及其结构总是具有决定意义的环节。作为主体的社会主义公有制，反映了社会主义共有的、一般的、根本性规定。而公有制经济的不成熟、不完善以及公有制以外的其他经济成分作为公有制经济的有益的补充，则是社会主义社会的初级阶段带有根本意义的特殊特征，即阶段性特征。其他的某些特征如以按劳分配为主体的多种分配方式的存在等，是由这一根本特征引申出来的。

八、社会主义初级阶段的主要矛盾及解决途径

（一）社会主义初级阶段的主要矛盾

社会主义初级阶段的主要矛盾，是满足人民日益增长的物质

文化需要同落后的社会生产之间的矛盾。这个主要矛盾是社会主义社会的基本矛盾即生产力和生产关系的矛盾在社会主义初级阶段的具体表现。我们在一般表述主要矛盾时所讲的"人民日益增长的物质文化需要"前面加了"满足"二字，因为这样能更好地体现社会主义的生产目的。它集中反映了社会主义生产关系的本质特征，因为社会主义的生产目的表明了社会主义生产的实质，社会主义的整个经济关系都是服从于它或以它为轴心来运转的。主要矛盾所讲的"落后的社会生产"就是指落后的生产力，它反映了社会主义初级阶段一个时期内生产力的实际状况。

对社会主义初级阶段主要矛盾的认识，经历了一个曲折的过程。党的八大最早指出，在社会主义改造基本完成，从而进入社会主义以后，我国国内的主要矛盾"是先进的社会主义制度同落后的社会生产力之间的矛盾"。这一表述从理论上说是有缺陷的，因为从表述上看，是生产关系超越了生产力，所以后来就不再提了，但八大决议中还有另外的表述：生产资料私有制的社会主义改造基本完成以后，国内的主要矛盾"是人民对于建立先进的工业国的要求同落后的农业国的现实之间的矛盾，是人民对于经济文化迅速发展的需要同当前经济文化不能满足人民需要的状况之间的矛盾。"这表明八大决议事实上提出了后来重提的社会主义初级阶段的主要矛盾。八大决议在此基础上正确地提出了党和人民的主要任务，就是在新的生产关系下面保护和发展生产力，实现国家工业化，逐步满足人民日益增长的物质和文化需要。但是，1957 年开展的反右斗争，使我们党偏离了八大的正确路线。1957 年 10 月毛泽东同志提出："无产阶级和资产阶级的矛盾，社会主义道路和资本主义道路的矛盾，毫无疑问，这是当前我国社会的主要矛盾。"而且在理论和宣传工作中，又把从资本主义到共产主义高级阶段之间的历史时期即社会主义历史阶段都看成是过渡时期，认为在这个过渡时期中，无产阶级和资产阶级的矛盾始终是社会的主要矛盾。提出要"以阶级斗争为纲"，阶级斗争要"年年讲、月月讲、天天讲"。这样，抓阶级斗争，反资本主义复辟就成为整个社会主义历史时期的主要任务，直至酿成"文化大革命"这一历史性灾难。

党的十一届三中全会否定了"以阶级斗争为纲"，决定把全党工作的着重点和全国人民的注意力转移到社会主义现代化建设上来。党的工作着重点的转移，就标志着我们党对社会主义初级阶段主要矛盾的认识发生了根本性转变。对此，邓小平同志指出："至于什么是目前时期的主要矛盾，也就是目前时期全党和全国人民所必须解决的主要问题或中心任务，由于三中全会决定把工作重点转移到社会主义现代化建设方面来，实际上已经解决了。我们的生产力发展水平很低，远远不能满足人民和国家的需要，这就是我们目前时期的主要矛盾，解决这个主要矛盾就是我们的中心任务。"① 1981 年，《关于建国以来党的若干历史问题的决议》，总结了八大以来的历史经验教训，吸收了八大报告的正确内容，把主要矛盾表述为"在社会主义改造基本完成以后，我国所要解决的主要矛盾，是人民日益增长的物质文化需要同落后的社会生产之间的矛盾。"党的十二大确定了这一表述，在党章《总纲》中指出："我国社会的主要矛盾是人民日益增长的物质文化需要同落后的社会生产之间的矛盾。"可是，这一表述还有不足之处，因为它没有明确主要矛盾的"现阶段"性，也就是没有明确只是社会主义初级阶段的主要矛盾，从而容易造成是指整个社会主义社会的主要矛盾的理解。后来，党在《关于社会主义精神文明建设指导方针的决议》中克服了以上不足之处，强调了主要矛盾的"现阶段"性，它说："我们党总结历史经验，明确指出现阶段我国社会的主要矛盾是人民日益增长的物质文化需要同落后的社会生产之间的矛盾。"党的十三大报告确认了这一表述，明确指出它是社会主义初级阶段的主要矛盾。

① 《邓小平文选》第 2 卷，人民出版社 1993 年版，第 182 页。

满足人民日益增长的物质文化需要同落后的社会生产之间的矛盾，之所以只是社会主义初级阶段的主要矛盾，这个矛盾所说的"落后的社会生产"，一是指生产力的绝对水平是落后的，还远远没有达到应有的高度，没有为社会主义建立起自身所需要的物质技术基础，还没有实现工业化和生产的商品化、社会化、现代化。二是指它相对于发达国家的社会生产来说是落后的，就是说，社会生产的发展不但远没有达到发达国家的生产力水平。也没有达到中等收入国家的水平。在这种落后的社会生产基础上，社会主义生产目的的实现就不可能是充分的。根据社会主义的本质而言，它是要"保证一切社会成员有富足的和一天比一天充裕的物质生活，而且还可能保证他们的体力和智力获得充分的自由的发展和运用"。① 就我国而言，在新中国成立后的一个较长时期中，难以完全摆脱贫困状态，人均国内生产总值仍然排在世界后列。在这种情况下，一些人的温饱问题还待解决。要保证劳动者自由的全面发展，更是难以落实的事情。这样，就必然形成落后的社会生产同满足全体社会成员需要之间的矛盾。但是，这种落后的社会生产，不是以固定不变的形式存在于整个社会主义的初级阶段，因为生产力是年年发展，月月发展的，百年的社会主义初级阶段的生产力在不断发展中，因此，落后的社会生产是个相对概念。社会主义初级阶段的结束，就意味着摆脱了贫穷和落后，实现了由农业国向工业国的转变，实现了生产的商品化、社会化、现代化，人均国民生产总值已经达到或超越中等发达国家的水平。从此以后，由于社会生产力获得了高度发展，社会主义生产目的就可以比较充分地实现了，社会主义制度的优越性表现得也就比较充分了，虽然那时仍然需要进一步发展生产力，更好地满足人民日益增长的物质和文化需要，但那时的生产力已经不是落后的了，因而那时就不能说主要矛盾仍然是人民日益增长的

---

① 《马克思恩格斯文集》第 9 卷，人民出版社 2009 年版，第 299 页。

物质文化需要同落后的社会生产之间的矛盾。

有的同志认为，把社会主义初级阶段的主要矛盾表述为人民日益增长的物质文化需要同落后的社会生产之间的矛盾过于一般化，应具体表述为"僵化的经济体制和社会经济不断商品化之间的矛盾"。[①] 笔者认为，这样的表述是不科学的。因为社会主义初级阶段是一个长期的历史过程，不能认为在上百年的初级阶段的时间里都存在传统的僵化的经济体制，从而经济模式转轨需要经历上百年的时间，而且，所谓社会主义的"社会经济不断商品化"的提法，也是不明确和不准确的。

（二）社会主义初级阶段主要矛盾的解决途径

解决社会主义初级阶段的主要矛盾，首先需要分析这一矛盾的主要方面。毛泽东同志指出："如果不研究过程中主要的矛盾和非主要的矛盾以及矛盾之主要的方面和非主要的方面这两种情形，也就是说不研究这两种矛盾情况的差别性，那就将陷入抽象的研究，不能具体地懂得矛盾的情况，因而也就不能找出解决矛盾的正确的方法。"[②] 社会主义初级阶段的主要矛盾的主要方面是落后的社会生产。这是因为，首先，在社会主义初级阶段，社会主义的生产关系是适应生产力发展的要求刚刚建立起来的，这时，从根本上说，它能够容许生产力以旧社会所没有的速度向前发展。因而这种适应生产力性质的生产关系在建立以后，需要有一定的相对稳定性，当然新的生产关系还需要不断完善、发展，新的生产关系中那些不完善的方面依然阻碍生产力的发展，需要改革。但已经不是旧的生产关系束缚生产力的发展，从而要求通过根本变更生产关系解放生产力的问题，而是要求在新的生产关系下面，不断完善和改革生产关系的具体形式，既保护生产力，

---

① 《理论信息报》1987 年 6 月 29 日。
② 《毛泽东选集》（合订本），人民出版社 1964 年版，第 301 页。

又解放和发展生产力，改变社会生产的落后面貌。其次，任何社会制度，都是建立在一定的物质基础之上的，并且只有物质基础的发展和完善，才会有此社会制度的发展和完善。因此，社会主义只有完全获得自身的物质基础，即"为工业、农业和运输业打下了现代大工业的技术基础的时候，我们才能得到最后的胜利"。① 可见，社会主义制度建立以后，社会主义制度巩固、发展和取得最后胜利的最根本、最主要的保证，就是变落后的社会生产为高度发达的和现代化的社会生产。

既然落后的社会生产是社会主义初级阶段的主要矛盾的主要方面，那么解决这一矛盾的根本途径就是发展社会生产力。因而发展社会生产力，就成为我们党制定路线、方针、政策的基本出发点和归宿点，这就要求：

第一，为了发展生产力，必须把党和国家工作的重点转移到以经济建设为中心的社会主义现代化建设上来，从而把发展社会生产力作为根本任务。把发展社会生产力作为社会主义阶段的根本任务，这是马克思主义的基本观点。马克思和恩格斯在《共产党宣言》中明确指出：无产阶级在取得全国政权，把全部资本变为国有财产以后，要"尽可能快地增加生产力的总量"。② 列宁也说过："在任何社会主义革命中，当无产阶级夺取政权的任务解决以后，随着剥夺剥夺者及镇压他们反抗的任务大体上和基本上解决，必须要把创造高于资本主义的社会结构的根本任务提到首要地位，这个根本任务就是提高劳动生产率。"③ 马克思恩格斯所讲的无产阶级取得政权后，要尽可能快地发展生产力，本意是指发达资本主义国家走向社会主义之后的任务，而我国的社会主义制度，是在生产力十分落后的半殖民地、半封建社会基础上

---

① 《列宁选集》第4卷，人民出版社1995年版，第364页。
② 《马克思恩格斯文集》第2卷，人民出版社2009年版，第52页。
③ 《列宁选集》第3卷，人民出版社1995年版，第490页。

建立起来的。新中国成立初期，大机器工业在国民经济中的比重约占10%左右，现在，虽然经过几十年的经济建设，生产力以空前的速度发展了，但劳动生产率远低于发达国家，与现代社会生产力的最高水平相比，还有较大的距离。因此，把大力发展生产力作为社会主义初级阶段的根本任务，就更具有必要性和紧迫性。十一届三中全会以前的一个较长时期内，没有把大力发展生产力作为我们的根本任务，而是大搞阶级斗争、搞经济基础领域中的"不断革命"，结果严重阻碍了生产力的发展。十一届三中全会以来，我们党在对社会主义初级阶段主要矛盾做出正确判断的基础上，坚定不移地把党和国家工作的重点转移到以经济建设为中心的社会主义现代化建设上来，大力发展生产力。这标志着我们党的路线、方针、政策已经转到了正确的轨道上。

第二，为了发展生产力，必须对束缚生产力发展的不符合我国国情的传统体制进行改革。社会主义经济体制是社会主义生产关系的实现形式，社会主义生产关系对生产力的促进作用，需要通过社会主义经济体制和运行机制表现出来。社会主义经济体制的建立，是人们根据对社会主义经济运动规律的认识作出的选择。如果选择不当，经济体制就会阻碍生产力的发展，社会主义制度固有的优越性也不能发挥出来。我国的传统计划经济体制存在着集权过多、管得太死、企业没有活力、排斥市场机制、忽视商品生产和价值规律的作用，以及搞平均主义分配、吃"大锅饭"等弊病，不利于我国的经济效率和效益的提高，阻碍了生产力的发展。因此，为了大力发展社会生产力，就必须实行改革，建立能够促进生产力发展、适合我国国情的充满活力的新经济体制。经过改革中的不断探索，改革的目标模式确定为建立社会主义市场经济体制。改革的根本出发点和最终目的都是为了更好地解放和发展生产力。

实行对外开放也是改革的一个重要内容。在现代条件下，任何一个国家要在社会化大生产条件下获得国民经济的全面发展，单靠本国的力量是不够的，因为社会主义建设不是也不可能孤立于世界之外去进行，闭关锁国，排斥国际经济联系与合作只能是阻碍生产力的发展，使我国越来越落后。因此，为了发展生产力，必须实行对外开放。对外开放，有利于我们引进一些国外的先进技术，提高我国国民经济各部门的装备水平；有利于我们学习国外的先进管理经验，提高我们的生产经营管理水平；有利于我们利用外资，以弥补我国的建设资金不足，有利于我们参与国际市场竞争，带动国内生产的发展。

第三，把是否有利于社会主义社会生产力的发展和是否有利于提高人民福利，走向共同富裕，作为检验一切工作是非的根本标准。社会主义的根本任务就是发展生产力，根本目的是共同富裕。而发展生产力是走向共同富裕的首要条件，因而检验一切工作的根本标准，就必然是首先看它是否有利于生产力的发展。凡是一切有利于生产力发展的东西，都是符合人民根本利益的，因而是社会主义所要求的，或者是社会主义所允许的。而一切不利于生产力发展的东西，都是违反科学社会主义的，是社会主义所不允许的。过去一个时期内，由于脱离开生产力标准抽象地谈论社会主义，盲目追求又大又纯的社会主义，结果把许多有利于生产力发展的东西当作搞"修正主义"和"复辟资本主义"加以批判，严重束缚了生产力和社会主义商品经济的发展。这个教训我们应该永远记取。

但是在重视生产力的发展，强调生产力标准时，又要注意发展生产力是手段，是必要条件，不是为发展生产力而发展之。如果不发展生产力，必然普遍贫穷，难以建设成先进的社会主义制度；但是，生产力再发展，如果脱离了社会主义生产关系的发展和完善，不走共同富裕的道路，同样不可能建成消灭剥削和消除两极分化的社会主义。因此，中国特色社会主义强调发展是科学发展，是以人为本的全面协调可持续发展，是"共享发展"。

第二章

社会主义初级阶段的所有制结构和基本经济制度

生产资料所有制作为社会经济制度的基础，是区别不同社会经济形态的根本标志。社会主义社会的生产资料所有制历来是社会主义经济理论研究中极为关注的核心问题，也是社会主义经济建设实践所必须解决的关键问题。我国正处在社会主义的初级阶段，社会主义初级阶段的所有制结构是以公有制为主体，并在公有制为主体的前提下继续发展多种所有制经济，包括个体经济和私营经济，并引进外资经济。这种以公有制为主体的多种所有制经济并存的所有制结构模式，在马克思主义和社会主义发展史上，具有极其重要的理论意义和实践意义。

一、马克思恩格斯设想的社会主义所有制形式

马克思恩格斯有关社会主义所有制的理论，是其科学社会主义的重要组成部分。他们所设想的社会主义所有制模式，对我国和其他社会主义国家的经济理论研究和经济建设实践产生了巨大影响。因此，有必要对马克思恩格斯的社会主义所有制模式进行简要描述。

马克思对社会主义公有制进行了纯粹科学的描述，论述了这种社会主义公有制模式的基本特征。

第一，社会主义公有制是单一的公有制或社会所有制，即社会占有全部生产资料，不存在非社会主义的所有制形式。也就是说，既不存在生产资料的资本家私有制，也不存在生产资料的个体私有制。同时，也不存在部分劳动者的集体所有制形式。社会主义所有制是一种单一的全社会公有制，因而，不存在性质不同的所有制经济之间的结构问题。正如马克思和恩格斯在《共产党宣言》中指出的那样，私有制必须废除，代替它的是共同使用全部生产工具和按共同协议来分配产品，即财产共有。《资本论》中设想的社会主义社会，是"自由人的共同体"，同样是生产资料归全社会公共所有、总劳动根据社会需求来调节的社会制度。

第二，社会主义所有制是联合劳动者对全部生产资料的直接占有制。联合劳动者既是生产资料的占有主体，又是生产与经营的主体，他们在生产经营中享有充分的权利。其产品也归联合劳动者共同占有和享用。劳动时间是计量生产者个人在共同劳动中所占份额的尺度，因而也是计量生产者个人在共同产品的个人消费部分中所占份额的尺度，这就意味着对个人消费品实行按劳分配。

第三，社会主义公有制是没有商品货币关系的社会所有制。在全社会范围内的单一公有制基础上形成的利益一致性和劳动的直接社会性，将排除商品货币关系的存在。社会生产和资源配置将由计划来调节，与商品经济相联系的市场机制也退出历史舞台。社会主义公有制经济的这一特征在马克思恩格斯的著作中阐述得十分明确。他们指出："在一个集体的、以生产资料公有为基础的社会中，生产者不交换自己的产品；用在产品生产上的劳动，在这里也不表现为这些产品的价值……个人的劳动不再经过迂回曲折的道路，而是直接作为总劳动的构成部分存在着。"[①]"一旦社会占有了生产资料，商品生产就将被消除，而产品对生产者的统治也将随之消除。社会生产内部的无政府状态将为有计

---

① 《马克思恩格斯文集》第3卷，人民出版社2009年版，第433~484页。

划的自觉的组织所代替。"①

由此可见，马克思恩格斯所设想的社会主义所有制是一种纯粹的、发达的公有制模式。这一模式所依据的前提条件是社会主义革命在资本主义高度发达的国家取得胜利，高度发达的生产力将成为社会主义所有制现实的物质技术基础。而发达的社会主义所有制排除了非社会主义所有制存在的可能性。这种发达的社会主义所有制模式，既要研究社会主义现实所有制问题的理论基础，又要结合本国的实际情况和实践过程进行检验。马克思恩格斯设想的社会主义所有制模式毕竟是科学的抽象与推论。现实中的社会主义国家都是在生产力落后的非资本主义国家和生产力较低的资本主义国家取得社会主义革命胜利的，也就是说都是在与马克思的设想有差异的历史背景下取得社会主义革命的胜利并开展社会主义建设的。在不发达的生产力基础上构造社会主义大厦是一项复杂浩大的工程。如若脱离实际，简单套用马克思恩格斯设想的社会主义所有制模式来构造现实的社会主义所有制模式，注定会走不通。我国和其他社会主义国家在所有制方面的实践深刻地证明了这一点。社会主义国家现实的所有制关系，既要体现马克思恩格斯所揭示的社会主义所有制的一般特征，又要体现不同社会主义国家在不同发展阶段上所有制的具体特征。

二、社会主义国家在实践中对所有制结构的调整

（一）社会主义社会所有制结构的历史演变

苏联和东欧诸社会主义国家，发生了社会制度的剧变，倒退

---

① 《马克思恩格斯文集》第3卷，人民出版社2009年版，第564页。

为资本主义国家，但从总结社会主义经济发展史的视角来说，从总体上回顾一下社会主义国家在实践中所有制结构的变化还是有必要的。苏联作为人类历史上第一个社会主义国家，形成了第一个现实的社会主义所有制模式。这一模式曾一度被认为是社会主义社会所有制的共同模式而为各社会主义国家所效仿。但这一模式本身也在实践中发生了或多或少的变化。

列宁认为，从资本主义向社会主义过渡时期，所有制结构必然是多种经济成分并存的结构。他具体分析了俄国十月革命胜利后初期的所有制结构问题，但没能具体阐述过渡时期结束、进入社会主义社会后的所有制结构问题。在斯大林的社会主义所有制模式中，公有制只有全民所有制和部分劳动群众集体所有制（合作社和集体农庄）两种形式，否认非公有制经济存在的合理性。这实际上是一种单一的公有制模式。1988 年，在苏联工业总产值中，国营工业占 98%，合作社和集体农庄占 2%；国营部门直接从事一半农业生产，其余由集体农庄承担；商业零售总额的 2/3 在国营商店；国营部门占交通运输量的 90% 以上。法律规定私人不能从事谋私利的企业活动，只允许私人自由职业活动和自办自营的商店存在。

苏联和其他社会主义国家的社会主义所有制模式在实际经济运行中遇到了种种障碍。单一的公有制经济和集中管理并未使经济活动效率达到令人满意的程度。各社会主义国家先后开始对原有的所有制结构进行重新探讨与评价。南斯拉夫将全民所有制或国家所有制视为社会主义所有制的低级形式，开始了以自治为核心的社会所有制实践。一些南斯拉夫理论家认为，追求单一的公有制与合作制形式而忽视和放弃私有制的作用，给社会主义发展造成了很大损失。他们主张实行所有制形式的多元化和平等，允许多种所有制形式互相竞争，让那些促进了社会发展的所有制形式存在下去。这实际上肯定了社会主义社会所有制结构中，既有公有制经济，又存在非公有制经济，从而与单一的公有制经济模式形成了很大的区别。

公有制经济和非公有制经济成分并存的必要性以及这种所有制结构在实际运行中显示出的明显的优越性，逐渐为大多数社会主义国家所认识和接受。东欧多数原社会主义国家普遍重视发挥多种经济成分的作用，大都放宽了对非公有制经济成分的限制。波兰宣布了对各种经济成分实行"一视同仁"的原则；民主德国通过了进一步鼓励手工业和私营商业发展的决定；保加利亚提出要发展所有制的多种形式，主张个体经济与大型经济相结合，在饮食服务业中实行租赁承包制；匈牙利、波兰等国家还提出建立一种使非国营经济同国营经济相结合的混合所有制形式。这些国家在发展社会主义经济中，为探索适合本国生产力发展的所有制结构，作出了积极的努力，丰富与发展了社会主义社会所有制结构的理论与实践。目前的越南、古巴等社会主义国家，也允许私有制经济不同程度的发展。

我国在所有制结构的理论与实践方面历经了曲折的过程。在向社会主义社会的过渡时期，存在公有制经济与民族资本主义经济和个体经济等非公有制经济并存的所有制结构。经过社会主义改造和第一个五年计划的实施，迅速将私营工商业转变为国营工商业，将农民和手工业者的个体所有制转变为部分劳动者集体所有制。截止到1956年，形成了公有制经济占绝对统治地位的格局。1956年国民收入中各种经济类型所占比重分别为：国营经济占32.2%，合作社经济占53.4%，个体经济占7.1%，公私合营经济占7.3%。[①] 1958年的"大跃进"、"人民公社化"以及"文化大革命"期间，个体经济被视为社会主义经济的异端几乎被消灭殆尽，所有制结构日趋单一化。1980年，全民所有制经济和集体所有制经济占我国工业总产值的99.4%，占社会商品

---

① 国家统计局：《伟大的十年》，人民出版社1959年版，第36页。

零售额的 96.1%，^① 个体经济和私营经济微乎其微。单一的所有制结构伴之以集中的行政管理，不利于我国生产力的发展。党的十一届三中全会以来，随着经济体制改革的进行，个体经济、私营经济得到了较为迅速的恢复和发展，同时出现了中外合资和合作经济，单一的公有制形式又向以公有制为主体的多种所有制经济并存的所有制结构转化。这种所有制结构模式在运行中已取得令人瞩目的成就，成为中国社会主义现阶段的重要特征之一。

从我国和其他社会主义国家的所有制结构变化中可以看出，社会主义社会现实的所有制结构与马克思恩格斯设想的社会主义模式之间存在着一定的差异。但是，我国的经济发展相对落后，不能将我国的社会主义初级阶段理论与实践同东欧社会主义国家经济结构的演变相等同。直到 1985 年，我国的人均国民生产总值为 310 美元，远低于苏联和东欧原社会主义国家，当时的波兰为 2 050 美元；南斯拉夫为 2 070 美元；匈牙利为 1 950 美元。^②而波兰、民主德国和苏联在 1980 年就分别达到 5 820 美元、7 180 美元和 4 880 美元。^③ 生产力落后，也表现在农业人口在总人口中所占的比重，20 世纪 80 年代，我国 10 亿多人口，8 亿在农村，农业部门的就业人数占总就业人数的 70% 以上。而发达资本主义国家，如英美等国家的农业劳动力只占总劳动力的 3% 左右。苏联、东欧等原社会主义国家的农业劳动力，也只占总劳动力的 20% ~ 30%。这说明，我国当时的国情，在生产力发展水平上不但远不能与发达资本主义国家相比，也不能与苏联、东欧社会主义国家相比。因此，我国提出社会主义初级阶段理论，是完全从自己的实际国情出发的。既不是教条主义照搬马克思主义经典作家提出的社会主义模式，也不能完全模仿苏联或其他国

---

① 《红旗》杂志 1987 年第 13 期。
② 世界银行：《1987 年世界发展报告》，中国财政经济出版社 1987 年版，第 203、206 页。
③ 《国际经济金融统计手册》，中国财政经济出版社 1984 年版，第 270 页。

家曾实行的社会主义模式。我国社会主义建设初期阶段，曾以苏联为师，建设单一的公有制模式。在"三大改造"以后，鉴于单一公有制所带来的人民群众生活的不方便，曾提出消灭了资本主义经济，可再恢复资本主义经济，由地下工厂变为地上工厂。但后来"左"倾思潮风行日盛，未能实现。直到改革开放，提出社会主义初级阶段后，所有制结构才逐渐发生变化。但恢复和发展私有制经济，只能是有利于促进生产力发展的经济成分。决不允许封建主义经济和官僚资本主义经济回归。

1978 年，党的十一届三中全会吹响了改革开放的号角。为了更快地发展生产力和社会主义经济，需要打破公有制一统天下的局面。在"左"的一套盛行时期，不仅把个体经济作为资本主义经济加以消灭，连自留地、家庭副业、集市贸易也作为"资本主义尾巴"要将其割掉。党的十一届三中全会提出："社员自留地、家庭副业和集市贸易是社会主义经济的必要补充部分。"不少学者将此转述为十一届三中全会提出"非公有制经济是社会主义经济的必要补充"，值得斟酌。因为现在讲的非公有制经济，包括个体经济、私营经济、外资经济。1978 年十一届三中全会时期，还远不到时机提出这些私有制经济的发展。自留地、家庭副业不是独立的个体经济或私营经济。

发展非公有制经济，正确认识它在我国社会主义现阶段的地位和作用，是一个思想不断解放和认识不断发展的过程。1979年 9 月 29 日，叶剑英在庆祝国庆 30 周年大会上的讲话中提出："目前在有限范围内继续存在的城乡劳动者的个体经济，是社会主义公有制经济的附属和补充。"后来政策不断放宽，1980 年下半年，提出"适当发展个体经济"的方针，1981 年 7 月颁布了《国务院关于城镇非农业个体经济若干政策性规定》的文件，城乡个体工商户迅速发展起来。但对私营经济的发展，还没有提出政策性规定。随着个体私有制经济的发展，到一定的规模时会出现人手不够的局面，就需要雇工。当时在政策上既要限制私有制经济的规模，又不能禁止雇工的出现，那样不利于经济的发展。于是在后来国务院颁布的政策性规定中，提出个体经营户"必要的，经过工商行政管理部门的批准，可以请一个至两个帮手，技术性较强的或有特殊技艺的，可以带两三个最多不超过五个学徒"。就是说最多总共不超过 7 人。只要有这个政策，雇工经济很快能发展起来，而且难以掌握帮工和学徒的界限，也难以掌握和监督技术性的强弱和技艺高低。而且雇工经济的发展，必然会冲破限雇 7 人的政策规定。雇 8 人以上的日益增多，突破了中央的政策规定该怎样对待？中央采取了既谨慎又宽容的态度：既不宣传，也不取缔，看一看再说。既然不取缔，事实上就是默许了雇工几十人、几百人的私人企业发展起来。1987 年 1 月，中央颁布了《把农村改革引向深入》的文件，肯定了私人企业的地位和作用。文件指出：为扩大经营规模，雇工超过了 7 个人限度的私人企业，"也应当允许存在，加强管理，兴利抑弊，逐步引导。"又说，"在一个较长时期内，个体经济和小量私人企业的存在是不可避免的"。同时指出："私人企业同公有制经济有矛盾的一面，本身也存在一些固有弊端，主要是收入分配过分悬殊，对此，可以通过管理和立法，加以调节和限制。"这种论述，应从两个方面去把握：一方面，肯定了私人企业的合法性；另一方面，也指出私人企业同公有制经济是有矛盾的，它自身也存在弊端，要加以调节和限制。后一方面的论述，值得我们重温与重视。这些年来，只大力宣传发展非公有制的重要作用，而不再提它与公有制经济矛盾的一面，以及它自身存在的弊端和应有的"调节和限制"等。然而，忽视这个方面，会走向扬私抑公、公退私进的一种局面。1987 年 10 月党的十三大报告明确提出了私人企业的性质和作用以及党的方针政策。肯定了私人企业的发展，称其为私营经济，并指出："私营经济是存在雇佣劳动关系的经济成分"，没有直接说它是资本主义性质的经济成分。但在马克思主义经济学中，凡存在资本与雇佣劳动关系的经济，就是资本主义经济。

随着我国改革开放的发展，个体经济、私营企业和外资企业的发展，我国提出了社会主义初级阶段的理论，为发展非公有制经济提供了理论支持。认识到我国处于社会主义初级阶段的现实国情，我国的生产力落后，多层次不平衡，人民日益增长的物质文化需要同落后的社会生产力是主要矛盾，我国社会主义的根本任务是大力发展生产力。以此作为理论与实际的依据，来说明发展非公有制经济的必要性和合理性，就顺理成章了。

（二）公有制为主体、多种所有制经济共同发展的理论和实践意义

我国从公有制一统天下，转向允许、鼓励和引导非公有制经济发展，实践过程是先放开个体经济发展的闸门，同时提倡"招商引资"，允许引进外国资本。个体经济的内涵也逐渐发生了改变，个体经济的本意是劳动者个人及其家庭成员自有自营的经济。但只要政策上放开，允许私有制的个体经济发展，就会出现有些个体经济发展后需要帮手或雇工，某些专业性行业需要带学徒的情况，为了有利于发展生产力，需要政策再宽松些。据知情者发表的有关文章中披露，国务院政策研究室的一位研究人员向中央写报告建议放宽对个体经济的政策。并提出理论根据说，马克思在《资本论》中讲过，雇至多7个工人是个体经济，雇8个及以上工人就是有剥削的资本主义经济。此建议被政府采纳。于是当政府出台个体经济可吸纳帮手和学徒7个人，而实际经济发展中，演变为雇佣8个以下工人是个体经济、雇佣8个和以上工人是私营企业，并成为政策规定。笔者经常收到询问：《资本论》在何处讲过以雇8个工人为界划分个体经济和私营经济的界限。其实，这是对《资本论》有关论述的误解。马克思没有提出过这种区分界限，这个问题将在后面章节中探讨。从经济实践过程来看，以此作为划分个体经济和私营经济的政策界限并不影

响甚至有利于非公有制经济的发展。因而可不计较是否符合《资本论》原意。

在发展多种所有制经济过程中，首先发展个体经济，是有其客观原因的。其一是多种行业的个体经济与广大人民群众的生活很贴近。"三大改造"后个体经济几尽消灭，群众生活的多方面需要都不如过去方便了。因而放宽政策，允许个体经济发展，会得到群众的赞同。其二是个体经济容易恢复和发展，所需资金、土地和购销活动等都不用政府操心。所以恢复和发展的较快。

在"左"倾思潮风行的年代，将个体经济也视作资本主义要加以消灭。其实，个体经济并不具有特定的社会经济性质，它存在于多个社会形态中，在奴隶制社会、封建社会、资本主义社会都存在。在社会主义初级阶段同样有必要存在，它既不姓"资"，也不姓"社"，而只姓"私"。

城镇个体经济是小商品经济，具有顽强的生命力。野火烧不尽，春风吹又生。以北京个体经济的消长情况为例，在1956年"三大改造"前夕，北京市有个体商业和服务行业4.2万户，铺面和摊点布满全城。各具特色的缝纫铺，上门服务的修理匠，星罗棋布的饮食店和杂货铺，沿街叫卖的小商贩……从多方面为群众生活服务，十分灵活方便。而从1956年始，急于把它们改造成为公有制经济。1958年，提出"生产和生活集体化"，进一步搞"过渡"和升级，不但个体经济向集体经济过渡，而且小集体向大集体过渡，大集体向全民所有制经济过渡。1960年，北京市的个体经济基本上没有了，所谓"一步登天"。这种做法，带来了许多问题。1961年，稍许放宽政策，北京市又出现了一些个体经济，但因严格控制，截止到1965年，只有2 200多户。"文化大革命"中，又把个体经济作为资本主义"横扫"掉了。但是，在我国现有的经济条件下，城镇个体经济还是有它的生命力的。即使在被禁止被取缔的情况下，仍然有一些个体经济在活动着，因为群众需要它，公有制经济代替不了它。

急于改造和消灭城镇个体经济的结果，使广大群众的经济生活变得越来越单调和紧张，衣、食、住、行、用越来越不方便。这是因为，随着对个体经济的改造，商业和服务网点不断撤销、合并，日益减少，经营的项目也不断减少，有很多服务项目被取消了，公有化后的商业服务行业，官商作风随之发展起来。北京市是这样，全国城镇的情况也差不多。北京市的商业和服务网点1978 年比 1957 年减少了 65%。上海市 1976 年比 1956 年减少80%。全国 1957 年县城以上的城镇，共有商业网点 100 万个，每一千个城镇居民中有 10 个商业网点。而城镇人口增加近 1 倍，商业网点反而大大减少，每一千个居民中只有 1 个多网点了。一方面缺乏相关人员为群众提供服务；另一方面，却有大量社会闲散人员和待业青年无业可就，形成了突出的矛盾。

经验证明，在我国现有的生产力水平和社会经济条件下，个体经济还有其存在和发展的客观需要和必然性。它对于社会主义经济的发展和满足人民经济生活的需要，对于扩大劳动就业范围，都有着重要的作用。

经过近 40 年的改革开放，现在对发展个体经济的政策与实践，一般都认同了。但在改革初期阶段，还是存在种种疑虑的，笔者于 1980 年在《新湘评论》发表论文，辩明理论是非。并指出：允许个体经济的存在与发展，是否同坚持社会主义道路有矛盾，是否意味着从社会主义阵地倒退？否。社会主义道路必须坚持，我们一定要大力进行社会主义建设，把我国建成为一个现代化的伟大的社会主义强国。但是，走社会主义道路，是否就必须不顾现有的经济条件，把除国营经济和集体经济以外的其他一切经济成分很快地统统消灭光？"四人帮"的极"左"路线就是这样看和这样做的。他们不但把个体经济看作是同社会主义经济绝对对立的成分，看作是资本主义的东西，务求斩尽杀绝，而且把自留地、集市贸易、家庭副业等，也看作是"资本主义尾巴"，要一律割掉。表面上看来，这很"革命"，走社会主义道路似乎很坚决，但实际上是"拉社会主义的后腿"，损害社会主义事业。现在允许存在和发展的个体经济，仍然属于小私有制经济的范畴，它最终是要被社会主义经济所代替的，但这是长远以后的事情，只有在生产力和社会主义经济有很高程度发展的条件下，才可能实现。而且不能采取简单消灭的形式。我们改造和消灭个体经济，不是为改造而改造，为消灭而消灭，而是为了生产力的更好发展，为了建成以生产力的高度发展为基础的成熟的社会主义。然而，这需要一定的条件，当条件不具备时，过早地急于去做，反而会不利于生产力和社会主义的发展，欲速则不达。个体经济的发展，可以弥补国有经济和集体经济的不足。这不仅不是离开社会主义道路，恰恰是为了更好地发展经济，有利于向社会主义道路前进。

根据国家工商总局的统计，2011 年，我国个体工商户达 3 600 万户。而到 2014 年 4 月增加到 4 564. 15 万户，且还在继续增加中。

我国当前的个体小商品经济虽然数量多，经营方便灵活，可给千家万户带来生活上的方便，但是，它们毕竟资金小、科技水平和效率不高，竞争力量弱。不过对扩大就业和增加国内生产总值来说，还是起了重要作用。

对我国经济社会产生更大影响的是私营经济的存在和发展。在"三大改造"中，私营经济被完全消灭，改革开放后的 20 世纪 70 年代和 80 年代初，它在中国大地上重新发展起来。党的十三大报告肯定了私营经济的合法性，邓小平 1992 年的南方谈话进一步鼓励了它的发展。私营经济在党和政府的正确政策的引导下，可以为社会主义建设事业服务。私营经济在发展生产、繁荣经济、活跃市场、扩大就业、增加税收、出口创汇、满足人民需要等方面发挥着积极的作用。有的私营企业参与扶危济困等慈善事业，据此中央文件将私营企业家称作社会主义事业的建设者。

在"兴无灭资"的年代，把资本主义性质的私营经济与社会主义绝对地对立起来，提出要"让资本主义绝种"。实践证明，在一定历史条件下，私营经济可以为发展社会主义经济服务。在这个问题上，马克思恩格斯由于没有经历社会主义经济发展实践，不可能为后人提出社会主义经济怎样利用资本主义经济的方案。但列宁经历了工人阶级夺取政权后怎样发展公有制经济的初始阶段。他指导了十月革命后实行军事共产主义政策的阶段和新经济政策的阶段，他根据实践经验认为应改变公有制与私有制、社会主义经济与资本主义经济绝对对立的观点。列宁在总结苏维埃政权前期的政策和实践活动的经验教训时，提出应正确认识和处理公有制与私有制、社会主义与资本主义关系的意见。在实行新经济政策时期，他批评把一定经济成分的资本主义的性质同其作用相混淆的观点。他说，直到现在还常有这样的议论："资本主义是祸害，社会主义是幸福"，他批评说这种议论是不对的，认为有可能通过私人资本主义来促进社会主义。在我国社会主义现阶段，私营经济与外资经济虽然是资本主义性质的经济，个体经济是小私有制和小商品经济，但它们可以用来促进社会主义经济的发展，可以成为社会主义市场经济的重要组成部分，成为社会主义初级阶段基本经济制度的构成部分。但不应将此错解为非公有制经济是社会主义经济的组成部分，是社会主义经济制度的构成部分。社会主义经济与社会主义市场经济是不同的概念，社会主义经济制度与社会主义初级阶段的基本经济制度也是不同的概念。我国社会主义初级阶段私营经济的地位和作用，与旧中国时代和改革开放前的私营经济不同，但其资本主义的性质是相同的，不能因其地位和作用的重要性，改变其原有的经济性质。改革开放以来，我国私营经济的发展是很快的，2011年发展到900万家，截止到2014年达到1 253.86万户，从业人员1.25亿人。

外资经济的引进与发展，是我国改革开放的一项重大决策，讲外资经济时，首先碰到"三资企业"的概念，所谓"三资企业"，是指外商独资企业、中外合资经营企业和中外合作经营企业。外商独资企业，是指外国的公司、企业、个人或其他经济组织，经我国政府批准，在我国境内兴建的企业。我国政府依法保护其权益。外商独资企业，是完全资本主义性质的经济。我国鼓励外商到国内投资，并为其创造必要的条件，但它必须遵守我国有关的法令、法规和政策。它也是我国利用外资的重要形式。

中外合资和合作经营企业中的外资部分，也是资本主义经济。如果是国有经济和集体经济与外商合资或合作经营，就是社会主义经济同资本主义经济的合资与合作关系。如果是国内私营企业利用外商投资，也有利于增加我国的建设资金，促进社会生产力的发展，有利于繁荣市场，扩大就业，多方面满足人们的需要。更为重要的是，引进外资，可以引进国外先进技术设备，有助于提高我国的生产技术水平；还可以引进先进的科学管理方法，有助于提高我国的企业管理水平；还有利于提高我国企业管理人员、技术人员的整体素质和水平。

以上论述的是非公有制经济的发展及其理论和实践意义。但是，在研究社会主义初级阶段的所有制的结构中，更为重要的理论和实践任务，是怎样发展和完善公有制经济问题，特别是怎样搞好搞活国有经济问题。社会主义初级阶段的基本经济制度，是公有制为主体，多种所有制共同发展。之所以强调公有制为主体，是因为公有制经济是社会主义经济，因此也称社会主义经济为主体。如果公有制与非公有制经济在共同发展、平等竞争中失去其主体地位，私有制经济即非社会主义经济成为主体，我国的经济制度就会失去其社会主义性质。研究社会主义初级阶段的所有制结构，研究多种所有制经济共同发展的理论和意义，特别在非公有制经济已有很大的发展时，应当把研究的关注点更多地放在怎样坚持和发挥好国有经济的主导地位，怎样做大做优做强国有经济，怎样坚持和搞好整个公有制经济的主体地位和作用。因此，对国有经济的发展问题需要专门进行论述。

三、社会主义公有制经济的
建立发展及其重要作用

我国的社会主义经济制度，是通过这样的途径建立的：在共产党的领导下，经过新民主主义革命，推翻了半殖民地半封建的旧社会制度，没收了官僚资本为国家所有，并通过"三大改造"即对资本主义工商业和农业、手工业的社会主义改造，建立起公有制经济；另外，新中国成立前，在革命根据地已经建立了一些公有制经济，包括政府经营的经济和合作社经济；新中国成立后，国家投资进行大规模经济建设，国有经济日益壮大与发展。"三大改造"完成后，1956 年，我国基本建立了社会主义经济制度。在党的十七大报告中指出："新民主主义革命的胜利，社会主义基本制度的建立，为当代中国一切发展进步奠定了根本政治前提和制度基础。"

（一）社会主义公有制的含义

社会主义公有制，包括国家所有制即全民所有制和劳动群众集体所有制，也包括混合所有制经济中的国有经济和集体经济。

社会主义公有制，既有别于原始氏族公社的公有制，也有别于奴隶社会和封建社会专为王室或皇室服务的官办经济，并有别于资本主义国家的国有经济。原始社会的公有制，是以极端低下的生产力水平为基础的，其公有的内容也极其简陋。与建立在社会化大生产基础上、规模宏大和结构复杂的社会主义公有制不可同日而语。专为王室和皇室服务的官办经济，不应叫做公有制经济。因为我们所讲的公有制经济，是指归劳动人民公共所有的经济。社会主义国有经济，归全体劳动人民所有，国家代表全民实行所有权。因而，国家所有制也称作全民所有制。社会主义集体所有制经济，是归部分劳动群众公共所有的经济，国家所有制与劳动群众集体所有制，只是在所有制的范围和公有化的程度上存在差别，在生产关系的性质上都是社会主义公有制，都归劳动人民所有。

资本主义国家存在的国有经济，并不属于劳动人民所有。在垄断资本主义阶段，国有经济实质上是国家垄断资本主义经济，与社会主义国家的国有经济具有不同的社会性质。

马克思主义创始人十分重视社会主义运动中的所有制问题。在《共产党宣言》中，他们特别强调与传统所有制绝裂，把它作为运动的基本问题。他们认为，现代资产阶级私有制是建立在阶级对立上面，建立在一些人对另一些人剥削上面的生产和占有的最后又最完备的表现。社会主义运动就是要用生产资料公有制取代私有制。

社会主义公有制的具体形式是什么，马克思主义创始人并没有也不会为未来的社会主义实践提出具体方案。他们总的思路是生产资料归全社会所有。在存在国家的情况下，公有制可采取国有制的形式。在他们的著作中，"社会所有"、"公共所有"、"财产公有"、"财产共有"是通用的概念，是公有制的不同提法。

（二）社会主义必然实行公有制的根据

第一，生产资料公有制是社会主义经济制度的基础。我们知道，一定的生产资料所有制是一定社会经济制度的基础。马克思指出：资本主义私有制，是资产阶级赖以生产和占有产品的基础。消灭私有制，将彻底消灭雇佣劳动和资本的对立关系，最终完全消灭工业和农业中的资本主义生产关系。到那时，阶级差别和各种特权才会随着它们赖以存在的经济基础一同消失。概括地说，只有实行公有制才能挖掉剥削制度和剥削阶级赖以存在的经济基础。

一定的经济制度，是由一定的生产关系体系构成的。公有制是社会主义经济制度的基础，也就是说，是社会主义生产关系体系的基础。马克思指出：生产资料的全国性集中，将成为自由平等的生产者的联合体所构成的全国性基础。

马克思恩格斯所设想的社会主义，是首先在一些发达的资本主义国家所建立的"合格的"社会主义制度。我国不但没有经历发达的资本主义制度，也没有经历过独立的资本主义社会阶段。半殖民地半封建的旧中国留给新中国的，是生产力十分落后、积贫积弱的经济遗产。因此，新中国的社会主义，不能教条主义地建立全国集中的、统一的全社会的公有制，而是从中国实际出发，建立了两种形式的公有制，即全民所有制和农村及城镇部分劳动群众的集体所有制。实践证明，公有制并不是越大越公越纯越先进。所有制的形式，应适应生产力多层次的发展水平。我国曾经有过违反生产关系一定要适合生产力发展状况的规律，使公有制不断升级，即"小集体"升"大集体"、"大集体"升全民所有的教训。即使将来生产力有了更高的发展，保持公有制的多种形式也是必要的。除原有的全民所有制和劳动群众集体所有制外，还会有新的其他公有制形式。随着改革开放的推进，我国打破了公有制一统天下的局面，非公有制经济也发展起来。但是，公有制是社会主义经济制度的基础这一基本原理不会改变。我国《宪法》明确规定："中华人民共和国的社会主义经济制度的基础是生产资料的社会主义公有制，即全民所有制和劳动群众集体所有制。"也就是说，社会主义公有制是整个社会主义经济制度大厦的基石。动摇或损害公有制这一基础，就必然会动摇或损害社会主义经济制度。反过来说，要巩固、发展和完善社会主义经济制度，就必须首先巩固、发展和完善社会主义公有制度。

社会主义公有制的基础地位，具体表现在：只有实行生产资料公有制，劳动人民成为生产资料的主人，才能获得在社会生活和经济生活中的主人公地位；才能在公有制的范围内，消灭剥削与消除两极分化；公有制也是实行按劳分配的必要条件；公有制和按劳分配又是实现共同富裕的制度性基础。

第二，社会主义之所以强调实行公有制，是为了消除资本主义固有的内在矛盾，首先是生产社会化同资本主义私有制的矛盾，以解放生产力和发展生产力。旧中国不是资本主义社会制度，而是半殖民地半封建制度，存在着帝国主义、封建主义和官僚资本主义"三座大山"的压迫和剥削，生产力停滞不前，民不聊生。只有消灭半殖民地半封建的旧制度，推翻"三座大山"，建立新民主主义制度，进而建立社会主义制度，才能消除旧制度中生产关系和生产力的内在矛盾，解放和发展生产力。新中国成立 60 多年来特别是改革开放近 40 年来的经济发展和各方面的成就，超过了旧中国几百年的发展成就。改革开放以来的 30 多年中，我国经济以年均 9.8% 的速度增长，居于世界各国经济增长的前列。

马克思主义强调实行社会主义公有制，并不是为公有制而公有制，也不是首先从道义原则出发，而是重在从生产力原则出发。马克思主义创始人不会也不赞同离开生产力发展的一定状况，抽象地、孤立地去评判或比较私有制和公有制的好坏。比如，原始氏族社会实行公有制，没有阶级剥削与压迫。当生产力发展到一定水平时，原始氏族制度被奴隶制度取代。奴隶制是人类历史上第一个也是最野蛮、最残酷的以私有制为基础的剥削制度。如果从道义原则看问题和进行评判，奴隶制的产生，私有制取代公有制，剥削制度取代无剥削的制度，似乎是人类历史的大倒退。然而，马克思主义是从历史唯物主义的观点评价某种经济制度的先进与落后的。在当时生产力发展的一定水平下，奴隶制取代原始氏族制度，是一种自然的历史过程，是生产力发展的要求。因此，恩格斯指出：在当时的情况下，采用奴隶制是一个巨大的进步，它"使农业和工业之间的更大规模的分工成为可能，从而使古代世界的繁荣，使希腊文化成为可能"①。

私有制存在多种类型，封建制私有制取代奴隶制私有制，资本主义私有制取代封建主义私有制，都是生产力发展的要求，并促进了生产力的发展，因而都是人类历史的进步。

马克思主义创始人提出以社会主义公有制取代资本主义私有制，是以资本主义会经历产生、发展、成熟及其最后走向衰亡的历史必然过程为依据的。《共产党宣言》中充分肯定了资本主义在历史发展中的积极的和进步的作用，指出资产阶级在它不到100年的阶级统治中所创造的生产力，比过去一切世代所创造的全部生产力还要多，还要大。但是，当资本主义已高度发展时，其内在的基本矛盾即生产社会化与资本主义私人占有的矛盾日益突出，表现为周期性的生产过剩的经济危机对生产力的巨大破坏，也表现为反抗资产阶级统治与剥削的工人运动的蓬勃发展。这表明，资本主义生产关系已不适应生产力的发展。生产高度社会化，要求公有制与其相适应。消除资本主义基本矛盾的途径，就是以社会主义公有制取代资本主义私有制。1929～1933年的世界经济大危机时期，主要资本主义国家的经济严重倒退；而第一个社会主义国家苏联的社会经济则蓬勃发展，二者形成了鲜明而巨大的反差。根据统计，1934年，美国的工业产值只达到1929年的66%多，而苏联同期的工业产值则增长了140%多。这一事实充分表明了社会主义公有制与资本主义私有制相比的优越性。

当代资本主义国家，在发展生产力和生产关系方面，进行了一些自我调节与调整，有利于缓和矛盾和发展生产力，但这并未从根本消除其内在矛盾。资本主义私有制转向社会主义公有制，依然是社会历史发展的客观趋势。

社会主义的根本任务是解放和发展生产力，也可以说这是社

①　《马克思恩格斯选集》第3卷，人民出版社1995年版，第524页。

会主义公有制的根本任务。《共产党宣言》中指出：无产阶级将利用自己的政治统治，把生产资料集中在国家即组织成为统治阶级的无产阶级手里，并尽可能快地增加生产力的总量。我国是在生产力落后的基础上建立社会主义公有制度的，有效地发挥公有制度的优越性、大力发展生产力，更是迫切的任务。

第三，实行社会主义公有制，是消灭剥削、消除两极分化、实现共同富裕的条件与保证。公有制有利于将整体利益与局部利益、公共利益与个人利益、长远利益与目前利益结合起来，是实现共同富裕的制度性条件与保证。

在私有制度下，有的人占有生产资料，有的人没有占有；有的人占有得多，有的人占有得少。失去生产资料的人，不得不为生产资料的占有者去劳动。马克思说："一个除自己的劳动力以外没有任何其他财产的人，在任何社会的和文化的状态中，都不得不为另一些已经成了劳动的物质条件的所有者的人做奴隶。他只有得到他们的允许才能劳动，因而只有得到他们的允许才能生存。"① 在奴隶制度下，奴隶主占有生产资料，奴隶只能作为"会说话的工具"给奴隶主当牛做马。在封建制度下，地主占有土地和其他生产资料，失去生产资料的农民，不得不去做地主的农奴或佃农，受奴役和剥削。在资本主义制度下，工人不得不在资本家的工厂中从事雇佣劳动，提供剩余价值，忍受剥削。而且，在私有制度下，每个人都追求私人利益，弱肉强食，巧取豪夺，不可能形成全社会的统一的利益。私有制度必然产生剥削和两极分化。"朱门酒肉臭，路有冻死骨"正是旧中国社会现象的写照。

社会主义要消灭剥削，消除两极分化，实现共同富裕。而实现这一要求，一要靠生产力的发展，二要靠公有制的壮大。剥削的产生是生产力发展到一定程度的结果。在生产力极端低下的原

① 《马克思恩格斯选集》第3卷，人民出版社1995年版，第298页。

始社会，没有剩余产品，不可能存在剥削，但也不可能有共同富裕。剥削的存在又是生产力发展不够的结果。只有在生产力高度发展的条件下，才能消灭剥削，但是，只有生产力的发展还不够。当代发达资本主义国家的生产力已有很高的发展，但由于依然是私有制，必然存在剥削和两极分化，不可能实现共同富裕。所以，必须以生产资料公有制作为制度保证。

社会主义公有制，要在大力发展生产力的基础上，通过把公共利益与个人利益、整体利益与局部利益统一起来，消灭剥削和消除两极分化，逐步实现共同富裕。马克思指出：在新的社会制度中，"社会生产力的发展将如此迅速"，"生产将以所有的人富裕为目的"。① 邓小平也强调指出，社会主义的根本任务是发展生产力，根本目的是实现共同富裕。

（三）国有经济

在劳动人民掌握国家政权的条件下，国有经济是社会主义性质的经济。在资产阶级掌握政权的条件下，国有经济依然是资本主义性质的经济。恩格斯指出：资本主义"现代国家，不管它的形式如何，本质上都是资本主义的机器，资本家的国家，理想的总资本家。它越是把更多的生产力据为己有，就越是成为真正的总资本家，越是剥削更多的公民。工人仍然是雇佣劳动者、无产者。资本关系并没有被消灭"。② 连普鲁士镇压工人运动的"铁血宰相"俾斯麦，也曾致力于国有化。恩格斯曾批评说：出现一种"冒牌的社会主义"，无条件地把任何一种国有化，甚至俾斯麦的国有化，都说成是社会主义的。恩格斯嘲讽地说，按此见解，拿破仑和格特涅也应该算入社会主义的创始人之列了。

社会主义国家的国有经济的性质、地位和作用，与资本主义

---

① 《马克思恩格斯文集》第8卷，人民出版社2009年版，第200页。
② 《马克思恩格斯选集》第3卷，人民出版社1995年版，第629页。

国家不同。社会主义国家政权不是由资产阶级而是由劳动人民所掌握，因而国有经济归劳动人民所有，消除了资本剥削雇佣劳动的关系，具有了社会主义性质。毛泽东在党的七届二中全会的报告中就指出，新中国的"国营经济是社会主义性质的"。我国《宪法》规定："国有经济，即社会主义全民所有制经济，是国民经济中的主导力量。国家保障国有经济的巩固和发展。"

社会主义国有经济包括矿藏、河流、森林、荒地、草原、地下文物和其他自然资源，包括国有的工厂、农场、银行、商店、铁路、航空航天、邮电、水利设施等。国有经济掌握着国民经济的命脉和有关国计民生的重要部门。它与社会化大生产相联系，拥有雄厚的经济实力和较先进的技术设备，是社会主义经济制度的主要基础；在国民经济中处于主导地位，是整个国民经济的领导力量。它为全国经济的技术改造和实现现代化提供强大的物质技术基础。党的十六大报告中强调说明：要"发展壮大国有经济，国有经济控制国民经济命脉，对于发挥社会主义制度的优越性，增强我国的经济实力、国防实力和民族凝聚力，具有关键性作用"。

国有经济的性质究竟由什么决定？在我国理论界一直存在着不同意见。有些学者认为，资本主义国家也有国有经济，有的国家时而国有化，时而私有化。有的国有化程度很高，但不是社会主义经济，为什么我国国有经济是社会主义经济呢？我们的有关论著中一般这样回答：资本主义国家政权掌握在资产阶级手中，因而国有经济是为资产阶级服务的，依然属于资本主义经济；而我国是社会主义国家，政权掌握在劳动人民手中，因而国有经济具有社会主义性质。这样回答也不能算错，一般符合事实。但仅这样回答不够全面，还会产生一个问题。经济成分的性质由什么决定，由作为上层建筑的政权决定，还是由经济成分内部的经济关系决定。显然历史唯物主义认为是经济基础决定上层建筑，而不是相反。事实上，马克思恩格斯的著作中已经回答了这个问题。马克思主义强调生产资料所有制在生产关系体系中的决定作用，但所有制的社会经济性质要由生产资料所有者和劳动力相结合的特定方式来决定。如果生产资料和劳动力相结合方式采取资本与雇佣劳动相结合的方式，就是资本主义生产方式，所有制的性质就是资本主义所有制。资本主义国家的国有经济之所以是资本主义经济，正如恩格斯在《反杜林论》中所回答的理由：因为这种国有经济内部的关系，并没有改变资本与雇佣劳动的关系。社会主义国家的国有经济之所以是社会主义经济，从理论和根本制度上说，其生产资料和劳动力相结合的生产方式，应是劳动者作为生产资料和企业的主人与属于全社会的或称之为全民所有的生产资料相结合。因而劳动者应有对企业的管理权、监督权、知情权、话语权和选举权等。国有企业的厂长、经理等只是人民财产的管理者，要尊重职工的主人翁权利，不能侵犯职工应有的权益。如果国有企业的高管拿天价收入，独断专行、贪污腐败，将职工当作任由自己支使的雇佣劳动者，这样的国有企业就失去了社会主义性质，倒退为资本主义关系。因此，根据经验教训，不能简单断定，我国作为社会主义国家的国有企业，百分之百地一定是社会主义经济。

（四）集体经济

集体经济概念在马克思恩格斯著作中也常使用，但与我国所讲的集体经济的内涵不同。马克思恩格斯论著中的集体经济，就是与私有经济相对应的公有制经济。因为他们没有预计到社会主义革命会在小农经济大量存在的国家取得胜利。他们以英国作为资本主义国家的典型，英国的农业资本主义也随着工业资本主义的发展而发展起来。在《资本论》中马克思研究资本主义地租时，分析了农业资本主义经济中的三个阶级：土地所有者、农业资本家和农业工人。小农经济在资本原始积累中被剥夺了生产资料，转为雇佣劳动者。因此，他们认为，发达资本主义国家取得社会主义革命胜利后，生产资料归全社会占有。在国家存在的情况下，社会所有制采取国有经济的形式，不会存在改造小农经济后的部分劳动群众所有制经济。我国的集体经济概念是个简化的称谓，意指部分劳动群众共同占有生产资料的公有制经济。苏联把部分劳动群众的公有制经济，称作合作社集体农庄。我国的集体经济最初是通过对农业和手工业社会主义改造、走合作化的道路建立起来的，后来又通过集体经济自身的发展与新的集体经济的创建而不断壮大。它既包括农业中的集体经济，也包括乡镇集体企业和城市中的集体企业。

集体经济的生产社会化程度一般比国有经济较低，它能够适应多层次的生产力水平。也有些乡镇和城市集体企业，具有现代化的技术装备和社会化的生产规模。不管集体经济生产社会化的程度高低和生产规模的大小，由于实行生产资料公有制和按劳分配，消除了剥削和两极分化，为实现共同富裕而发展生产，因此，集体经济也是完全社会主义性质的经济。有些农村集体经济已经迈上了共同富裕的道路，充分显示了公有制经济的优越性。如全国闻名的江苏的华西村、河南的刘庄等。

党的十一届三中全会以来，城镇集体经济曾广泛发展。它包括手工业、工业、建筑业、运输业、商业、金融业和服务业等各个行业中的合作经济。集体经济是公有制经济的重要组成部分，集体经济可以广泛地吸收社会分散资金，对于发展社会主义生产、繁荣市场、扩大出口、增加积累、安排就业、满足人民需要、实现共同富裕等方面，都有着重要的作用。

（五）混合所有制经济中的公有成分

混合所有制经济是随着我国改革开放事业的发展而产生和发展起来的。在对资本主义工商业改造的过程中，作为国家资本主义形式的公私合营经济，虽然也属于混合所有制经济，但当时只是一种转向公有制经济的暂时存在的过渡形式，因而当时并没有出现过混合所有制经济的概念。

混合所有制经济，是由不同性质的所有制经济组合而成的一种经济形式。总的来说，它是不同形式的公有制经济与不同形式的私有制经济组合而成的。

中外合资经营企业和中外合作经营企业是混合所有制经济的重要形式。中外合资企业，是指中外双方共同投资入股，共同经营，共负盈亏，共担风险，并按照入股比例分配收益的企业。而中外合作经营企业，是指由中方提供土地、厂房、劳务等，由外商提供资金、设备、技术等，共同兴办企业，并根据共同商定的条件和合同规定分享收益。合作期满，其全部技术设备原则上归我方所有。实行与外商合作经营的中方企业多为集体企业。

中外合资企业和合作企业，凡属国有企业和集体企业与外商共同兴办的，其中的国有和集体成分，仍属社会主义公有制经济。上述两种混合所有制经济，是我国利用外资的一种重要形式，有利于增加建设资金，引进外国先进技术和管理经验，以加快我国社会主义现代化建设。

我国存在并发展着国内的混合所有制经济。国内混合所有制经济有不同的形式。如国有经济和集体经济同国内私营企业进行合资经营和合作经营，共同开发和兴办企业。另外，国有经济和集体经济同私人资本实行股份制，是改革过程中兴起的一种混合所有制经济形式。股份制究竟是什么性质的？是公有还是私有？不能笼统地说股份制就是公有或就是私有，关键看控股权掌握在谁手中。如果国家和集体控股，就具有明显的公有性，它有利于扩大公有资本的支配范围，增强公有制的活力。所谓明显的公有性，表明还不完全是公有制经济。因为股份制中的私人股，依然属于私人所有。同样，如果公有资本参股私有经济，私有资本控股，在形式上属于私营经济，但公有资本依然属于公有经济。一般把私营经济与私有制经济相等同，其实，在股份制经济中，私营并不等于完全私有。

四、坚持和完善社会主义初级 阶段的基本经济制度

　　1997 年党的十五大报告一再强调指出，要坚持社会主义初级阶段的基本经济制度。同时"要坚持和完善社会主义公有制为主体、多种所有制经济共同发展的基本经济制度"，并强调："公有制为主体、多种所有制经济共同发展，是我国社会主义初级阶段的一项基本经济制度"。为什么要坚持这一基本经济制度？首先，之所以要坚持公有制为主体是因为"我国是社会主义国家，必须坚持公有制作为社会主义经济制度的基础"。社会主义国家如果失去了公有制这个经济制度的基础，社会主义制度也就不复存在。因此，公有制是属于社会主义基本制度的范畴，不是可有可无，可要可不要。只要实行社会主义，就不能不坚持公有制。这是问题的一方面。其次，还有问题的另一方面。之所以把多种所有制经济共同发展，也作为基本经济制度的内容，是因为我国还处于社会主义的初级阶段。这一最基本的国情，决定了我国所坚持的公有制只能是"主体"，而不能是全部。还需要支持和鼓励非公有制经济的发展。就是说，坚持公有制，是社会主义的要求，是由社会主义的性质决定的；而坚持多种所有制共同发展（其实质是让非公有制经济即私有制经济与公有制经济共同发展），是初级阶段的要求，是由初级阶段的国情决定的。总之，在我国社会主义初级阶段，一切符合"三个有利于"的所有制形式都可以而且应该用来为社会主义服务。

　　把公有制为主体，多种所有制经济共同发展，作为社会主义初级阶段的"基本经济经济制度"确定下来，具有新的理论意义和实际意义。它一方面否定了不要再分姓"公"姓"私"，要突破公有制为主体的界限的观点；另一方面也否定了认为非公有

制经济作为非社会主义经济，应予以限制的见解。将非公有制经济纳入社会主义初级阶段的基本经济体制中，就表明，鼓励个体、私营、外资经济与公有制共同发展，是一百年不动摇的长期方针政策。这无异对非公有制经济指明了发展的道路与方向，有利于促使他们解除疑虑，长远打算，健康发展。

新中国成立后，我们曾不明确我国社会主义所处的历史阶段及其特点，盲目追求单一的公有制，搞不断升级"趁穷过渡"的公有制，搞被认为越大越公越纯越姓"社"的公有制。结果阻碍了我国社会生产力的发展和社会经济的繁荣，也损害了人民生活质量和水平的提高。改革开放以来，我们明确了我国还只处于社会主义初级阶段，实行了多种所有制经济共同发展的方针，有力地促进了我国社会经济的发展与繁荣，市场商品琳琅满目，基本告别了长期困扰的短缺经济。这是有目共睹的事实。

（一）实行公有制为主体究竟从什么原则出发

马克思主义认为，社会主义要实行公有制，并不是从道义原则出发，也不是简单地从信仰原则出发，而首先是从生产力原则出发。哪种所有制更有利于生产力的发展，哪种所有制就会获得社会历史的承认与选择。原始社会实行公有制，没有剥削与压迫。但那是建立在生产力极端落后基础上的必然结果。奴隶社会的私有制取代了原始社会的公有制，建立了人类历史上第一个也是最野蛮最残酷的剥削制度。如果从道义原则出发，这似乎是应当受谴责的人类社会历史的大倒退。然而，马克思主义认为，在当时的历史条件下，以私有制代替公有制，以奴隶制代替原始公社制，是社会历史的进步。因为前者比后者更有利于生产力的发展和科学技术的进步。请看恩格斯在《反杜林论》中对这一史实的评价："讲一些泛泛的空话来痛骂奴隶制……发泄高尚的义愤，这是最容易不过的事情。……如果我们深入地研究一下这些问题，我们就不得不说——尽管听起来是多么矛盾和离奇，——

在当时的情况下，采用奴隶制是一个巨大的进步"。因为"只有奴隶制才使农业和工业之间的更大规模的分工成为可能。从而使古代世界的繁荣，使希腊文化成为可能。……我们永远不应该忘记，我们的全部经济、政治和智力的发展，是以奴隶制既成为必要、同样又得到公认这种状况为前提的。在这个意义上，我们有理由说：没有古代的奴隶制，就没有现代的社会主义"。① 这鲜明地体现了马克思主义历史唯物主义的科学观点。

在社会生产力发展到一定阶段时，马克思主义提出要用社会主义公有制取代资本主义私有制，也首先是从历史唯物主义的生产力原则出发的。科学社会主义创始人通过对当时资本主义制度的剖析，特别是从资本主义周期性的经济危机及其所造成的生产力的巨大浪费和破坏，从无产阶级切身利益的要求和社会历史发展的必然趋势中，得出以社会主义公有制代替资本主义私有制的结论，以解决生产社会化和资本主义私人占有之间的矛盾，从而解放生产力、促进社会生产力的更快更好发展。旧中国不是资本主义社会，而是半殖民地半封建性质的社会。存在过多种私有制经济：有外国资本主义私有制，官僚资本私有制、民族资本私有制、封建主义私有制、个体经济私有制等。多种私有制结构并未有效地推动我国社会生产力的发展，没有使我国走向繁荣富强，相反，我国日益沦为落后贫穷的国家。新中国建立后，逐步建立和发展了社会主义公有制，尽管有二十几年"左"的错误，损害和延缓了我国生产力的发展，但依然在较短的时期内取得了举世瞩目的成就。新中国的公有制与旧中国的私有制相比，起到了解放和发展生产力的作用，这也是不容否认的事实。当然，由于传统经济体制弊端的存在和日益暴露，需要进行体制改革，以进一步解放和发展生产力。

科学社会主义要求消灭剥削制度。但是，马克思主义认为，

---

① 《马克思恩格斯选集》第3卷，人民出版社1995年版，第524页。

剥削制度的出现和存在，既是生产力发展到产生剩余产品的水平的结果，又是生产力发展水平不够高的结果。"社会阶级的消灭是以生产高度发展的阶段为前提的。"① 因此，发展生产力是第一位的，消灭阶级剥削是第二位的。在社会生产力没有获得高度发展以前，意图完全消灭剥削是不现实的。而生产力的高度发展只是为消灭剥削制度创造了物质前提。从经济方面说，消灭剥削还需要通过建立社会主义公有制。

马克思主义所讲的社会主义公有制，是有利于生产力发展和消灭阶级剥削的劳动人民的公有制，不应把封建社会的皇室经济、官办企业以及资本主义国家的国有企业（其实质是国家垄断资本主义），与科学社会主义所要求的劳动人民的公有制纳入统一的"公有制"概念中，笼统地讲任何社会都有公有制，以淡化和否定公有制是属于社会主义基本制度的范畴，淡化和否定它在社会主义社会中的重要地位和作用。邓小平同志把社会主义本质概括为"解放生产力，发展生产力，消灭剥削，消除两极分化，最终达到共同富裕"。这里没有提公有制。应当明确：既然讲的是"社会主义"的本质，不言而喻的是把作为社会主义基本制度的重要方面或其基本原则作为既定前提的。社会主义的本质，在一定意义上也可以说是社会主义公有制的本质。公有制——特别是改革后的公有制，应当起解放生产力和发展生产力的作用。否则，公有制就失去其存在的意义。至于邓小平同志所讲的社会主义本质所要求的消灭剥削，消除两极分化，逐步达到共同富裕，更要以社会主义公有制的存在为前提。离开公有制，社会主义本质是不可能实现的。

通过以上分析可以看出，我国社会主义初级阶段之所以要坚持和完善公有制为主体，主要根据是两条：一是生产力原则，即有利于解放和发展生产力；二是共同富裕的原则，这既意味着消

---

① 《马克思恩格斯选集》第3卷，人民出版社1995年版，第632页。

灭剥削和消除两极分化，也意味着全体社会成员的物质文化水平的普遍和不断提高。

公有制为主体，既然是我国社会主义初级阶段的根本原则和基本制度的重要方面。那么，公有制的兴衰成败，必然涉及社会主义制度的兴衰成败。因此必须搞好公有制经济。如果公有制经济没有活力，没有效益，搞不好，坚持公有制为主体，就会流于抽象的和空洞的口号。我们需要和应当坚持的作为主体的公有制，是有活力、有效益、整体质量高、能给人民带来更多实惠的公有制经济，仅从道义原则和信仰原则坚持公有制为主体，而忽视生产力原则，不是马克思主义的立场和观点。要知道，不能促进生产力发展的公有制，最后会坚持不了的。

要搞活搞好公有制，就需要通过深化改革，转换经济体制；通过增长方式的转变，走上集约增长的道路。目前的迫切任务是寻求搞好公有制经济的具体途径。要努力寻找能够极大促进生产力发展的公有制实现形式。要继续调整和完善所有制结构。

（二）努力寻找能够极大促进生产力发展的公有制实现形式

党的十五大的报告中说："公有制的实现形式可以而且应当多样化，一切反映社会化生产规律的经营方式和组织形式都可以大胆利用。要努力寻找能够极大促进生产力发展的公有制实现形式。"

首先，对公有制的理解，不应当只停留在过去所讲的国家所有（或全民所有）和集体所有两种形式上。改革开放以来，事实上已形成了不同所有制经济相互交叉、相互混合的所有制形式。有国有企业相互之间的联合，也有国有企业与集体企业或与私营企业及外资企业之间的结合，有公有制经济与各种非公有制经济组合成的多种形式的混合所有制经济。因此，对公有制经济的含义，要有全面认识。不仅包括国有经济和集体经济，还包括混合所有制经济中的国有成分和集体成分。讲公有制为主体，应把这部分公有成分统计在内。深化公有制体制改革，要树立新的观念，不仅在国民经济中不应追求单一的、纯粹的公有制形式；即使在公有制经济范围内，也不能只允许纯粹的公有制存在。随着改革的推进，公有制与非公有制组合的混合所有制经济会不断增多，在混合所有制经济中的公有和私有成分在公有制经济中所占的比重会有不同的组合。因此，不能把中外合资合作企业、公私合营企业、股份制企业、股份合作制企业等，判断为非公有制经济。混合所有制经济中的公有制成分的资本组织形式和经营方式，也是公有制的实现形式。

对股份制经济的性质和地位问题，多年来存在不同的看法。有的认为，一切股份制都是公有制，资本主义国家的股份制就已经是公有制。而有的则相反，认为我国国有企业搞股份制，是搞私有化。党的十五大报告中对股份制作了这样的论述："股份制是现代企业的一种资本组织形式，有利于所有权和经营权的分离，有利于提高企业和资本的运作效率，资本主义可以用，社会主义也可以用。不能笼统地说股份制是公有还是私有，关键看控股权掌握在谁手中。国家和集体控股具有明显的公有性，有利于扩大公有资本的支配范围，增强公有制的主体作用。"这里只讲"具有明显的公有性"没有讲就是公有制。因为入股的私人资本，仍属私有，不能充公。反过来，如果由私人资本控股，就具有明显的私有性，不能说就是私有制，因为公有资本依然姓"公"不能变私。

股份制不属于基本制度范畴。它既是一种资本组织形式，也是一种企业经营方式。在资本主义社会，股份制企业比起私人企业来，是一种有利于生产力发展的进步的资本组织形式。马克思说："在工业上运用股份公司的形式，标志着现代各国经济生活中的新时代"。① 又说，"它是在资本主义体系本身的基础上对资本主义的私人产业的扬弃"，是"通向一种新的生产形式的单纯过渡点。"② 所谓通向新的生产形式的过渡点，是指通向社会主

---

① 《马克思恩格斯全集》第 12 卷，人民出版社 1980 年版，第 37 页。
② 《资本论》第 3 卷，人民出版社 2004 年版，第 497 页。

义的过渡点。因为股份制资本不再是单个私人的资本，而是一种社会资本，在无产阶级取得政权的条件下，它比分散的私人资本更容易转变成社会主义公有制的资本。但是，资本主义社会的股份制，没有也不可能超出资本主义所有制的范围。所谓"私人产业的扬弃"，是指股份制的产业，不再是某个私人的产业，而是联合资本的产业，并不是说，股份制使私有制变成了公有制。恩格斯在1891年批评德国社会民主党的《爱尔福特纲领》（草案）时，也重视新兴起的股份制的特点和资本主义生产形式的变化与发展。他说：在股份公司内，"私人生产停止了"。但这并不是讲，在股份制内部私有制没有了。这里所讲的"私人生产"，恩格斯有明确的解释："那是由单个企业家所经营的生产"，即所有权与经营权相结合的单个资本家的生产。总之，资本主义国家的股份公司，并没有超出资本主义私有制的范围。认为资本主义国家的股份制已是公有制的观点，是不符合实际情况的，因而是不正确的。

在我国社会主义初级阶段，股份制究竟是私有还是公有，也要具体分析，不能一概而论。笔者很赞同十五大报告所讲的："不能笼统地说股份制是公有还是私有"。这是实事求是的正确判断。我国的外资企业、私营企业所搞的股份制，如果没有公有制经济参与，它依然是私有制。国有企业、集体企业的股份制，如果没有私人股，它依然是完全的公有制。公有制经济与非公有制经济组合的股份制，是混合所有制经济，如果由公有制经济掌握控股权，它在很大程度上是公有制经济，"具有明显的公有性"。因为不仅国有股和集体股是公有的，而且扩大了公有资本的支配范围，使非公有资本从属于公有资本。有的股份制，即使没有国家和集体控股，公有制经济也可以参与。可以发展多种形式的股份制经济。那种不加分析地把股份制等同于私有化的观点也是不适当的。

国有经济和集体经济中的小型企业，在"放小"的过程中，可以采取多种形式进行改革。十五大报告中说："目前城乡大量出现的多种多样的股份合作制经济，是改革中的新事物，要支持和引导，不断总结经验，使之逐步完善。劳动者的劳动联合和劳动者的资本联合为主的集体经济尤其要提倡和引导。"我国有些国有小型企业和集体小型企业经济效益差，亏损严重，改行多种形式的股份合作制，符合"三条有利于"的标准。

　　但是，实行股份制和股份合作制，不能一哄而上，不能搞"一股风、一刀切"，不能命令主义地下指标。需要不断研究已经出现和可能出现的问题。要不断总结经验，加强指导，促使其健康发展。

（三）继续调整和完善所有制结构，促进多种所有制形式共同发展

　　在社会主义初级阶段，实行公有制为主体。"主体"的含义是什么？并不是比重越大越好，更不是要在国民经济中进行全面垄断。公有制的主体地位主要表现在：公有资产在社会总资产中占优势；国有经济控制国民经济命脉，对经济发展起主导作用。所谓公有资产在社会总资产中占优势，既要有量的优势，更要有质的优势。在量上占优势，就需要公有资产所占比重大于非公有资产。但只讲量上的优势是不够的。如果国有资产和集体资产在量上虽占优势，但其资产使用效率低，并且大量闲置、浪费，那么，公有制经济也难以有效地发挥其主导和主体地位的作用。从我国的实际情况来看，由于重复建设，重复引进，粗放型增长，体制不活，管理不善，部分国有和集体企业的经济效益低下，生产不符合市场需要，造成产品积压，生产能力闲置，处于困境。据统计，1997 年，我国 18 种主要工业品的生产能力闲置惊人，其中生产能力利用率最低的只有 3.5%，利用率高的也不到 50%。形成明显的高投入，低产出格局。如果从全国国有工业来看，1995 年末，国有工业资产总额占全部工业的 53.7%，而国

有工业增加值只占34.1%，产品销售收入只占33.8%。这表明，国有工业资产所占比重，远远大于其增加值所占比重和销售收入所占比重，相差近20个百分点。这说明，国有工业资产在整体上使用效率不高，低于非国有工业资产使用效率。国有工业资产虽在量上仍占优势，但在质上不占优势。因此，不应片面追求包括国有经济在内的公有制经济的数量及其资产总额，并非越多越大越好。更应重视公有制经济的质量也就是要重视其经济效率和效益，重视其增加值的增长率，重视其市场销售率和市场占有率。当然，公有制经济为主体，也应包括资产总值和产出占优势。如果通过经济体制和增长方式的转变，使公有制经济特别是国有经济的增加值和销售收入所占比重，高于国有资产在社会总资产中所占比重，公有制经济就会更好地显示出自己的优越性。

党的十五大报告中，提出了要从战略上调整国民经济布局问题。对关系国民经济命脉的重要行业和关键领域，国有经济必须占支配地位。在其他领域，可以通过资产重组和结构调整，以加强重点，提高国有资产的整体质量。应重视增强国有经济的控制力和竞争力。国有经济不需要把摊子铺得过大，战线拉得过长。国有经济的比重在多种所有制经济共同发展中有所降低是不可避免的。国有经济的绝对数量即使也减少一点，只要提高其质量，增强其控制力，并不会影响其在国民经济中的重要作用，更不会影响我国的社会主义性质。

公有制为主体，多种所有制经济共同发展，是中国特色社会主义经济的重要内容。多种所有制经济共同发展，实质上是多种公有制经济和多种私有制经济共同发展。私有制经济或称非公有制经济，包括私营经济、外资经济、个体经济及各种混合经济中的私有成分。在我国社会主义初级阶段，非公有制经济在发展生产力、繁荣经济、扩大就业、增加国家税收、方便人民生活等方面，发挥着积极的和重要的作用。旧中国是一个贫穷落后的半殖民地半封建的社会。在帝国主义、封建主义、官僚资本主义的压迫下，私营经济和个体经济未能获得有效的、正常的发展。在新中国的一个较长时期内，它们还有很大发展潜力。马克思在《政治经济学批判》序言中说："无论哪一个社会形态，在它所能容纳的全部生产力发挥出来以前，是决不会灭亡的。"① 我们也可以这样讲，在我国现阶段，无论哪种所有制经济，在它发展生产力的潜力还未全部发挥出来以前，是不会灭亡的。对于非公有制经济，硬要超阶段地人为地消灭它，一是只会给自己带来消极的不利的后果；二是"野火烧不尽，春风吹又生"，只要有春风化雨，它又会蓬勃生长与发展。最后迫使人们认识和承认它的继续存在与发展的地位和作用。改革开放以来，我国出现的改革前不可比拟的经济发展、市场繁荣、人民生活水平不断提高的新局面，其中有非公有制经济的功绩。对于非公有制经济要继续鼓励、引导，扩大其积极作用，缩小其消极方面，使其沿着正确的轨道健康发展。

非公有制经济，包括私营经济、个体经济、外资企业等，都构成我国社会主义市场经济的组成部分。非公有制经济与公有制经济的社会经济性质是不同的。不同非公有制经济的社会性质也有所不同。邓小平同志曾明确指出："外资是资本主义经济"②。他认为只有公有制经济是社会主义经济，他把公有制经济为主体同社会主义经济为主体作为同义语使用。然而，一切非公有制经济，即使是资本主义性质的经济，也是社会主义市场经济的组成部分。这是因为：第一，社会主义市场经济是一个统一的概念。不能像区别不同的所有制经济成分那样，划分出国有经济的市场经济、集体经济的市场经济、私营经济的市场经济、外资经济的市场经济、个体经济的市场经济、混合经济的市场经济等。市场经济是从市场起配置资源作用的角度予以界定的，不涉及经济成分的性质，不同的所有制经济成分，在市场关系中是相互联结、

---

① 《马克思恩格斯文集》第 2 卷，人民出版社 2009 年版，第 592 页。
② 《邓小平文选》第 2 卷，人民出版社 1994 年版，第 235 页。

互为条件、不可分割的。它们共同形成的市场，统一起资源配置的作用。第二，非公有制经济之所以能够成为社会主义市场经济的组成部分，是因为公有制经济是国民经济的主体，也是社会主义市场经济的主体。离开了公有制的主体地位，就不会有社会主义市场经济存在。那样，非公有制经济就只能成为非社会主义的市场经济的组成部分了。

五、坚持与完善初级阶段的基本经济制度，要反对本本主义

党的十五大报告中说："马克思主义必定随着时代、实践和科学的发展而不断发展，不可能一成不变。对待马克思主义，有个学风问题：究竟是从本本出发，还是用马克思主义的立场观点方法来研究和解决中国的现实问题。"

社会主义初级阶段问题，初级阶段的基本经济制度问题，在马克思、恩格斯、列宁的著作中是找不到现成答案的。这是从实际出发，运用马克思主义的立场、观点和方法进行理论创新的结果。对待马克思列宁主义历来有两种不同的态度：一种是把它当作教条、教义，看作是一成不变的、神圣不可侵犯的东西。似乎只要背诵一些条条，就可以君临实践，指导一切，判断是非，剪裁现实。理论与实际脱节，这是一种教条主义、本本主义的态度。另一种是一切从实际出发，理论联系实际，用理论指导实践，实践又丰富理论，发展理论。如列宁所说："理论由实践赋予活力，由实践来修正，由实践来检验。"这是正确的马克思主义的态度。

本本主义并未真正理解和掌握马克思主义的真谛和精髓，甚至是背离和抛弃了它的精髓。关于这方面的问题，马克思主义大师们有许多针对性很强、对现在也有指导意义的精辟的思想和论

述，我们不妨选引几条，作为本本主义的一面马克思主义镜子。

马克思在开始创建科学社会主义理论的时候，就反对教条主义。他说："我们不想教条式地预料未来，而只是希望在批判旧世界中发现新世界。""我不主张我们竖起任何教条主义的旗帜。相反地，我们应当尽量帮助教条主义者认清他们自己的原理的意义"。① 可见，把马克思主义当作教条主义旗帜，是违反马克思主义的。

马克思主义理论是根植于事实和历史过程的，必须放到一定的具体条件下来把握，必须从事实出发，不能将其绝对化。恩格斯说："无论如何应当声明，我所在的党没有提出任何一劳永逸的现成方案……脱离这些事实和过程，就没有任何理论价值和实际价值"。②"马克思的整个世界观不是教义，而是方法。它提供的不是现成的教条，而是进一步研究的出发点和供这种研究使用的方法"。③"共产主义不是教义……它不是从原则出发，而是从事实出发"。④"把马克思认为只在一定条件下起作用的一些原理解释成绝对的原理。……忽视了这些条件，因此那些原理本身就成为不正确的了"。⑤

列宁经历了俄国的社会主义革命和苏维埃初期的建设实践。他在实践中更加认识到本本主义、教条主义同科学社会主义的理论与实践不相容。他强调和重视群众的创造精神，强调实践经验的重要意义。他说："社会主义不是按上面的命令创立的，他和官场中的官僚机械主义根本不能相容，生气勃勃的创造性的社会主义是由人民群众自己创立的"。⑥ 他反对从本本出发争论社会主义问题："根据书本争论社会主义纲领的时代也已经过去了。我深

① 《马克思恩格斯全集》第 1 卷，人民出版社 1956 年版，第 416 页。
② 《马克思恩格斯全集》第 36 卷，人民出版社 1974 年版，第 419~420 页。
③ 《马克思恩格斯全集》第 39 卷，人民出版社 1980 年版，第 406 页。
④ 《马克思恩格斯选集》第 1 卷，人民出版社 1995 年版，第 210~211 页。
⑤ 《马克思恩格斯全集》第 36 卷，人民出版社 1974 年版，第 98 页。
⑥ 《列宁全集》第 33 卷，人民出版社 1992 年版，第 53 页。

信已经一去不复返了。今天只能根据经验来谈论社会主义"。①

列宁是忠于马克思主义的伟大革命家和实践家，但他不拘守马克思著作中的个别词句和原理，不把马克思的理论看作是神圣不可侵犯的教义。远在 1899 年他就说："我们决不把马克思的理论看作某种一成不变的和神圣不可侵犯的东西；恰恰相反，我们深信：它只是给一种科学奠定了基础，社会党人如果不愿落后于实际生活，就应当在各方面把这门科学推向前进"。② 列宁批评那些摘引马克思的"只言片语"，特别是引证得不对头的人，是"背弃马克思主义的人"。

列宁不仅在思想上认识到而且在行动上实现了理论"由实践来修正，由实践来检验"的原则。经过苏维埃初期几年的实践，特别是有了某些"失败"与"错误"的教训，列宁改变了自己原来对社会主义的固有看法。他说："我们不得不承认，我们对社会主义的整个看法根本改变了"。③ 是"整个"看法改变，而不是个别看法改变，是"根本"改变，而不是有所改变。

毛泽东和邓小平同志同样大力反对教条主义与本本主义。如果他们不冲破本本主义的罗网，中国新民主主义革命和社会主义革命与建设，中国的改革开放大业，是难以取得胜利和获得现今这样的成就的。由于毛泽东和邓小平反对本本主义的言论人们比较熟悉，再者，教条主义地引证本本，一般是摘引马克思、恩格斯和列宁的论著来检验、评判现实与实践，所以这里引用马克思、恩格斯和列宁反对教条主义和本本主义的言论，给本本主义者一面马克思主义的镜子，就足以说明问题了。因而对毛泽东和邓小平同志反对教条主义和本本主义的重要言论就在此从略了。

---

① 《列宁全集》第 34 卷，人民出版社 1985 年版，第 466 页。
② 《列宁全集》第 4 卷，人民出版社 1984 年版，第 161 页。
③ 《列宁全集》第 43 卷，人民出版社 1987 年版，第 367 页。

第三章

社会主义初级阶段的分配方式

马克思在《资本论》和《哥达纲领批判》等著作中，对社会主义社会的个人收入分配问题，作了深刻的论述。马克思关于社会主义条件下个人收入分配理论的核心内容，就是以劳动作为分配个人消费品的根本依据和尺度。在个人收入分配实行等量劳动领取等量劳动产品的方式，每个劳动者所取得的个人消费品份额，是与他在共同劳动中所提供的份额成比例。这就意味着，个人收入分配是实行按劳分配方式。关于按劳分配方式，马克思阐明了他的基本思想。

第一，在社会主义条件下，劳动者的个人收入分配是以劳动为尺度。劳动时间是计量生产者个人在共同劳动中所占份额的尺度，因而也是计量他们各自在共同产品的个人消费部分中所占份额的尺度。劳动者的个人收入分配，取决于他向社会所提供的劳动时间，实行等量劳动相交换的原则。"每个生产者在生活资料中得到的份额是由他的劳动时间决定的"①。"一种形式的一定量

---

① 《马克思恩格斯文集》第 5 卷，人民出版社 2009 年版，第 98 页。

劳动同另一种形式的同量劳动相交换"①。比如说一个钢铁工人，一月劳动 150 小时，扣除社会基金 30 小时，还有 120 小时，他需要食品衣物等消费，可以从社会储备中领回相当于 120 小时劳动生产的生活消费品，这是分配领域的等量劳动相交换。

第二，按劳分配的范围和对象只是个人消费品。因为生产资料实行公有制，任何人不可能再凭借私有生产资料取得个人收入。马克思在《哥达纲领批判》中否定了在社会主义条件下实行"不折不扣前劳动所得"的错误论点，指出在社会主义条件下，集体的劳动所得就是社会总产品，从社会总产品中要进行社会生产基金和社会消费基金方面的社会扣除，其余的个人消费品，才作为全体劳动者的个人收入，在劳动者之间比例于他们各自的劳动投入进行分配。因此，"每一个生产者，在作了各项扣除以后，从社会领回的，正好是他给予社会的。他给予社会的，就是他个人的劳动量"②。当然，各种社会扣除，归根到底还是用于广大劳动者共同利益的需要，正如马克思所说："从一个处于私人地位的生产者身上扣除的一切，又会直接或间接地用来为处于社会成员地位的这个生产者谋利益。"③

第三，社会主义实行按劳分配具有客观必然性。首先，在社会主义条件下，消灭了生产资料私有制和剥削，建立了生产资料社会主义公有制，从而为实行按劳分配创造了经济前提。因为，"消费资料的任何一种分配，都不过是生产条件本身分配的结果；而生产条件的分配，则表现生产方式本身的性质"④，所谓生产条件的分配，是指生产资料所有制形式。其次，马克思指出："我们这里所说的是这样的共产主义社会，它不是在它自身基础上已经发展了的，恰好相反，是刚刚从资本主义社会中产生出来

①② 《马克思恩格斯文集》第 3 卷，人民出版社 2009 年版，第 434 页。
③ 《马克思恩格斯文集》第 3 卷，人民出版社 2009 年版，第 433 页。
④ 《马克思恩格斯文集》第 3 卷，人民出版社 2009 年版，第 436 页。

的，因此它在各方面，在经济、道德和精神方面都还带着它脱胎出来的那个旧社会的痕迹。"① 这种"旧社会的痕迹"，在经济上主要表现为还存在着迫使人们奴隶般地服从的旧的社会分工，如脑力劳动者和体力劳动者之间的分工、脑力劳动者内部和体力劳动者内部各自的具体分工等，旧的社会分工使人们长期乃至终身从事一种工作，并形成了劳动的社会差别；同时，劳动还仅仅是谋生的手段，还没有成为同时是人们生活的第一需要。这就决定了人们在以劳动作为手段取得赖以谋生的个人消费品时，必须承认人们之间的劳动差别，依据人们提供的劳动数量和质量分配个人消费品，这乃是实行按劳分配的直接原因。再次，实行按劳分配的条件还在于社会主义的生产力水平还不够高，产品还没有充分涌流，不可能有足够的产品来充分满足劳动者的各种需要，不具备实行按需分配的条件，只能而且必须实行按劳分配这种有利于劳动者的分配方式。

第四，按劳分配是体现着社会主义经济关系的分配方式。按劳分配作为社会主义的个人收入分配方式，体现了消灭私有制和剥削，实现生产资料公有制和分配平等的要求；体现了反对轻视劳动，凡是有劳动能力的人都必须参加劳动的社会主义要求。"它不承认任何阶级差别，因为每个人都像其他人一样只是劳动者，"② "除了自己的劳动，谁都不能提供其他任何东西，另一方面，除了个人的消费资料，没有任何东西可以转为个人的财产。"③ 所以，按劳分配同一切剥削制度的分配方式是根本对立的，它是人类历史上的一种新的分配制度，体现了劳动人民之间在分配上的平等关系。但是，马克思又指出，按劳分配中通行的等量劳动相交换的"平等的权利按照原则仍然是资产阶级权

---

①③　《马克思恩格斯文集》第 3 卷，人民出版社 2009 年版，第 434 页。
②　《马克思恩格斯文集》第 3 卷，人民出版社 2009 年版，第 435 页。

利"。① 这是因为，从按劳分配关系中抽象出来的等量劳动相交换的平等权利，在资产阶级社会的商品等价交换中也通行着。等价交换实质上是等量社会必要劳动时间的交换，资产阶级承认并实行这种平等权利。再者，资产阶级的平等权利，是形式上的平等而事实上的不平等。与此相类比，在实行按劳分配的条件下，由于人们在体力、智力上的差别和所赡养的家庭人口不同，从而导致人们在生活富裕程度上的事实上的不平等。这种事实上的不平等，显然是一种弊病。这表明，按劳分配并不是马克思主义所追求的最理想的分配方式。但在社会主义阶段，只能实行这样的分配关系中的平等权利，还不能消除事实上不平等的弊病。马克思指出："这些弊病，在经过长久阵痛刚刚从资本主义社会产生出来的共产主义社会第一阶段，是不可避免的。权利决不能超出社会的经济结构以及由经济结构制约的社会的文化发展。"② 因此，在社会主义历史时期，必须坚持按劳分配的原则。

马克思没有从正面着重论述社会主义实行按劳分配的重要意义，没有肯定说明按劳分配是社会主义的公平分配原则。反而从负面多讲它的"事实上的不平等"，是"资产阶级权利"等。之所以如此，是因为马克思是在批判《哥达纲领》中所反映的拉萨尔的机会主义分配观点。即离开生产资料所有制，空谈"公平分配"、"平等权利"等。表明马克思主义所确认的公平分配是共产主义旗帜上飘扬的"按需分配"。但我们今天研究按劳分配问题时，应肯定它是可促进劳动积极性的社会主义的公平分配原则。

第五，衡量劳动者提供的劳动，既包括劳动的数量，又包括劳动的质量。作为分配尺度被计算的劳动，不是自然形态上的个别劳动，而是经过统一换算的社会平均劳动。马克思指出："一个人在体力或智力上胜过另一个人，因此在同一时间内提供较多

---

① 《马克思恩格斯文集》第 3 卷，人民出版社 2009 年版，第 434 页。
② 《马克思恩格斯文集》第 3 卷，人民出版社 2009 年版，第 435 页。

的劳动，或者能够劳动较长的时间；而劳动，要当作尺度来用，就必须按照它的时间或强度来确定，不然它就不称其为尺度了。"[①] 这就意味着，要按照劳动时间的长短、劳动强度的大小，以及劳动繁重程度的不同，计算人们所提供的劳动数量。另一方面，马克思又认为，在实行按劳分配的条件下，"它默认，劳动者的不同等的个人天赋，从而不同等的工作能力，是天然特权。"[②] 同时，由于旧社会的分工，人们之间存在着劳动差别。这些都会使劳动者的劳动在质的方面具有复杂劳动和简单劳动、熟练劳动和非熟练劳动、脑力劳动和体力劳动的差别。实行按劳分配，必须既要承认人们所提供的劳动数量的差别，又要承认人们在劳动质量上的差别，只有这样，才能避免平均主义，切实体现等量劳动相交换的按劳分配原则。

以上几个方面，是马克思的按劳分配理论基本的核心内容，它是对社会主义个人收入分配方式的科学预见。按劳分配作为一个客观经济规律，它在整个社会主义历史阶段都是存在和起作用的。

二、社会主义初级阶段的分配方式

由于我国在社会主义初级阶段实行公有制为主体、多种所有制共同发展的所有制结构，与其相应的分配原则就必然是按劳分配为主体、多种分配方式并存。就是说，在公有制经济中实行按劳分配，在私营经济和外资企业中，实行按生产要素所有权分配。我国社会主义实行公有制或公有制为主体，马克思提出的按劳分配理论和原则是同样适用的。要探索在社会主义初级阶段按劳分配有效实现的途径和范围，探索在商品经济存在的情况下，

①② 《马克思恩格斯文集》第 3 卷，人民出版社 2009 年版，第 435 页。

按劳分配的实现形式。马克思论述的按劳分配的条件与我国的现实条件大不相同，马克思所讲的按劳分配，是实物分配。因为他预计商品货币关系在社会主义制度下消失了，是每个劳动者用记载自己劳动量的劳动券去社会储备中领取消费品。由于生产资料归公共所有，劳动者既不能凭借生产资料获取非劳动收入，也不能用劳动换取生产资料，只能获得个人消费品。有的学者用这样的那样的理由否定按劳分配原则，是不能赞同的。

（一）社会主义初级阶段实行"按劳分配为主体、多种分配方式并存的分配制度"

社会主义初级阶段的个人收入分配制度，是按劳分配为主体、多种分配方式并存。之所以实行这种分配制度，主要是由现阶段的所有制结构决定的。社会主义公有制为主体，决定了按劳分配为主体。多种所有制经济的存在与发展，决定了多种分配制度的并存。另外，非劳动生产要素参与分配的具体形式，还与我国实行社会主义市场经济有关。

实行按劳分配为主体、多种分配方式并存，按劳分配与按生产要素分配相结合，是改革开放以来，调整所有制结构，允许和鼓励多种所有制经济共同发展的结果。按劳分配与按生产要素分配，是两种分配制度。按劳分配问题，前面已经讲过，这里需着重分析一下按生产要素分配问题。按生产要素分配，实质上是按要素所有权进行分配。不被占有的生产要素，不参与分配，如风力、水力、太阳能等在生产中的利用；阳光雨水，对农业生产是不可或缺的要素，但不会参与分配，因为没有被任何主体占有，不存在对自然要素的所有权。在公有制经济中，实行按劳分配；在私营企业和外资企业中，实行按生产要素所有权分配。

马克思的论著中一再指出：生产决定分配。这包括两层含义。其一是分配的对象是生产的成果，生产什么，分配什么；生产多少，分配多少。其二是生产关系决定分配关系，特别是后者与所有制关系紧密联系。在资本主义制度下，利润、利息是资本所有权的实现形式；地租是土地所有权的实现形式；工资是劳动者凭借劳动力的所有权所获得的劳动力价值或价格的实现形式。按生产要素所有权分配，只存在于要素资源掌握在不同主体手中的条件下。如果要素资源掌握在同一主体手中，就不存在按要素所有权分配问题，无论私有制或公有制都一样。在奴隶制社会，生产资料和劳动力都归奴隶主所有；个体农民和小手工业者的生产资料和劳动力是自然结合为一体的，都不存在按要素所有权分配问题。在完全的公有制经济中，无论国有经济或集体经济，因为生产资料归劳动者所有，只实行按劳分配。按劳分配与按劳动要素分配不是一回事。有些学者将其划等号，是不科学的。社会主义制度下的按劳分配，不是按劳动要素分配，因为根本不存在按要素所有分配的问题。在资本主义制度下，资本、土地、劳动力分别归不同的主体所占有，因而实行以按资本所有权分配为核心的按要素所有权分配，这是典型的资本主义分配方式。有的学者将我国社会主义初级阶段的分配方式，简单归结为按生产要素贡献分配，否定按劳分配，并将此作为重要理论创新宣扬。这既与党的路线、方针以及我国宪法规定相悖，也与马克思主义基本原理相悖，这种观点是把资本主义分配方式作为社会主义和中国特色社会主义分配方式来宣扬。这种观点在资产阶级学者萨伊的三要素论中早就讲过，是马克思批判过的"三位一体"公式。在西方也是老观点，怎么能成为我国社会主义分配制度的创新观点呢？

我国社会主义初级阶段存在的私营经济和外资经济是资本主义经济，因而实行按要素所有权分配。这种提法，比讲按要素分配或按生产要素贡献分配更科学，是马克思论著中所持的观点。按生产要素贡献分配，存在两个问题：第一，按资本和土地要素分配，不是分配给资本和土地要素自身，而是分配给资本和土地的所有者。第二，自然力也是生产要素。马克思指出：经济学上的"土地",是指自然界,不仅指耕种的土地。萨伊讲生产三要素中的土地,也是泛指自然。马克思、恩格斯一再讲:劳动不是财富的唯一源泉,劳动和自然界一起才是财富的源泉。这表明,自然力在生产财富中有重大贡献,但不参与分配,因为这是公共资源,没有所有权界限。

个体经济作为小商品经济,参与商品交换关系,但不直接参与社会分配关系。小商品生产者既不从国家财政获取个人收入,也不像国企、私企和外企的职工从企业获取工资收入,只是在国家或社会统计社会总产品价值或总收入与人均收入时,才会将其收入纳入分配范围。个体经济的收入因为全部归自己所有,一般被视作都是个人劳动收入。但是,不同个体劳动者的生产条件是不同的,生产资料的多少好坏不同,土地数量和肥沃程度的不同,都会影响到不同个体劳动者的收入差别。马克思讲:劳动不是财富的唯一源泉,劳动与自然力相结合才是财富的源泉,也适用于个体经济。

(二) 在商品经济存在的条件下,按劳分配的实现形式

关于社会主义实行按劳分配的思想,在马克思的著作中曾做过概括性的论述。由于马克思设想在社会主义公有制条件下不再存在商品经济,因而他论述的按劳分配,是在产品交换经济中实行的。社会主义实践证明,社会主义制度下依然需要保持和发展商品经济。于是产生了一个问题:按劳分配与商品经济是否兼容?

有一种意见认为,按劳分配同商品经济是不相容的。按劳分配只能在产品(交换)经济中实行。其具体理由主要有以下几种:第一,马克思设想的是全社会实行统一标准的按劳分配;劳动是个人收入分配的唯一尺度;劳动者提供劳动后获得劳动证书即劳动券,再用劳动券去领取消费品。在社会主义商品经济条件下,这种按劳分配不可能实行。第二,马克思的按劳分配思想本来是一种空想，因为按劳分配是按自然劳动时间即个别劳动时间进行分配，而在商品经济条件下，不承认个别劳动时间，只承认社会必要劳动时间，因而不能实行按劳分配。第三，在商品经济条件下，必要劳动必然表现为劳动力的价值。社会主义经济中的工资，不是按劳分配，而是按劳动力价值分配。

实践中的社会主义，不能完全实行马克思150年前所设想的按劳分配模式。因为条件有所不同。其一，实践中的社会主义，还不可能实行全社会范围内的单一的公有制，因而便不可能实行全社会范围内统一的按劳分配标准。其二，由于社会主义要实行有计划的商品经济，全民所有制的不同行业和企业之间，也不能实行完全统一的按劳分配标准。经营管理水平不同，对生产资料的使用状况不同，市场条件不同，掌握信息先后不同，经济效益不同，企业的盈利状况也就不同。这不能不影响到不同行业和企业之间劳动者收入的差别，即不能完全做到等量劳动领取等量报酬。其三，公有制经济中的职工凭股票、债券等获得的收入，属于非劳动收入，而不是按劳分配。其四，由于商品货币关系的存在，公有制经济中的职工提供劳动后，不是获得劳动证书即劳动券，而是获得货币工资。劳动券不能流通，不能增值或贬值；而货币工资则可用于储蓄或购买股票、债券，实现增值，也可能在商品经济规律作用下不同程度地贬值，从而影响按劳分配的实现程度。

实践中的社会主义虽然存在上述与马克思原来所设想的按劳分配模式不完全相同的具体情况，但并不因此而否定和排斥按劳分配原则。它所改变的只是按劳分配实现的范围、形式和程度。实行按劳分配原则有无客观必然性，并不取决于社会主义是否存在商品经济。马克思论证社会主义只能或必然实现按劳分配，并不是把商品经济消亡作为根本条件。马克思所提出的按劳分配赖以存在的经济条件是：公有制；旧的社会分工的存在；劳动还没有成为生活的第一需要，而只是谋生的手段；生产力还没有发展到能够实行按需分配的高度。这些条件，在现实社会主义中都存在着。商品经济的存在，没有也不能否定或改变这些条件，因而也没有和不会否定按劳分配原则的实行。

我们讲按劳分配，是从公有制范围着眼的，不能用"非公有制经济中不能实行按劳分配"，来否定公有制经济内部实行按劳分配。也不能因难以在全社会范围内对公有制经济实行统一的按劳分配标准，便否定各个公有制企业内部实行按劳分配的可能性和必要性。

按劳分配原则中的劳动尺度，既不是如某些人所误解的那样，是什么个别劳动时间，也不是决定价值的社会必要劳动时间。按劳分配原则，同按个别劳动时间进行分配，即不考虑劳动技能、劳动熟练程度和劳动强度的差别的平均主义分配，是不相容的。马克思在《哥达纲领批判》中阐述按劳分配问题时，明确指出："一个人在体力或智力上胜过另一个人，因此在同一时间内提供较多的劳动……它默认，劳动者的不同等的个人天赋，从而不同等的工作能力，是天然特权。"[1] 这就表明，马克思的按劳分配思想是以承认不同劳动者的体力与智力的差别、承认他们的个人天赋和工作能力的不同为前提的。体力更强、智力更高的劳动者，在同一时间内可以比一般人提供更多的劳动，从而应获得更多的报酬。

按劳分配是按照社会平均劳动时间分配。这种社会平均劳动是不同劳动者主观劳动条件差别的平均，即劳动技能、劳动熟练程度和劳动强度的平均。在实行计划经济条件下各个国有企业的生产资料，由国家计划统一调配，同一行业的劳动报酬，是全国统一的，因而按劳分配的多少与客观生产条件即各个劳动者所使用的公有的生产资料的差别无关。这正是作为按劳分配尺度的社会平均劳动时间同形成价值的社会必要劳动时间的区别所在。

---

[1] 《马克思恩格斯文集》第 3 卷，人民出版社 2009 年版，第 435 页。

在实行计划经济的公有制经济中，由于生产资料归公共所有，不同企业所使用的生产资料的好坏，主要是由国家计划安排，因而生产条件的差别原则上不应影响他们的个人收入，使用公有的先进技术设备带来的较大的经济效益，也应归公共享有。因此，按劳分配，应是按每个劳动者新投入的活劳动（包括活劳动成果）进行分配，而不是按形成价值的社会必要劳动时间分配，或按劳动形成的价值分配。在实行社会主义市场经济和国企两权分离的新的条件下，不再实行全国统一的按劳分配制度，只在国有企业内部实行各自的分配制度。因而企业经营的好坏，效率和效益的差别，会影响到劳动者劳动收入的差别，但是，各个企业内部的按劳分配不受客观生产条件的影响。

这样就可以看出商品经济及其等价交换规律同按劳分配的联系与区别。商品经济同按劳分配不是互不相容、相互排斥的对立物。有的学者将马克思所讲的按劳分配中的等量劳动相交换，与商品经济中的等价交换对立起来，从而认为按劳分配排斥商品经济关系，断言马克思认为社会主义商品经济消亡的预言正在我国成为现实。既错解马克思理论，也悖离我国发展商品经济的现实。两者的相容表现在两个方面。

第一，两者在各自的实现过程中存在着先后顺序上的衔接和相容关系。社会主义公有制企业要作为独立的商品生产者和经营者相互对待。企业要通过商品经济规律首先是价值规律的作用获得各自的特殊利益或差别利益。这时，各个企业的总体劳动被视作个别劳动或局部劳动。企业职工的劳动状况，经营管理水平的高低，企业所使用的生产资料的好坏，技术设备的先进与落后，都会影响到企业总体个别劳动时间的多少。按照社会必要劳动时间交换，就会形成企业经济收入的差别。这是商品经济关系的实现过程。

先实现企业在外部经济关系中的商品交换关系，然后再实现企业内部经济关系中的按劳分配关系。国有企业通过商品经济关系所获得的收入，要进行社会扣除，其余部分的企业收入，才以按劳分配方式进行分配。

企业外部的商品经济关系，同企业内部的按劳分配关系，既是不同的过程和不同的关系，又存在前后衔接关系。在现实社会主义市场经济中，实现商品经济关系是实现按劳分配关系的前提。这里不存在相互排斥、互不相容的问题。

第二，企业根据按劳分配原则发给职工货币工资，并不等于按劳分配的完成。按劳分配原则或主要是个人消费品的分配原则。当职工将货币工资转化为消费品之后，按劳分配过程才算完成。这样，按劳分配关系同商品经济关系便交错和结合在一起，按劳分配关系需借助于商品经济关系实现自己。当然，在改革开放的新的条件下，职工的按劳分配收入，也可用于投资、购买债券股票等，但多数工农群众的劳动收入依然是用于个人生活所需的消费品。

有必要对比和分析一下马克思设想的不存在商品经济条件下的按劳分配的实现过程，同现实社会主义存在商品经济条件下的按劳分配实现过程的共同点。

马克思所设想的按劳分配实现过程是：

劳动（社会平均劳动）—劳动券—个人消费品

社会主义商品经济存在条件下的按劳分配实现过程是：

劳动（社会平均劳动）—货币工资—个人消费品（商品）

上述按劳分配实现过程的两种形式，可分别称作第一形式和第二形式。两种形式尽管有这样那样的区别，但并不改变按劳分配的根本内容。两者在主要的方面是相同的。

其一，两种形式的按劳分配实现过程，都包括两个相互连接的阶段，两个阶段所体现的分配关系及其序列是相同的。其二，在两种形式中，按劳分配的第一阶段，作为分配尺度的劳动，其计量标准是一样的，既不是个别劳动，也不是决定价值的社会必要劳动，而是剔除生产资料好坏差别的因素后的社会平均劳动。

其三，无论第一形式中的"劳动—劳动券"，还是第二形式中的"劳动—货币工资"，都不是商品交换关系。无论劳动券还是货币工资，都不是职工所提供的"劳动"或"劳动力"的价格。其四，两种形式中的按劳分配第二阶段，容易被看作是内容完全不同的东西。其实，如果从劳动互换的关系来看，两种形式的第二阶段，具有相同的等量劳动交换的内容。

在"货币工资—个人消费品（商品）"中，作为商品的消费品，其价值自然是按社会必要劳动时间计算，其中包括活劳动和物化劳动。而在"劳动券—个人消费品"中，消费品不是商品，它所代表的劳动量如何确定呢？能否像计量劳动者所提供的劳动时间那样，抽去生产资料因素的影响，确定为社会平均劳动呢？显然不能。即使在马克思所设想的按劳分配模式中，用劳动券去领取的个人消费品，也必须和只能代表社会必要劳动时间，即与决定价值的劳动时间一样。否则，等量劳动就不能领取等量消费品。因为，同一种消费品，是由许多企业生产的。由于不同企业所使用的生产资料好坏不等，从而劳动生产率不同，必然会导致单位产品中所包含的个别物化劳动时间和个别活劳动时间的不同。如果不将其平均化为社会必要物化劳动时间和社会必要活劳动时间，那么，用载有同量劳动时间的劳动券，去领取由不同企业生产的消费品时，若领取技术设备先进企业的产品，由于它的个别劳动时间少，就会领取得多些；若领取技术设备落后企业的产品，由于它耗费的个别劳动时间多，就会领取得少些。这显然是不合理的，也违反等量劳动领取等量产品的按劳分配原则。由此可见，按劳分配是按劳动者新投入的活劳动分配，但领取的消费品中必须同时包含物化劳动，而不能只计量活劳动，也不能剔除生产资料对所需劳动时间的影响。

总之从按劳分配实现过程的两个阶段来看，无论是马克思设想的按劳分配，还是商品经济条件下的按劳分配，对劳动者的劳动时间计量和对消费品所含劳动时间的计量是完全一致的。在

"货币工资—个人消费品（商品）"阶段，商品等价交换关系同按劳分配关系相重合了。它既是商品等价交换过程，又是按劳分配实现过程的第二阶段。这样，商品经济关系同按劳分配关系就直接结合在一起了。两者之所以能够直接结合，就在于在这一过程中，两者的劳动互换关系在劳动的计量上是完全一致的。那种认为商品等价交换同按劳分配的等量劳动互换是根本对立的意见，是不符合实际情况的。

我们讲，在按劳分配关系中，不应因劳动者使用的生产资料差别而影响其个人收入，这是从同一公有制企业内部的关系着眼的。如果从企业作为商品经济单位的关系来看，哪个企业的生产资料条件越好，技术装备越先进，在其他条件相同的情况下，该企业的经济收入便越高，这必然会影响到按劳分配收入的多少。例如，在集体所有制经济内部实行按劳分配，不因各个劳动者所使用的生产资料的差别而影响其收入。但不同集体经济之间的生产资料的差别，必然会造成各企业收入的不同，从而不同企业之间的等量劳动，会获得不同的收入。就是说，各企业的生产资料好坏，会影响到企业内部的按劳分配水平。全民所有制企业的生产资料是国有的，因而使用较先进生产资料获得的更多收入，原则上应多交点给国家。但在商品经济条件下，为鼓励企业进行技术改造和利用先进技术设备的积极性和主动性，为此而获得的较多的经济利益，应有一部分归企业分配，从而也会影响到不同企业的按劳分配的水平。

有人认为在商品经济条件下，必要劳动必然表现为劳动力的价值，并据此否定社会主义商品经济条件下按劳分配存在的观点，也不能令人赞同。商品经济在人类历史上已存在了几千年。只有资本主义经济中雇佣工人的必要劳动收入才采取了劳动力价值的形式。把资本主义商品经济中的这种特殊关系，当作商品经济的一般关系，并加之于社会主义经济，这在方法上是不科学的。

在我国现实经济生活中，改革开放前曾存在着分配中的较严重的平均主义情况。在改革开放后的 90 年代到现在，又出现了个人收入差别悬殊的新的分配不公平，出现了贫富分化现实。这需要通过分配制度和体制改革，通过完善按劳分配为主体、多种分配方式并存的分配关系，通过建立实现按劳分配制度的有效形式加以解决。

在我国原有的分配体制中，曾在全民所有制范围内实行高度集中的、统一的按劳分配标准。随着经济体制改革的推行和企业自主权的扩大，这种情况发生了变化。按劳分配原则首先是在各个公有制企业内部实行。但是，按劳分配不应仅仅限于在企业内部实行。如果全民所有制经济中的工资奖金制度，完全由各企业自行决策而没有任何的社会统一，在分配关系中必然会出现苦乐不均、高低悬殊的紊乱现象。新的分配体制，应是既不同于传统体制下在全国范围内高度集中统一、企业没有任何自主权的工资制度，也不应是没有任何社会统一的高度分散的工资奖金制度，而应是有统有分、统分结合的按劳分配体制。因此，既要确立企业在分配关系中的自主权，又应确立国家在分配关系中的宏观调控措施和统一原则，以消除全民所有制企业内部的脱离劳动差别的高低悬殊、各种违反公平分配原则的现象。

（三）在非公有制经济中是否存在剥削的问题

长期以来，特别在"以阶级斗争为纲"的年代，一讲剥削，就是地主富农资本家压榨穷苦老百姓、十恶不赦的罪行。"剥削有罪"，成为常理。但是马克思主义确实认为，在奴隶制社会、封建制社会和资本主义社会，存在着剥削阶级与被剥削阶级的对立关系。马克思在《资本论》中揭示了资产阶级无偿占有雇佣工人创造的剩余价值的剥削关系。但马克思用历史唯物主义的方法研究社会经济发展规律，认为各个剥削制度的产生、发展与更替，是人类社会发展的必然过程，是客观的自然历史过程。因此，马克思在《资本论》第一版序言中讲：由于资本主义制度是社会历史发展必经的客观历史阶段，所以他不追究资本家和地主的个人责任，不要资本家和地主个人对资本主义剥削制度负责。而我们在改革开放前的长时期中，搞"唯成分论"，把出身问题看得很重，要让剥削阶级的子女为其祖辈的剥削制度负个人责任。

改革开放以来，发展非公有制经济。撇开个体经济不讲，私营经济和外资企业雇佣几百人、几千人，有的雇佣几万人，可以确认是资本主义经济，究竟有没有剥削，有的学者认为非公有制经济都是社会主义经济的组成部分，当然不存在剥削。有的学者按照要素价值论，认为我国非公有制经济没有剥削，资本创造利润利息，土地创造地租，劳动创造工资，谁也不剥削谁，如果工人的工资超过他劳动创造的价值，侵占了资方的一部分利润，就是工人剥削了资本家。有人把剥削问题做种种解读，见解很不一致。有人说：剥削"指的是一种应当否定的负面社会现象，尤其是在我国，确认某人存在剥削，几乎等于宣判了该人政治上的死刑"。有人说：过去认为"一切非劳动的报酬都是对劳动所创造的价值的剥削，因而是不道德的，应当受到谴责。可是按照生产要素创造价值论，就不能说存在剥削"。有的虽承认剥削，只是指在劳动力价值以下给付工资或以其他非法手段获取收入。有的学者持相反意见，认为私营企业和外资企业存在剥削，讨论中事实上涉及马克思主义经典作家怎样看待"剥削"问题和怎样认识我国现实经济中的实际情况。

1. 马克思恩格斯关于"剥削"的基本观点。

什么是"剥削"？马克思主义经典作家认为，凭借生产资料所有权无偿占有劳动者的剩余劳动（或剩余产品、剩余价值）就是剥削。"凡是社会上一部分人享有生产资料垄断权的地方，劳动者，无论是自由的或不自由的，都必须在维持自身生活所必需的劳动时间以外，追加超额的劳动时间来为生产资料的所有者生产生活资料"。① 奴隶主直接剥削奴隶的剩余劳动，农奴主以劳役地租、实物地租或货币地租的形式剥削农民的剩余劳动或剩余产品，资本家则以货币形式剥削雇佣工人的剩余价值，"无偿劳动的占有是资本主义生产方式和通过这种生产方式对工人进行剥削的基本形式"。② 马克思和恩格斯讲资本主义剥削，不是指资本家压低工资、在劳动力价值以下以购买劳动力商品，而是指通过等价交换，按价值购买劳动力，劳动力使用中创造的价值大于劳动力的价值，形成剩余价值，以资本价值增殖的形式出现，为资本家无偿占有。将工资压低到劳动力价值以下或以其他手段压榨雇佣工人，是超越正常范围的剥削。

在社会主义革命过程中，强调要消灭剥削制度和剥削阶级，因而一讲"剥削"或讲"资本主义剥削"，人们就会很自然地认为是应铲除的坏事。而且很容易从道义的角度，即从公道不公道、正义不正义、道德不道德的角度，持批判态度，甚至将其与罪过罪恶联系起来。其实，马克思主义经典作家没有也不会从道义的原则出发去抨击和否定剥削制度或剥削现象。他们是严格地以历史唯物主义的观点去看待和评析剥削问题的。在这个问题上应研究和把握经典作家的以下有关观点：

第一，马克思认为："社会经济形态的发展是一种自然历史过程。"所谓"自然历史过程"，就是客观的必然的历史发展过程。剥削制度的产生、存在与发展，一种剥削方式被另一种剥削方式所取代，剥削制度和剥削现象的最终被消灭，没有剥削关系的新社会制度的产生与发展，都不是出于人们主观愿望的结果，不能从人们的思想意识和道义观中去寻找其原因。而应从生产力的发展和生产力与生产关系的相互作用中去探求其根源。应从社会经济形态发展的客观规律性即"自然历史过程"中予以说明。

① 《马克思恩格斯文集》第5卷，人民出版社2009年版，第272页。
② 《马克思恩格斯选集》第3卷，人民出版社1995年版，第365页。

既然剥削的存在和剥削方式的更替，是不以人的意志为转移的自然历史过程，因此，马克思强调说明："同其他任何观点比起来，我的观点是更不能要个人对这些关系负责的。"① 恩格斯在《英国工人阶级状况》一书中也说："英国的社会主义（即共产主义）正是从不归咎于个别人的原则出发的。"

第二，剥削的产生是生产力发展到一定程度的产物，剥削的存在又是生产力发展不够的结果。在原始氏族社会的两三百万年中，由于生产力极端低下，没有剩余产品，因而没有产生剥削的物质基础。在原始社会末期，生产力发展到一定程度，出现了占比重很少的剩余产品，才有了产生私有制、阶级和剥削的可能。于是出现了奴隶制度。由奴隶制度到封建制度，再到资本主义制度，不同剥削方式的发展和更替，都是适应生产力发展要求的客观过程。剥削制度和剥削现象的消灭，需要生产力的高度发展。恩格斯在《卡尔·马克思》一文中指出：新的历史观说明了，剥削阶级的存在，"这只是因为在人类发展的以前一切阶段上，生产还很不发达，以致历史的发展只能在这种对立形式中进行。"② 在《反杜林论》中又说：剥削阶级和被剥削阶级"到现在为止的一切历史对立，都可以从人的劳动的这种相对不发展的生产率中得到说明。"③ 正因为这样，马克思设想，社会主义革命将首先是在几个生产力发达的资本主义国家取得胜利。然而，实际发展的结果是，在特殊历史条件下，一些生产力落后的国家取得了革命胜利。根据历史唯物主义原理，这类国家不能急于消灭一切私有制和剥削现象。毛泽东的新民主主义理论，就是在这种历史背景下提出的。我国过早地超越新民主主义制度，急于消灭个体经济和资本主义经济成分，要让资本主义在中国绝种。实

① 《马克思恩格斯文集》第 5 卷，人民出版社 2009 年版，第 10 页。
② 《马克思恩格斯文集》第 3 卷，人民出版社 2009 年版，第 459 页。
③ 《马克思恩格斯文集》第 9 卷，人民出版社 2009 年版，第 189 页。

践证明，这不利于生产力和社会经济的发展，造成了长远的消极后果。我国确认社会主义初级阶段的现实国情，实行公有制为主体、多种所有制共同发展的基本经济制度，也首先是从我国生产力的现状出发的。生产力决定生产关系的历史唯物主义原理，在社会主义社会依然适用。

第三，不应抽象地、孤立地评判私有制与公有制、剥削与非剥削的是非好坏。正因马克思主义经典作家不是从道义原则而是从生产力原则出发作为评判社会制度与阶级行为好坏的标准，所以他们没有也不会抽象地、孤立地讲私有制绝对的坏，公有制绝对的好，剥削绝对的坏，没有剥削绝对的好。否则，奴隶制度取代原始氏族制度（私有制取代公有制，剥削制度取代无剥削的平等制度）就成为道义上应受谴责的历史倒退了。且听听恩格斯怎样评价奴隶制度的出现吧："讲一些泛泛的空话来痛骂奴隶制和其他类似的现象，对这些可耻的现象发泄高尚的义愤，这是最容易不过的事情……但是，这种制度是怎样产生的，它为什么存在，它在历史上起了什么作用，关于这些问题，我们并没有因此而得到任何说明。如果我们深入地研究一下这些问题，我们就不得不说——尽管听起来是多么矛盾和离奇——在当时的情况下，采用奴隶制是一个巨大的进步。"[1] 采用奴隶制的巨大进步表现在哪里呢？恩格斯说：只有奴隶制才使农业和工业之间的更大规模的分工成为可能，才有古代世界的繁荣和希腊文化的发展。没有奴隶制就没有罗马帝国，没有现代的欧洲。从一定意义上说，"没有古代的奴隶制，就没有现代的社会主义"。这就是马克思主义创始人从生产力原则出发，作出的判断和得出的结论。

第四，剥削方式也有先进落后之分。人类社会发展史上，出现过奴隶制、封建制和资本主义三种不同的剥削方式。三种剥削方式究其内容，都是无偿占有劳动者的剩余劳动，但所采取的方

---

[1] 《马克思恩格斯选集》第3卷，人民出版社1995年版，第524页。

式各有特点。奴隶制是最残酷最野蛮的剥削方式，其劳动秩序和纪律是用皮鞭棍棒来维持的。封建制剥削方式比奴隶制要进步一些，因为超经济强制或人身依附的锁链稍宽松了一些。农民有自己的经济领域，在这个领域中的劳动会具有主动性和积极性。资本主义剥削方式基本上是建立在经济强制基础之上的。摆脱了超经济强制的束缚，劳动者的人身具有了自由。因此，资本主义剥削方式，比起奴隶制和封建制的超经济强制的剥削方式来，具有显明的进步性。马克思指出："资本的文明面之一是：它榨取剩余劳动的方式和条件，同以前的奴隶制、农奴制等形式相比，都更有利于生产力的发展，有利于社会关系的发展，有利于更高级的新形态的各种要素的创造。"① 奴隶制和封建制的剥削与被剥削关系，固然也是人类社会发展必经的"自然历史过程"。但对现代社会来说，已是过时的不利于生产力发展和社会进步的剥削方式，因此，从总体上被消灭了。我国在社会主义现阶段，允许和鼓励多种所有制经济共同发展，绝不包括也不允许奴隶制和封建制的所有制经济的存在与发展，但中外资本主义经济成分，在相当长的时期内还有容纳生产力发展的广阔余地。

在我国新民主主义革命时期，在消灭官僚资本和封建土地所有制过程中，一直强调要保护民族工商业或民族资本主义。尽管认为资本主义要获取剩余价值，存在剥削，但只要在合法范围内，就允许并予以保护。新中国建立前夕，刘少奇在天津市与工商业家座谈会上的讲话中，曾讲过一段后来受到指责与批判的话："现在好些人怕说剥削，但剥削是一个事实……你是代表股东、代表资方在工人身上剥削剩余价值的，一块钱也是剥削。有这个事实，只好承认。但是，认为'剥削多，罪恶大……'因而苦闷，这种想法是错误的。今天在我国资本主义的剥削不但没有罪恶，而且有功劳。封建剥削除走以后，资本主义剥削是有进

① 《马克思恩格斯文集》第 7 卷，人民出版社 2009 年版，第 927~928 页。

步性的。今天不是工厂开得太多，剥削工人太多，而是太少了。你们有本事多开工厂多剥削一些工人，对国家人民都有利，大家赞成……今天资本主义剥削是合法的，愈多愈好。"① 尽管"剥削有功"的提法不大科学，但他肯定新中国需要资本主义经济成分有一个发展阶段，从稳定工商业者的思想认识出发，既承认其剥削事实，又否定剥削是"罪恶"，指出资本主义剥削方式有进步性，是合法的。这是将马克思主义的剩余价值理论与中国的实际结合起来，是马克思主义的中国化。

2. 怎样认识我国私营企业中的劳动收入和非劳动收入。

我国目前的私营企业已有一千几百万户，还在继续发展与扩大。它们是在党的政策鼓励下发展起来的。怎样看私营企业主的收入？首先，私营企业的发展，符合"三个有利于"的标准，即使百亿富翁，也要依法保护。其次，私营企业主的收入全部是非劳动收入还是也有部分劳动收入。应当肯定：私营企业主的管理劳动或指挥劳动，也具有生产劳动性质的一面，同样创造价值。笔者这样讲，曾有学者提出质疑。因为《资本论》中没有这样的论述。甚至会认为《资本论》中批评过这种观点。其实《资本论》中所批评的是：有些资本家把企业管理工作已交给经理负责，而其辩护者还宣称，资本利润是资本家管理工作的报酬。如果资本家亲自管理企业，他的管理工作，马克思称之为指挥劳动、监督劳动。其性质具有二重性：其一是任何众多劳动者共同劳动的场合，都需要指挥劳动，如乐队需要指挥一样，这是生产性劳动，会创造价值。其二是资本家管理企业是为占有工人的剩余价值，因此，其管理工作是为实现其剥削的目的。马克思明确指出：资本家的产业"利润中也包含一点属于工资的东西（在不存在领取这种工资的经理的地方）。资本家在生产过程中是作为劳动的管理者和指挥者出现的，在这个意义上可以说资本

① 《刘少奇论新中国经济建设》，中央文献出版社1993年版，第107页。

家在劳动过程本身中起着积极作用……这种与剥削结合的劳动……当然就与雇佣工人的劳动一样，是一种加入产品价值的劳动"①。资方如果参与科技工作，科技劳动同样创造价值。而且，高层管理劳动与高科技劳动，是高级复杂劳动，比一般劳动会创造更大的价值。因此，私营企业的这种收入，是劳动收入，而非剥削收入。另外，经营管理好，从而经济效益好，发展很快的企业，往往还得益于获得机会收入。由于熟悉市场状况，掌握信息及时，应对竞争和市场变化有效，商品实现的价值，可以大于其生产的价值。

但是，不少私营企业会有巨额利润收入，有的企业主成为几十亿甚至上千亿的富翁，这不能都归之于企业主的劳动收入和机会收入。很大部分是资本收入，是资本价值增殖的结果，这属于剩余价值范畴的非劳动收入。只要这种非劳动收入是合法的，就会得到保护。因为它属于通过"诚实劳动和合法经营"先富起来的范畴。

我国日益增多的私营企业，其素质参差不齐。有一部分私营企业，文明管理，奉公守法，要求自己和家人严格；热心于社会公益事业，扶危济困，报效社会；并尊重和关注企业职工的权益，应该得到更多的鼓励和赞誉。

但是，也应看到，不少私营企业存在这样那样的不正当的或违法谋利行为。偷税漏税、制假售假、坑蒙拐骗、违法开矿、严重侵犯雇工权益等现象，大量存在，特别是有些私营和外资企业野蛮管理、严重侵犯工人权益的事实，虽时有披露，但还未引起应有的重视。

私营企业有没有剥削？这是目前人们所关注并且议论纷纷的一个十分敏感的论题，它已经不限于一个学术问题。有的学者已发表论著明确认为不存在剥削。如果像有的学者那样，认为资

---

① 《马克思恩格斯全集》第 26 卷，人民出版社 1973 年版，第 550~551 页。

本、土地以及各种生产资料，作为生产要素都各自创造价值，当然，只要不违法违规，就不存在剥削了。有的学者论证我国社会主义现阶段不存在剥削的理论思路是："马克思所分析论述的剩余价值和剥削，是有历史前提的。这是指在资产阶级绝对占有生产资料和工人阶级只能出卖劳动力历史前提下，整个社会生产过程发生的一般情况，是一个阶级对另一个阶级进行剥削剩余价值的过程。当这个历史前提不再存在，工人阶级成为国家领导阶级的时候，再把剩余价值及其剥削作为整个社会生产过程中发生的一般情况，就是悖理的了。"① 这个理论见解值得商讨：其一，马克思"所分析论述的剩余价值和剥削"，并没有上文所讲的那种"历史前提"。如果认为，只有资产阶级在全社会绝对占有生产资料，是"整个社会生产过程发生的一般情况"，才有资本主义剥削，那么，当资本主义经济已在封建社会内部产生与发展，但资产阶级还未在全社会绝对占有生产资料时，资本主义企业难道就是没有剩余价值和剥削？旧中国的民族资产阶级，还没有在全社会"绝对占有生产资料"，是否也不存在剩余价值与剥削？马克思恰恰认为，只要存在资本主义企业，不管它在全社会是占统治地位，还是只占少数，都存在剩余价值生产。马克思指出，资本主义生产是"劳动过程与价值增殖过程的统一"。价值增殖就是剩余价值生产。哪怕只存在少数乃至个别资本主义企业，也同样如此。其二，认为只要"工人阶级成为国家的领导阶级"，就不再有剩余价值和剥削的观点也难以证实。按此见解，新中国一建立，工人阶级成为国家的领导阶级，民族资产阶级的企业中就不存在剩余价值与剥削了。若果如此，刘少奇为什么还要在天津座谈会上肯定剥削是事实，提出"剥削有功论"呢？如果作者的本意是指新中国不再存在"整个社会生产过程"的剩余价

---

① 《用实践和科学的态度发展马克思劳动价值论》，载于《光明日报》2001 年 11 月 6 日。

值和剥削情况，那就离开了讨论的前提。讨论的前提本来就是我国目前未成为"整个社会生产过程的一般情况"或未占统治地位的私营企业的非劳动收入的来源问题。私营企业的非劳动收入，是不是剩余价值？是否来源于雇佣工人的剩余劳动？如果不是，来源于什么？应正面回答这个问题。其三，断言私营企业不存在剥削，与有目共睹的事实不符。且撇开是否存在正常的合法的剥削问题不谈，非正常的违反劳动法严重侵犯雇工权益的野蛮剥削行为，难道就视而不见？让我们举几个党的报刊公开报道的事例。《光明日报》2001年6月14日以《私营企业职工盼望"工会保护"》为题的报道：某市800来家私营企业，建工会的只有8家。"私营企业主不执行劳动法，不签订或不履行劳动合同……工人在试用期内工资很低，试用期到了，用谁不用谁，全凭业主一句话……由于没有签订合同，企业主可以逃避劳动合同规定的责任"。"职工劳动时间长，劳动强度大，工资低，缺乏必要的安全保护措施，是私营企业普遍存在的问题……职工每人每天工作10~12小时的现象较为普遍，许多私营职工根本没有休息日，有的私营企业非法雇用童工。不少私营企业不重视安全生产，工伤事故频繁。女工在怀孕和哺乳期，工作定额也不能减少。女工生育带薪休假的待遇，在大多数私营企业得不到执行。"《工人日报》2001年7月19日报道：浙江有516家私营企业严重违法用工，两月来整治"周扒皮"，为8万职工讨回了被拖欠、克扣的血汗钱6 415.6万元。《香港商报》（深圳办的报纸）2001年8月14日以"私企奴役劳工现象严重"的标题报道说："随着中国大陆私营企业的迅猛发展及流动人口的增加，奴役劳工现象正在上升。非法的强迫劳动多发生在农村及私营企业发达地区"，"同拐卖妇女不同，买卖年轻男子的问题几乎没有出现在官方媒体上"，"河北省定州四面村，有一个肮脏的农村工厂，生产建筑砖块。最近一年多来，这个工厂却控制了27个'奴隶'，这些人被迫在高温下劳动12个小时，没有工资，也不准离开。住在塑料布的棚子里。当其中一个人逃到附近麦田里时，砖厂经理骑摩托车追上，用绳子把他拖回工棚，当着其他人的面把他打死"。还以《汉正街"童工作坊"暗无天日》的标题，报道了武汉市汉正街一些私人作坊对男女童工的残酷剥削，工作和生活条件十分恶劣，有的作坊的童工一天劳动 15 小时，"两年未得分文工钱"。这些报道只是冰山的一角。但已可以看出，在当前的理论宣传中，硬说私营企业没有剩余价值剥削，多么不符合事实。

当然，我们不能因噎废食，不能以偏概全。上述现象既不能代表私营企业的全部，也不影响我们多种所有制经济共同发展的基本制度和方针政策。它只是说明，我们应面对事实，加强对一些私营企业的引导、教育、管理和监督，保护职工的合法权益。不要无原则地简单宣传私营企业没有剩余价值剥削。否则，上述现象更会不被人们重视与关注，不但不会减少和消除，还会为患更烈。

笔者也曾调查参观过一些搞得很好的私营企业，有的企业主的事迹相当感人。没有必要讲他们是剥削者，对他们为社会做出的贡献应充分肯定和予以鼓励。

总之，众多的私营企业的素质不同，层次不同。既需要有一视同仁、平等竞争的统一政策，又应根据良莠不齐的差异，区别对待。不要说好都好，说坏都坏。

笔者认为，从我国社会主义初级阶段的现实出发，根据"三个有利于"的标准，正面鼓励非公有制经济的发展是必要的。为此，在一般情况下，理论与宣传工作可不宣扬私营企业的剩余价值剥削问题。只要合法经营，只要承认其资本或生产资料所有权，他们就应得到合理的回报。既然生产使用价值和价值离不开资本、土地等生产要素，这类生产要素又具有稀缺性，并被特定的经济主体所占有，就不能无偿使用。即使是国有企业，国家也要凭借所有权，从企业获得除一般税收以外的经济收入。只不过是性质不同罢了。马克思主义创始人的观点是：当资本主义剥削制度已经不适合生产力进一步发展的时候，用社会主义公有制取代资本主义私有制和一切私有制，使生产要素完全归社会或劳动人民所有，剩余产品不再被私人占有，剥削现象不再存在。然而我国的社会经济发展水平，还没有达到这个地步。

关于资本主义私营企业有无剥削的问题，即使是西方经济学著作中也并不是一概否认。例如，在西方具有权威性的《新帕尔格雷夫经济学大辞典》中列有"剥削"一条，其中在"资本主义与剥削"一节中，讲了这样的内容：资本主义社会"是一种阶级社会，其中资本家阶级的统治建立在对大量社会生产资料的占有和控制基础之上……工人阶级，他们不得不依靠为资本家阶级劳动而生活。马克思精辟地指出这种关系产生的一般社会条件是整个工人阶级被使唤从事剩余劳动，因为这种剩余劳动构成资本家利润的基础，而这种利润使得资本家阶级乐于并得以继续雇佣工人……资本主义有它的历史特点，这就是它的剥削关系几乎完全被交换关系的表面现象所掩盖"。"为玄妙的生产函数、完全竞争和一般均衡理论所团团围住的正统经济学，往往力图回避这些问题。事实上它主要关心的是构筑和美化一个理想化的资本主义形象……企业使用称为资本和劳动的'生产要素'制造产品并按计算出来的对总产品所增加的贡献（即边际产值）向每一要素付酬"。"应该注意的是，这种概念把物（资本）和人的力量（劳动）置于平等的地位，都称之为生产要素……从而得以否认在资本家和工人之间存在任何阶级差别的事实……最后，由于资本和劳动都是物，就不能说它们受到剥削。只有在某些生产要素的报酬与其边际产值不相等的情况下，这一要素的所有者才可称之为被剥削。在这一意义上，剥削的定义是'要素报酬'的实际价值和理论价值的差距。更为重要的是，按上述剥削定义，原则上可同样适用于利润和工资两方面。这样，资本主义就成了资本家也可能像工人被资本家剥削那样被工人所剥削。至此剥削的概念就被降到完全没有意义的地步。"① 这里之所以大段引证《新帕尔格雷夫经济学大辞典》中的论述，是为了可以从这里清楚地看出，某些学者关于私营企业乃至所有资本主义经济不存在剥削，有的话只是"要素报酬"超过了其"边际价值"，并声称工人也会剥削资本家的理论见解，只不过是重复连《新帕尔格雷夫经济学大辞典》也不赞成和予以否定的、西方早已存在的一种理论观点而已。

　　在我国具体现实情况下，不公开强调宣传"剥削论"，有利于非公有制经济的发展，但如果理论和宣传工作突出宣扬"生产要素价值论"和"无剥削论"，否定劳动价值论与剩余价值论，则会产生深远的严重的政治上自我否定的消极后果。不仅马克思主义经济学和科学社会主义会被彻底否定，中国共产党领导的消灭地主富农阶级的民主革命和进行"三大改造"的社会主义革命，以及搞公有制为基础或为主体的有中国特色的社会主义，乃至共产党的建立和发展本身，都失去了原有的理论支持，成为多余的不应有的事情了。共产党人应十分严肃地对待这个问题。

---

　　① ［英］约翰·伊特韦尔：《新帕尔格雷夫经济学大辞典》第 1 版，经济科学出版社 1996 年版。

第四章

由计划经济转向市场经济的
历史轨迹和理论辨析

由社会主义计划经济转轨为市场经济，是改革开放以后理论认识和社会主义实践不断探索与发展的成果，这个过程是复杂的、曲折的。改革开放，首先要突破计划经济与商品经济的对立，继而突破计划经济与市场经济是区别社会主义与资本主义的制度性特点。在这两大突破的过程中，又经历了多种具体的从概念到论点不同认知的探讨交锋与磨合。

一、社会主义经济与商品经济
相结合的理论辨析

在社会主义发展史上，在相当长的时期中，传统的观点是把社会主义公有制经济同商品经济截然对立起来。认为在社会主义公有制经济中，商品经济以及与其有关的经济形式都会消亡。经过社会主义实践，这种传统观念已经突破，所有社会主义国家都确认必须发展公有制基础上的商品生产和商品交换。然而，当我们强调要发展商品经济、要通过改革建立有计划的商品经济时，理论界又出现了一种"新"的将商品经济同社会主义公有制经济截然对立起来的观点，认为要发展商品经济，就必须变公有制为私有制，因而提出了改革就应实行私有化的主张。为了使这种主张具有理论根据，有的人还引证马克思关于商品生产与私有制相联系的论述，似乎私有化的观点是符合马克思主义的。为了弄清理论是非，需要探讨以下几个问题。

（一）马克思为什么预言社会主义制度下商品生产将会消亡

首先，马克思没有在社会主义经济中生活的实践。他在自己的研究中侧重于认识私有制经济中特别是资本主义经济中经济利益关系的差别性和对立性，而对社会主义公有制经济则侧重于其经济利益关系的一致性和统一性。他设想一旦全社会占有了生产资料和产品，就不再存在个人和生产单位在占有和使用生产资料上的利益差别，只留下个人消费品分配上的利益差别。在马克思的著作中，没有涉及过社会主义企业间经营管理水平的差别，似乎生产资料公有制的平等权利以及其他方面的平等权利可以消除企业经营管理水平的差别。从而也就不再存在通过商品价值关系实现社会成员之间及企业之间利益差别的必要。

其次，马克思设想，在社会主义经济中，由于实现了单一的社会所有制，"劳动时间的社会的有计划的分配，调节着各种劳动职能同各种需要的适当的比例。"[①] 就是说，生产与消费、供给与需求的比例（平衡），完全由社会的统一计划事先调节。这样，每个人的劳动一开始就是直接的社会劳动，不需要通过交换去实现其劳动的社会性。因而商品交换便失去其存在的必要。

再次，马克思和恩格斯对社会主义经济关系的设想，比实践中的社会主义现实关系要简单得多。马克思认为，在社会主义社会中，"人们同他们的劳动和劳动产品的社会关系，无论在生产上还是在分配上，都是简单明了的。"[②] 恩格斯则认为，在公有

---

① 《马克思恩格斯文集》第 5 卷，人民出版社 2009 年版，第 96 页。
② 《马克思恩格斯文集》第 5 卷，人民出版社 2009 年版，第 96～97 页。

制的社会主义经济中，"一件产品中所包含的社会劳动量，可以不必首先采用迂回的途径加以确定；日常的经验就直接显示出这个产品平均需要多少数量的社会劳动。"① 认为"可以简单地计算出"各种商品中所包含的劳动量。如果真是这种相当简单而透明的社会经济关系，自然不需要迂回曲折地通过商品价值关系来表现。

最后，马克思主义创始人所知道和了解的商品经济，一是历史上存在过的奴隶社会和封建社会的商品经济，二是他们亲自生活在其中的资本主义社会的商品经济。这类商品经济都是以私有制为基础的，都存在商品经济运行中的自发性和盲目性。特别是资本主义商品经济，表现出严重的无政府状态和经济震荡。由于资本主义经济与商品经济紧密结合在一起运行，资本主义经济的一切缺陷和弊端，都通过商品经济而表现出来。如商业欺诈、市场投机、经济危机等。因此，马克思主义创始人，甚至一些非马克思主义的伟大思想家和学者，都侧重看到商品经济的消极面。马克思恩格斯认为，在社会主义制度下，计划性和自觉性将代替盲目性和自发性。因而没有商品经济存在的余地。

从以上说明可以看出：虽然马克思把私有制作为商品生产存在的前提，但是还应看到他之所以这样作出判断的深层次原因。不能把问题仅仅停留在所有制形式上。社会主义的现实关系比马克思所设想的要复杂得多。实践证明：在社会主义公有制下，经济关系是很复杂和多层次的，人们之间以及各经济单位之间，既存在着根本利益关系上的一致性和统一性，也存在着各种利益关系的差别性和矛盾性；生产和消费状况是复杂多变的，限于客观条件和主观条件，国家或社会中心很难通过高度集中的统一计划调节好生产和消费、供给和需求的平衡；与此相联系每个社会成员的劳动乃至每个生产单位的总体劳动，都不能完全成为直接的

---

① 《马克思恩格斯文集》第9卷，人民出版社2009年版，第326页。

社会劳动；在社会主义制度下，完全消除经济关系和经济运行过程中的自发性和盲目性是不可能的，只能用自觉性引导和限制自发性，用计划性克服和减少盲目性。由此可见，实践中的社会主义现实关系，同马克思所设想的不完全相同。即使消灭了私有制，也不能完全消除原来私有制下商品经济所赖以存在的某些经济条件。

（二）社会主义公有制经济同商品经济可以相统一的根据

用公有制经济排斥商品经济的观点现在已没有什么市场了。但近几年来，用商品经济排斥公有制的观点却流行起来，它们认为只有私有制才能适应和适宜于商品经济的发展。

在这个问题上，经济理论的任务，是需要论证社会主义公有制经济同商品经济能够统一也应当统一。同时也要看到，两者确实也存在矛盾的一面。如果只看到并夸大其矛盾，就会将两者截然对立起来，用一方排斥和否定另一方。如果只看到统一而看不到和否认其矛盾，就容易把商品经济同社会主义经济混同起来，并引申出一些不科学的论断。

社会主义公有制经济能够与商品经济相统一的理论根据是什么呢？

第一，商品经济自身并不具有特定的社会性质，它是一种中性的经济形式，因而可以存在于不同的社会形态中，与不同社会性质的经济相结合。它既可以同资本主义经济相结合，成为资本主义商品经济，也可以同社会主义经济相结合，成为社会主义商品经济。在前资本主义社会中，固然自然经济占统治地位，但商品经济在一定程度上也曾与奴隶制经济和封建制经济相结合。马克思讲过，"不论商品是建立在奴隶制基础上的生产的产品，还是农民的产品（中国人，印度的佃农）……"① 商品经济如果不

---

① 《马克思恩格斯文集》第 6 卷，人民出版社 2009 年版，第 126 页。

与特定性质的社会经济相结合而独自存在，它就会表现为简单商品经济。

人们往往容易把商品经济同特定社会性质的经济相结合时所反映的特定经济关系当作是商品经济自身的性质。例如，当商品经济作为资本主义经济关系借以实现的形式时，就认为商品经济自身具有资本主义性质；当商品经济作为社会主义经济关系借以实现的形式时，就认为商品经济自身具有社会主义性质。其实并不是这样，商品作为一种生产关系，只体现商品生产者之间的劳动联系和关系，并不回答是何种社会性质的关系。不论何种生产方式下生产的商品，其作为商品的性质是一样的，不会改变。固然，在资本主义经济中，商品可以成为商品资本，货币可以成为货币资本，但其资本性质是资本主义关系加之于它的，不是商品、货币自身具有资本性质。

商品、价值、货币，不具有特定的社会性质。作为商品生产和商品交换总体的商品经济，是否会具有特定的社会性质呢？也不是。作为商品经济的本质的内在联系的商品经济规律，如价值规律、供求规律、货币流通规律等，都不具有特定的社会性质，总不能把这些规律区分为奴隶制性质的、封建主义性质的、资本主义性质的、社会主义性质的或简单商品经济性质的。既然商品经济规律不具有特定的社会性质，那么商品经济怎么会具有呢？我们讲"资本主义商品经济"或"社会主义商品经济"，其真实含义不过是指在资本主义关系或社会主义关系下存在和发展的商品经济，是指资本主义经济同商品经济的结合或社会主义经济同商品经济的结合。商品经济不属于社会经济制度范畴，而是经济运行和经济联系一般形式的范畴。因此，它不要求以哪种特定社会性质的所有制形式为前提，而是可以同多种不同社会性质的所有制形式相适应。

正由于商品经济自身不具有特定的社会性质，它可以同不同社会性质的所有制形式相适应，因而也可以同社会主义公有制经济和计划经济相结合，成为在公有制基础上的有计划的商品经济。用商品经济否定公有制经济是没有理论根据的。

第二，社会主义公有制经济内部存在着产生商品经济的条件。商品经济存在的一般条件是社会分工。社会主义公有制经济中不但要保留旧社会形态中发展起来的社会生产分工，而且随着生产力的不断提高和新的生产部门的出现，社会分工也在发展和扩大。社会分工的存在和发展，要求通过产品的交换互通有无。至于这种交换是采取商品交换形式，还是采取直接的产品交换形式，还要看公有制的具体条件。在现实的公有制经济中，不但存在公有制的不同形式以及与之相适应的经济利益上的差异和矛盾。而且，即使在全民所有制内部，企业也具有独立经营者和产品的实际所有者的地位；同时，各个企业的经营管理水平又有很大差别。这种差别要求表现为经济利益上的差异。这是社会主义商品经济存在的特殊条件。

社会主义公有制内部的各个企业之间，以及国家、企业和职工个人之间，既存在着总的根本利益关系上的一致性和统一性，又存在着具体的利益关系上的差异性和矛盾性。为了保证实现整体利益的一致性，就需要实行统一的计划经济。而为了调节企业之间利益的矛盾性和实现其利益的差异性，固然也需要借助于计划管理，但从根本上说，需要实行商品经济，发挥商品经济规律的作用。

由此可见，社会主义公有制经济中的商品经济，并不是人为地外加于它的，而是根源于公有制经济自身的内部。既然如此，公有制经济同商品经济就不是相互排斥的，而是内在地统一于公有制经济中。因此，用根源于公有制经济内部条件的商品经济来否定公有制自身，理论上是说不通的。

第三，在社会主义公有制基础上发生作用的社会主义特有的经济规律，如基本经济规律、国民经济有计划、按比例发展规律等，同一切商品经济中发生作用的共同规律，如价值规律、供求规律等，在其运动的趋势和作用的社会后果上，有着一致的一面。作为社会主义基本经济规律根本内容的社会主义生产目的，要求不断满足人民日益增长的物质文化需要。社会主义国民经济有计划按比例发展规律，要求生产和消费、供给和需求（在总量上和结构上）的平衡。而价值规律、供求规律等商品经济规律，则是通过市场机制的功能，调节着资源按照市场需求的规模和结构配置，调节着生产和消费、供给和需求在总的趋势上的平衡。

公有制经济同商品经济的结合，从经济运行过程来看，是计划机制与市场机制、计划调节与市场调节的结合。市场调节与价值规律调节既相一致又有区别。价值规律调节生产的比例，是从运动过程中的总的趋势来看的，是通过价格涨落的平均数趋于价值而实现的。不能把价值规律调节生产的作用只归结为随着价格的每次涨落而引起的生产的相应增减。因为某种商品价格上涨，可能引起许多生产者一哄而上，生产猛增，供过于求；而某种商品价格下落，又可能引起生产者一哄而下，生产骤减，供不应求。随价格涨落而引起生产的增减和需求的变化，这正是市场调节的作用。而价值规律调节生产比例的作用，就是通过市场调节作用实现的。市场调节的总和构成价值规律的调节。市场直接调节的是市场供求关系的变化，而价值规律调节的是生产与消费的平衡，是社会总劳动时间按社会需要比例在各生产部门之间的分配。

从上面的说明可以看出，市场调节和价值规律调节的功能不同于计划调节，计划调节是事前的，而市场调节和价值规律的调节是事后的。事前调节和事后调节的总目标是一致的，因而两者可以统一起来。从这方面看，社会主义公有制经济同商品经济并不是截然对立的，而是能够有机地结合起来。

社会主义公有制经济同商品经济的统一，是社会主义经济发展的客观要求。既有统一的可能，又有统一的必要。但是，在两者的统一中，有一个谁适应谁的问题。近几年来，理论界有一种流行的提法：适应商品经济发展的要求改革所有制。似乎所有制只应单方面地适应商品经济的发展要求而变革。毋庸讳言，最适宜于商品经济发展的所有制形式，是资本主义私有制。资本主义经济与商品经济如水乳交融，自发地融为一体，并使商品经济发展为普遍的形式。但我们决不能为发展商品经济而变社会主义公有制为资本主义私有制。我们所要强调发展的是公有制基础上的有计划的商品经济。因而，有必要重新认识社会主义公有制与商品经济究竟是谁为谁服务的问题。过去，我们明确地讲，发展商品生产和商品流通，为社会主义经济服务，近些年来不再这样讲了。因为把商品经济与社会主义经济等同起来了。有些论著中，事实上是把商品经济自身看作是目的了。于是变成了社会主义公有制经济要为商品经济服务，而不是相反。

应当明确：是社会主义公有制内部的经济条件决定商品经济的存在，而不是商品经济决定社会主义所有制的存在。因此，应是商品经济适应社会主义公有制的性质而发展。如果说，社会主义所有制也应适应商品经济发展的要求而改革，那应是指社会主义公有制实现的具体形式的改革，如企业具有经营权，能够独立地自主经营、自负盈亏等，并可以进一步探求适应商品经济发展的所有制实现形式的其他改革措施。但这种改革不会也不应损害和动摇公有制本身。总的来说，应是商品经济适应社会主义公有制的本质规定而发展；而社会主义公有制的具体实现形式则应适应商品经济发展的要求而进行改革。

（三）社会主义有计划的商品经济的优越性

1984 年党的十二届三中全会通过的《中共中央关于经济体制改革的决定》中提出了计划经济是公有制基础上有计划的商品经济。学界对此作为重大的理论发展进行讨论。所谓有计划的商品经济，就是受计划指导和调节的商品经济。它与在人类历史上存在和发展了几千年的完全自发的和盲目的商品经济不同，更与资本主义市场经济不同。

有一种颇有代表性的观点认为：计划经济同商品经济是根本对立的，不相容的，二者只能是此消彼长的关系。根本原因在于二者存在的条件和运行机制是完全不同的，是对立的。社会主义经济是公有制基础上的有计划的商品经济的论断缺乏科学性。你的计划经济那么好，怎么又来搞商品经济；又不放心，还让计划来管商品经济。……恐怕计划带来的损失远远超过商品经济带来的损失，而商品经济的效益远远超过计划经济带来的效益。……搞有计划的商品经济就是限制商品经济的发展。这里包含三层意思：一是把计划经济与商品经济从根本上对立起来，用商品经济否定计划经济；二是认为计划经济带来的效益小而损失大，而商品经济则相反；三是反对实行有计划的商品经济，主张无计划的商品经济，因为计划会限制商品经济的发展。

需要从理论上说明，社会主义为什么可以实行有计划的商品经济；有计划的商品经济比起无计划的商品经济和资本主义市场经济来，有什么优越性。

当时，党的十二届三中全会的决定还强调实行计划经济、有计划的商品经济，就是计划经济与商品经济相结合的经济。不能把计划经济同经济计划相等同。计划、计划调节、计划经济是既联系又有所区别的范畴。计划是主观的东西，也是主观见之于客观的东西，它可能正确，也可能不正确，主观唯意志论的计划是违反社会主义要求的。计划调节是指自觉地、有计划地实现社会总劳动时间的按比例分配，从而实现国民经济有计划按比例的发展。错误的计划不能实现计划调节，反而会造成比例失调。计划经济不仅要求实行计划和计划调节，还要求社会主义经济关系体系各个方面的建立、发展、完善和协调等都是自觉的、有计划的过程。因此，不能把我国过去计划工作中的失误所造成的损失都归咎于计划经济。计划经济也不是由于对搞商品经济"不放心"

和为了"限制商品经济的发展"而实行的，从社会主义发展史上看，有社会主义制度就要有计划经济。因为社会主义是不能在生产的无政府状态中建立和发展的。当时认为社会主义既要实行计划经济，又要实行商品经济，因而社会主义商品经济只能是有计划的商品经济。

在实行社会主义市场经济的体制模式后，历届有关中央文件肯定十二届三中全会的决定时，将原来的提法即"计划经济是公有制基础上有计划的商品经济"，改为"社会主义经济是公有制基础上有计划的商品经济"。

社会主义有计划的商品经济的优越性在于：

第一，它把社会主义总的经济利益关系的一致性，同具体经济利益关系的差异性有机地统一起来。计划经济首先要保证公有制经济利益的整体性和一致性，要在保证国家（社会）利益和共同利益的前提下来实现企业和个人的利益。但单有计划经济而排斥商品经济，就必然是实行单一的高度集中的指令性计划经济，它难以有效地实现企业与国家之间以及企业与企业之间的利益的差异性，难以有效地调节其利益的矛盾性。单有商品经济而排斥计划调节，就不能保证国家的、社会的整体利益的一致性和统一性，社会主义公有制经济就会受到侵蚀和损害。总之，只有实行有计划的商品经济，才能更好地处理国家、企业同职工个人之间的复杂的经济利益关系。

第二，实行有计划的商品经济，可以通过计划机制的功能，削弱和减少商品经济的不可避免的自发性和盲目性。形成用"看得见的手"去引导"看不见的手"的运行机制。任何商品经济，在市场机制的作用下，必然要自发地追求本位利益。中共中央《关于经济体制改革的决定》中指出："应该看到，即使是社会主义的商品经济，它的广泛发展也会产生某种盲目性，必须有计划的指导、调节和行政的管理"。公有制基础上的有计划的商品经济，同私有制基础上的基本上由市场自发调节的商品经济包括资本主义市场经济的一个重要区别是，前者能够在总体上自觉地、有计划按比例地发展国民经济，从而避免在资本主义市场经济中所存在的生产无政府状态和周期性经济危机。

第三，实行有计划的商品经济，就是要把计划调节与市场调节有机地结合起来。既发挥计划调节的统一性，又发挥市场调节的灵敏性。单有集中的计划调节，在现有条件下，容易把企业搞死，失去活力。单有市场调节，失去宏观控制，难以克服和超越市场调节自身的局限和缺陷，会出现经济的浪费和混乱。实行有计划的商品经济，就既可以实行宏观调控，使商品经济遵循社会主义方向和沿着平衡与协调的轨道发展；又可以搞活微观经济，使企业在商品经济特有的动力机制和竞争压力下奋发前进。可见，实行有计划的商品经济，不是要用计划限制商品经济的发展，而是要使它更好地健康发展。

第四，有计划的商品经济能够适应生产高度社会化的现代经济和社会主义公有制经济的需要。市场并不是万能的，在现代经济中，特别在公有制经济中，重要基础设施的建设和发展，产业结构的优化和重点产业的发展，国民经济重要比例关系的平衡和调整，整个社会经济秩序的维护和重要经济利益关系的协调，等等，市场是起不了多大作用的，需要依靠计划调节来实现。

在现代社会条件下，连西方国家的一些经济学家也在研究市场自发调节的缺陷，探求"克服市场本身所固有的盲目性"的途径，因而不再简单赞美亚当·斯密的"看不见的手"的作用。第二次世界大战后，一些资本主义国家也在搞"经济计划"，就是为了弥补市场作用的不足。由于私有制的存在，西方国家的经济计划无论在范围上和程度上都有局限性，既不能从总体上实现国民经济有计划按比例地发展，也不能避免生产的自发性和盲目性以及周期性经济危机，更不能克服市场调节分配中的两极分化、贫富悬殊的现象。

二、社会主义市场经济理论与实践的历史回顾与评析

有关社会主义市场经济的论文、专著、典籍、读本等已有成千上万。但笔者感到有几个比较重要的问题，还没有讲清楚。或是有所回避，或是没有深入研究，或是相互因袭、人云亦云。笔者认为，从真正的理论研究和科学探讨的精神出发，对我国社会主义市场经济理论与实践所经历的曲折复杂过程，做一些历史回顾与评析，并非是多余的，这里扼要讲几个问题。

（一）为什么我国在长时期中认为社会主义不能完全实行市场经济

这个问题既有理论背景，也有历史背景，还有现实背景。所谓理论背景，就是：

第一，马克思主义创始人乃至社会主义运动的长时期中的主流观点都曾认为，在社会主义制度中商品经济将会消亡。后来，社会主义实践逐步突破了这种认识，所有社会主义国家都认识到发展商品经济的必要性。但是，关于市场经济的问题，从概念到理论，中外社会主义国家，在改革以前，有些国家直至改革前期，都没有展开讨论过。苏联即使在肯定和发展了商品经济后，也没有提出市场经济问题。这大概与列宁的一个论断有关。列宁在1906年的《土地问题和争取自由的斗争》一文中明确提出："只要还存在着市场经济，……世界上任何法律都无法消灭不平等和剥削"。列宁将市场经济与计划经济看作是两种对立的制度。他说，"只有建立起大规模的社会化的计划经济"，将生产资料转归劳动者阶级所有，"才能消灭一切剥削"。

第二，在市场经济问题上，西方国家的主流思想同马克思列

宁主义的观点，在长时期中认识上是一致的。即都把市场经济与私有制相联系，乃至与资本主义相联系。早在20世纪20～30年代进行的经济大论战中，西方经济学家就把市场经济与社会主义对立起来。1922年，维也纳大学教授米塞斯（Mises）发表论文，认为在社会主义公有制下，不可能存在真正的市场和合理的经济计算，也不可能有有效率的资源配置。他认为，市场和价格的形成功能同生产资料私有制的社会分不开，而"市场是资本主义社会制度的核心，是资本主义的本质。"他把市场经济与社会主义都看作是社会制度，最后的结论是"二者必居其一，要么是社会主义，要么是市场经济。"① 就是说，要社会主义就不可能有市场经济；要市场经济，就得放弃社会主义。

西方的重要经济学著作和有关文献，乃至新闻媒体和政要言论，一直把市场经济与私有制、与资本主义相联系。如日本所著我国出版的《现代日本经济事典》中所提出的市场经济制度的三个基本原则，第一条就是"私有财产制度"，并强调说"私有财产制度是市场经济制度中最具有代表性的制度"。② 在西方具有权威性的《简明不列颠百科全书》，在"资本主义"一条开宗明义地讲，资本主义"亦即自由市场经济"。在西方著作中，也有将市场经济看作是运行方式或组织方式的，即完全由供求关系或市场机制调节经济。但从多数西方发达国家来看，其一般均以私有制或资本主义为既定前提。

第三，马克思主义和科学社会主义在长时期中认为，资本主义经济完全由市场机制或价值规律自发调节，导致生产无政府状态和周期性经济危机。社会主义经济应由计划来调节，而计划是以社会需求为根据的。恩格斯讲：在社会主义社会中，"社会的生产无政府状态就让位于按照社会总体和每个成员的需要对生产

---

① 《现代外国经济学论文选》第九辑，商务印书馆1986年版，第63～67页。
② 《现代日本经济事典》，中国社会科学出版社1982年版，第61页。

进行的社会的有计划的调节"。① 马克思列宁主义创始人认为，自觉的计划调节比自发的市场调节可以更合理地利用和配置资源，有效实现国民经济各部门间的比例关系。后来的实践中的社会主义和社会主义经济理论，是以此作为指导思想的。

所谓历史背景是：资本主义的产生与发展，始终离不开市场机制，离开市场就不会有资本主义。直到"二战"前的四五百年中，资本主义经济就是实行没有国家经济计划的市场经济（尽管在企业内部特别是股份公司和托拉斯内部是有组织有计划的）。"二战"后，许多资本主义国家才开始实行经济计划，以弥补市场经济的不足。而苏联和随后的其他社会主义国家，都实行公有制基础上的计划经济。计划经济也确曾显示过它的优越性。苏联在"二战"前的几个五年计划时期内，走过了其他经济发达国家在一百年内才走完的工业发展道路。特别在 1929～1933 年资本主义世界发生经济大危机期间，苏联经济却蓬勃发展，形成了鲜明的对比。在"二战"中遭受严重损失和破坏的苏联，战后迅速恢复和发展了经济，并成为可与美国抗衡的超级大国。我国在社会主义建设的前期阶段，计划经济也曾起过重大作用。我们应该历史地看待和分析这个问题。历史事实是，资本主义国家实行了几百年的市场经济，而社会主义国家则在长时期中实行计划经济。即使 1984 年中共中央《关于经济体制改革的决定》肯定我国实行商品经济，也还同时强调计划经济与商品经济的统一；提出"社会主义计划经济……是在公有制基础上的有计划的商品经济"，这一论断被看作是社会主义经济理论和改革理论的重大突破。《决定》继续强调计划经济，而且专门写了一段讲计划经济优越性的话："社会主义社会在生产资料公有制的基础上实行计划经济，可以避免资本主义社会生产的无政府状态和周期性危机，使生产符合不断满足人民日益增长的物质文化生活需要的目

① 《马克思恩格斯文集》第9卷，人民出版社2009年版，第296页。

的，这是社会主义经济优越于资本主义经济的根本标志之一。"

由此可见，把市场经济与资本主义相联系，把计划经济与社会主义相联系，不仅有东西方一致的理论认识上的原因，也还有长期历史发展事实的原因。在一定意义上说，市场经济与社会主义计划经济相对立的理论，正是资本主义国家和社会主义国家历史发展事实的反映。

所谓现实背景是：

自社会主义国家进行经济体制和政治体制改革以来，西方国家试图通过鼓励和支持社会主义国家实行市场经济和民主政治（政治多元化）以达到其和平演变的目的。例如，1988 年 8 月 11 日的《华尔街日报》在题为《战略转变：美国重新确定安全政策》一文中，提出"共产主义作为一种意识形态正在衰败"，在此形势下，美国"新的安全政策……的目的是促进积极的变化，诸如在'第三世界'甚至在东方集团内扩展民主概念和市场经济"。西方国家援助苏东，进行经济合作的条件，就首先包括实行市场经济和多党政治。根据法新社巴黎 1989 年 7 月 16 日电，美国总统在七国首脑会议结束后举行的记者招待会上讲：尽管戈尔巴乔夫表示准备进行经济合作，参加发达工业化国家的首脑会议，但美国"考虑这种意见之前，苏联应发生'许多事'，特别是向市场经济变化"。据国外媒体报道：1990 年 6 月 27 日，美国总统在同记者谈话时说，只有在莫斯科作出转向市场经济的"彻底的改革努力之后"，才能向苏联提供数十亿美元。并说，在苏联经济变成市场经济之前，美国只向它提供技术帮助。当戈尔巴乔夫肯定"向市场经济过渡是毋庸置疑的"并付诸实施之后，1990 年 7 月，西德总理科尔说："西德政府已答应为苏联向市场经济过渡提供 31 亿美元的贷款。"根据 1990 年 5 月 2 日路透社布鲁塞尔电，欧共体执委会公布一项计划，允许最富有的国家帮助东欧 5 国转向市场经济。"24 国集团的主张是向需要援助的国家提供紧急食品援助，并帮助它们建立和实行市场经济。"

　　西方国家之所以援助原社会主义国家实行市场经济，是因为它们把市场经济与私有制联系在一起。世界银行在考察了苏联、东欧各国从中央计划经济转向市场经济的改革后，同样认为转向市场经济实践中要求私有化。但它主张"在改革顺序上，大规模私有化不会放在前面。但是，为了解决延误私有化的风险，就需要尽早在法律上作出承诺……即保证在适当时机实行私有制"。[1]

　　正因为党中央认识到西方国家鼓励社会主义国家废弃计划经济、完全实行市场经济的目的所在，因而，当 1987 年 3 月美国国务卿舒尔茨来华向党中央提出废除计划经济、实行市场经济的建议时，被断然拒绝了。外电公开报道了这一事实，并引证了李先念的讲话。李先念的讲话发表在 1987 年 3 月 4 日的《人民日报》等媒体上。他说："外国有人希望我们完全放弃计划经济，只搞市场经济，搞资本主义，全盘西化，这种想法是要落空的。"

　　苏联、东欧社会主义国家开始向市场经济转变时，在领导层有过激烈的争论。而它们在按西方设计的模式向市场经济转变中，实际上放弃了社会主义，转向私有化和资本主义。

　　1991 年 8 月，俄共第一书记波洛兹科夫因反对实行市场经济而辞职。在俄共中央全会上，他批评苏共领导人："真正的反对派是那些把国家推向失控的市场经济、使私有制占主导地位的人。他们通过自己的愚蠢活动，把国家引向毁灭。"

　　又如，根据《新德意志报》1989 年 5 月 9 日报道，民主德国中央政治局委员哈格在战胜法西斯 44 周年纪念会上，批评了"那些不是为了加强社会主义，而是为了消灭社会主义的势力也插手改革"。"绝不允许……让所谓的'社会市场经济'代替社会主义的计划经济，让资本主义谋取利润的剥削制度代替社会主义"。

---

　　[1]　世界银行：《1991 年世界发展报告》，中国财政经济出版社 1991 年版，第 146 页。

当时的苏共中央书记利加乔夫极力反对实行市场经济。早在 1988 年 8 月 5 日，他就改革中的重大问题发表谈话时说："不能绝对按市场经济规律来发展经济"，"要发展社会主义经济中的商品货币关系和市场机制……模仿以私有制为基础的西方市场经济对于以公有制为基础的社会主义经济管理体制来说，原则上是不能接受的"。① 他在同年 6 月还讲过："让我们的经济转入西方市场经济的轨道，社会主义就一无所有了。"

在改革过程中的苏东国家，无论是反对市场经济或是主张市场经济的，都把市场经济与私有化相联系，而没有像我国那样，提出和实行以公有制为主体的社会主义市场经济。正因为这样，苏东国家按照西方的要求和设计，将经济市场化同政治多元化、经济私有化、国家非社会主义化结合在一起，导致社会主义的全面蜕变和最终解体。

（二）进一步学习和研究邓小平的市场经济思想

应弄清这样三个问题：一是邓小平在改革开放以来的前一时期中，是赞同和支持计划经济为主、发挥市场调节的辅助作用的指导思想的。二是邓小平的市场经济思想也是有一个发展过程的，因此，需要用发展的观点去理解与把握。三是邓小平把市场经济区分为两种：一种是与资本主义经济相结合的市场经济；另一种是与社会主义经济相结合的市场经济，即社会主义市场经济。

关于第一个问题。在邓小平主持起草、1981 年 6 月通过的中共中央《关于建国以来党的若干历史问题的决议》中，写上了"必须在公有制基础上实行计划经济，同时发挥市场调节的辅助作用"。这一改革的指导思想，同样写入了 1981 年的《政府工作报告》和 1982 年通过的我国宪法之中。党的十二大报告进一步明确提出"计划经济为主、市场调节为辅"的原则，并强调

① 《人民日报》1988 年 8 月 8 日、8 月 16 日。

正确贯彻这一原则"是经济体制改革中的一个根本性问题"。这一"为主"、"为辅"的原则，在党的十二大以后包括 1984 年的《政府工作报告》中都被继续强调。这些重要文献都是在作为党中央第二代领导核心的邓小平同志的领导和指导下完成的。现在，经常被引用来作为邓小平最早提出社会主义市场经济的谈话，即 1979 年 11 月 26 日会见外宾时的谈话，其实也是在计划经济为主、发挥市场调节的辅助作用的总框架中阐述市场经济问题的。邓小平讲："社会主义为什么不可以搞市场经济，这个不能说是资本主义。我们是计划经济为主，也结合市场经济"。这里同样强调"计划经济为主"，而且当时指的是指令性计划经济为主。在占主体地位的指令性计划经济中，是难以实行现在这样的市场经济的。谈话中讲的"社会主义为什么不可以搞市场经济"，实际上指的是发挥辅助作用的市场调节。我们在前面讲过，不作计划、由市场自发调节的那部分经济，就是起"辅助"作用的市场经济，是社会主义公有制内部的市场经济即社会主义市场经济，因而与中央其他领导同志和中央有关文件中的认识是一致的。

还有一个佐证：邓小平同志在 1980 年 1 月的讲话《目前的形势和任务》中有一个提法即"计划调节和市场调节相结合"，在 1983 年出版《邓小平文选》（1975～1982 年）时，修改为"在计划经济指导下发挥市场调节的辅助作用"。虽然这是为了与中央的统一提法相衔接。1994 年出版《邓小平文选》第 2 卷时，又将这句话改了回来。

关于第二个问题。邓小平同志关于计划经济与市场经济问题的思想，也是有一个发展过程的。先是赞同"计划经济为主"、发挥市场调节的辅助作用的提法。后来认识有了变化，1987 年 2 月，邓小平同几位中央负责同志谈话时讲："我们以前是学苏联的，搞计划经济。后来又讲计划经济为主，现在不要再讲这个了。"循此指导，同年召开的党的十三大报告中，不再提计划经济为主及其优越性。在长时期中，马克思主义理论和社会主义国家的认识，一直把计划经济作为社会主义经济的特点和制度性内容。1978 年 10 月 11 日，邓小平在《工人阶级要为实现四个现代化作出优异贡献》一文中，曾批评"四人帮"扶持的"一批坏人"，"反对社会主义的计划经济，反对各尽所能、按劳分配的原则……"同样把计划经济与社会主义联系在一起。在邓小平完全肯定并大为赞扬的《关于经济体制改革的决定》中依然将计划经济作为社会主义经济制度的属性来强调，认为计划经济"是社会主义优越于资本主义经济的根本标志之一"。1990～1992年，邓小平突破传统认识，提出计划经济与市场经济"都是手段"，特别是在 1992 年"南方谈话"中指出，计划经济不等于社会主义，市场经济不等于资本主义，突破了将计划经济与市场经济作为区分社会主义和资本主义的制度性范畴。不再把计划经济作为社会主义制度的特点，就为扩大市场经济的范围、实行社会主义市场经济体制，提出了理论和思想认识的基础。①

　　关于第三个问题。邓小平同志在 1979 年 11 月 26 日同外宾谈及市场经济问题时，实际上讲了两种市场经济：一种是资本主义经济意义上的市场经济；另一种是市场调节意义上的社会主义市场经济。先是美国吉布尼提问：是不是可能在将来某个时候，虽然中国仍是个社会主义国家，但在中国社会主义制度范围之内，在继续中国社会主义经济的同时，也发展某种形式的市场经济？客人的提问，显然是指与社会主义公有制经济不同的、当时还不存在、"将来某个时候"可能出现的非社会主义经济的市场经济。邓小平顺着这个提问回答说："这个只能是表现在外资这一方面。就我们国内来说，不存在这个问题。我们国内还是全民所有制，或者集体所有制。也可能包括一部分华侨的投资，这部分也可能是资本主义经济的形式……外资是资本主义经济，在中

---

　　① 卫兴华：《关于社会主义市场经济理论与实践的历史回顾与评价》，载于《高校理论战线》2000 年第 1 期。

国占有它的地位。但是外资所占的份额也是有限的，改变不了中国的社会制度。"也就是说，邓小平认为，非社会主义经济的市场经济"只能是表现在外资这一方面"，而"外资是资本主义经济"。也可能还有一部分华侨投资的市场经济，这也可能是资本主义经济。当时我国还没有什么私营经济，所以邓小平说就国内来说"不存在这个问题"，即不存在资本主义经济的市场经济。这种涵义上的市场经济，中国国内显然不能全面推行。正因为如此，所以中央文件和领导人的有关讲话一直否定中国会完全实行资本主义经济的市场经济。①

至于市场调节涵义上的非资本主义经济的市场经济，中国已经实行。因此，当加拿大客人林达光从另一个角度提问："您是不是认为过去中国犯了一个错误，过早地限制了非资本主义的市场经济，这方面限制得太快，现在就需要在社会主义计划经济的指导下，扩大非资本主义的市场经济作用？"客人提问的"非资本主义的市场经济"，显然指的是我国在计划经济中开始引入的市场机制调节的作用。顺着客人的提问，邓小平回答说："社会主义为什么不可以搞市场经济，这个不能说是资本主义。我们是计划经济为主，也结合市场经济，但这是社会主义的市场经济。"由此可见，邓小平在这次谈话中讲了两种不同的市场经济，一种是资本主义经济意义上的市场经济，另一种是非资本主义经济的即社会主义经济的市场经济。②

只有既如实理解和把握邓小平的市场经济思想及其发展过程，又如实理解和把握中央有关重要文献和一些主要领导人关于市场经济的讲话，才能正确理解我国社会主义市场经济理论和实践发展过程的曲折性与复杂性。③

正因为对市场经济的内涵有多种界定，有的界定与私有制和

①②③ 卫兴华：《关于社会主义市场经济理论与实践的历史回顾与评价》，载于《高校理论战线》2000年第1期。

资本主义联系起来，所以，当中央文件和某些主要领导人的讲话从与私有制和资本主义相联系的意义上否定我国实行市场经济或完全实行市场经济时，邓小平同志并不表示异议，有时还正面表示同意。而当涉及我国应充分发挥市场调节的作用、实行社会主义市场经济时，邓小平同志是积极倡导和支持的。我们现在实行的社会主义市场经济，是对市场经济作了新的界定的，既超越了与私有制或资本主义联系的理解，也超越了原来的完全由价值规律自发调节、"无政府"、"盲目性"生产的理解。市场经济是通过市场调节作用由市场机制配置资源的社会经济。社会主义市场经济，是在社会主义条件下的市场经济，即社会主义基本制度与市场经济相结合的经济。这样的市场经济自然可以从总体上实行了。[①]

三、分清商品经济与市场经济的关系

（一）商品经济与社会主义商品经济辨析

"商品经济"这个概念，在西方的论著和经济学教科书中，一般不使用。西方经济学辞典包括权威性的《新帕尔格雷夫经济学大辞典》中，都没有"商品经济"辞目。在我国社会主义制度下，在1984年《中共中央关于经济体制改革的决定》（以下简称《决定》）发表以前，"商品经济"一词在中央文件中没有使用过，过去只用商品生产、商品交换等概念。在我国以往经济学论著中，"商品经济"也使用不多。张闻天同志较早地使用过，他说："苏区经济的主要特点之一是农业的小生产的商品经济占绝对的优势。"[②] 1984年《决定》发表以后，"商品经济"

---

① 卫兴华：《关于社会主义市场经济理论与实践的历史回顾与评价》，载于《高校理论战线》2000年第1期。

② 《张闻天文集》，中共党史出版社1993年版，第340页。

和"社会主义商品经济"的概念和提法才在我国被普遍应用。

对"商品经济"和"社会主义商品经济"的内涵，经济学界的理解并不一致。先说商品经济。有人认为，商品交换就是商品经济；有的则认为只有当商品生产普遍发展取代自然经济而成为占主导地位的经济时，才成为商品经济；有的学者曾经认为，商品经济同私有制相联系，与社会主义不相容，认为社会主义制度下应只讲商品生产和商品交换。

其实，商品经济无非是商品生产与商品流通的统称。马克思在自己的著作中虽然没有使用"商品经济"这一概念，但他广泛使用商品生产、商品交换、商品流通等概念，实际上这同商品经济的内涵是一样的。在列宁的著作中，曾广泛使用商品经济的概念。由于远在奴隶制社会和封建主义社会就存在和发展着商品生产和商品流通，因而列宁经常讲到资本主义前的商品经济。他把"大资本"即资本主义经济和"独立的小生产"即个体经济看作"是商品经济的两种形式。"他指出："商品经济早已形成，而手工业只不过是其中的一个成员而已。"①

社会主义实践突破了马克思主义者曾信奉了一百年左右的社会主义不存在商品生产和商品流通的传统观念。实践证明社会主义社会还需要大力发展商品生产和商品流通，因而社会主义还要存在和发展商品经济。有的学者认为，当社会主义社会的生产力发展到一定阶段以后，商品社会主义就转入产品社会主义。笔者认为，整个社会主义阶段，要存在和发展商品经济，不会出现一个消除商品经济的社会主义高级阶段。社会主义初级阶段，发展商品经济是与发展社会生产力不可分割的迫切任务。在社会主义高级阶段，商品经济不但不会消亡，而是将会获得更充分的发展。

商品经济是在社会分工和不同所有者或不同利益主体存在的

----

① 《列宁全集》第2卷，人民出版社1984年版，第164、316页。

条件下，不同生产者和经营者之间劳动联系的一种社会形式和方式。因而商品经济自身所体现的经济关系是劳动的社会关系。诸如具体劳动转化为抽象劳动、私人劳动（或局部劳动）转化为社会劳动、个别劳动转化为社会必要劳动、复杂劳动转化为简单劳动等的关系。这种关系也是一种经济利益关系，但它是一般的、存在于不同社会制度中的经济利益关系。商品生产和商品流通所要解决的问题，是社会分工条件下，不同利益主体在生产和经营的单一性同消费需要的多面性之间的矛盾，同时还可增加各自的比较利益，从而节约劳动耗费。这并不涉及特定性质的社会经济关系，如资本主义关系还是社会主义关系等。但是，又要讲资本主义商品生产、社会主义商品生产，或讲资本主义商品经济、社会主义商品经济等。这是否表明商品生产、商品经济自身具有姓"资"姓"社"的规定性呢？答案是否定的。商品经济不是社会制度范畴，不能表明任何社会经济制度的特点。反映商品经济本质关系的商品经济规律如价值规律、供求规律、价格运动规律、货币流通规律等，在任何社会的商品经济中都起相同的作用，不具有社会制度性属性。讲资本主义商品经济，无非是指以资本主义私有制为基础的商品经济，是与资本主义生产关系相融合的商品经济，或者说，是在资本主义经济关系下存在和发展的商品经济。资本主义一刻也离不开商品生产和商品流通。同样，讲社会主义商品经济，就是指以社会主义公有制为基础的商品经济，是与社会主义生产关系相融合的商品经济，或者说，是在社会主义经济关系下存在和发展的商品经济。党的十三大和十四大的报告中都讲过："社会主义经济是公有制基础上有计划的商品经济。"也可以说，社会主义商品经济是公有制基础上的有计划的商品经济。这一点，党中央和中央政府的有关文献中一再阐述过。例如，在党的十三大报告中明确指出："社会主义商品经济与资本主义商品经济的本质区别，在于所有制基础不同。建立在公有制基础上的社会主义商品经济……"。社会主义经济与非社会主义经济的并存，是社会主义商品经济与非社会主义商品经济并存的基础。社会主义经济是指公有制经济，非社会主义经济是指私有制经济。这种区别在邓小平同志的著作中讲得很清楚。他说："外资是资本主义经济"。[①] 他把以公有制经济为主体、非公有制经济为补充，与以社会主义经济为主体、非社会主义经济为补充，作为含义相同的提法通用。在他的著作中，一再强调以公有制为主体这一"社会主义根本原则"，同时也讲"我国是以社会主义经济为主体的"。[②] 他还指出：个体经济、外资经济都是对社会主义经济的补充。[③]

　　笔者在这里之所以讨论这个问题，是因为在社会主义经济内涵问题上存在不同的理解。有两种观点值得商榷。一种观点认为，我国现存的多种经济成分，不管公有制还是私有制经济，都是社会主义经济，因而都是社会主义商品经济；另一种观点认为，私营经济、外资经济是资本主义经济，但不是资本主义商品经济，而是社会主义商品经济。或者说，从微观看是资本主义经济，从宏观看是社会主义商品经济。笔者认为，第二种观点在理论逻辑上是混乱的，它不如第一种观点在逻辑上具有一贯性（虽然第一种观点在理论上难以成立）。

　　某种经济成分的性质，或某种经济成分的商品经济的社会性质，不能从微观和宏观两个层次上去考察，否则就会具有两种截然不同的性质。经济学是科学，而不是变戏法。比如，当资本主义经济成分或资本主义商品经济在 14 世纪的地中海沿岸开始产生时，封建主义经济还占统治地位，但不能说从微观看它是资本主义经济或资本主义商品经济，而从宏观看，它是封建主义经济或封建主义商品经济。无论判断经济成分的性质，或是判断该种

---

①　《邓小平文选》第 2 卷，人民出版社 1994 年版，第 235 页。
②　《邓小平文选》第 3 卷，人民出版社 1993 年版，第 65 页。
③　《邓小平文选》第 3 卷，人民出版社 1993 年版，第 138 页。

经济成分的商品经济的社会性质，都不能从它的外部关系或它在国民经济中所占的比重作出判断。而必须从它的内部关系，即所有制关系、生产资料与劳动者相结合的方式和关系、分配关系等方面着眼，判断其性质。如果割断比如资本主义商品生产过程或社会主义商品生产过程的内部关系，单纯看商品交换行为和关系，那么就很难看清它体现着何种性质的社会经济关系。即使在资本主义制度下，如果单从商品交换领域看雇佣劳动与资本之间的劳动力买卖关系，那么，如马克思所说："这个领域确实是天赋人权的真正伊甸园。那里占统治地位的只是自由、平等、所有权和边沁。"① 而有的学者在论述我国多种经济成分的商品经济时，却硬是要割断各种经济成分内部的商品生产过程及其关系，单从不同经济成分之间的商品交换过程着眼，先说它们没有"私"、"公"、"资"、"社"的区分，继而又说它们统统姓"社"，都是社会主义商品经济！谁不这样看，谁就是"左"。这是一种非科学的研究和判断问题的方法。

我们区分社会主义商品经济和非社会主义商品经济（包括资本主义商品经济和小商品经济），并不是要对之有所厚薄，而是一种客观分析。在实行社会主义经济为主体、多种经济成分共同发展的条件下，必然会相应地在多种商品经济中存在社会主义商品经济为主体，对非社会主义商品经济也要鼓励其健康发展。党的文献中一再强调"商品经济的充分发展，是社会经济发展的不可逾越的阶段"，而商品经济的充分发展应当包括非社会主义商品经济在内。顺便指出，有的论著中把上述论断改变成"商品经济是社会经济发展不可逾越的阶段"，是不正确的。因为后一种论断失去了任何理论意义和实践意义。商品经济远在奴隶社会就存在，它已存在和逐步发展几千年了。在我国，商品经济的存在和发展已有三千年以上了。据经济史专家傅筑夫的研究，"中国

---

① 《马克思恩格斯文集》第5卷，人民出版社2009年版，第204页。

的商品经济出现很早，在早期阶段——从春秋末年到西汉中期约四百多年当中，发展还是相当迅速的，达到的水平也是相当高的。"① 由于各种社会、政治与经济因素的变化，我国商品经济的发展经历了时缓时快、时而停滞和被破坏的曲折过程。但不管怎样，包括中国在内的任何一个现代国家，都有商品经济长期存在和发展的社会经济史，根本不存在也不可能出现逾越商品经济的问题。说"商品经济是社会经济发展不可逾越的阶段"，这是中外经济史已经表明了的事情。正如中外经济史也表明：自然经济是社会经济发展不可逾越的阶段。原始社会的两三百万年中实行自然经济，奴隶社会与封建社会的几千年中，自然经济占统治地位，这也是社会经济发展不可逾越的阶段，想逾越也逾越不了。然而，把经济史上的事实，拿到我国改革与发展的现实中来加以强调，有什么针对性和意义呢？讲"商品经济是社会经济发展不可逾越的阶段"，同讲"自然经济是社会经济发展不可逾越的阶段"，道理是一样的，都无助于指导我国的改革与发展实践。"商品经济的充分发展是社会经济的发展不可逾越的阶段"，这一论断是有针对性和具有理论与实际意义的。任何国家，在其社会经济发展的历史中，不仅必然会由自然经济发展到商品经济，而且必然要经历一个商品经济充分发展的阶段。一般来说，凡是资本主义获得高度发展的国家，商品经济也获得了充分发展。而我国社会主义社会，是在生产力和商品经济落后的条件下，逾越了资本主义的高度发展而建立起来的。在"左"的理论与政策下，曾把现有的商品经济看作产生资本主义的土壤而加以限制。毛泽东曾批评过某些所谓的马克思主义者在搞"人民公社"时试图消灭商品经济。商品经济与社会主义不相容的传统观念影响深远。实际上，包括我国在内的一些社会主义国家曾想逾越商品

---

① 傅筑夫：《中国古代经济思想史概论》，中国社会科学出版社 1981 年版，第 198 页。

经济充分发展的阶段。实践证明这是逾越不了的。我们必须补上商品经济充分发展这一必修课。这样才会摆脱教条主义观点和方法，突破有关传统观念的束缚；才会提出和坚定大力发展社会主义商品经济的理论；才会选择市场取向的改革；才会把发展商品经济与实现我国现代化联系起来而予以重视。

（二）市场经济与社会主义市场经济辨析

马克思主义与非马克思主义、社会主义国家与资本主义国家，在市场经济问题上，主流的或主导的思想认识，在一个长时期中，达到了相互的一致。即认为：资本主义实行市场经济，社会主义实行计划经济。我国实行市场取向的改革以后，市场调节的作用不断扩大，但依然认为不能完全或全面实行市场经济。这与对市场经济内涵的理解和界定有关。市场经济是随私有制商品经济的产生和发展而形成的。在西方国家没有商品经济概念，因而不存在商品经济与市场经济这两个概念及其区别。资本主义使市场经济发展为成熟的、典型的市场经济，但是，"市场经济"概念的出现，却远远滞后于市场经济和资本主义市场经济实践的发展。这个问题在第一章中已经论述过，社会主义以前的社会经济一般是自发发展过来的。因而往往是先有某种社会经济制度和经济运行方式的产生与发展，然后才通过理论分析与概括，将其抽象为一定的、公认的概念。

正是由于资本主义社会经济是自发产生与发展的，因而是先有资本主义经济和市场经济长期发展的历史事实，后有相关的经济范畴的出现和应用，这样，西方经济学就不存在西方国家要不要和能不能搞市场经济、要不要和能不能搞资本主义一类的问题和争论，只会提出它好不好或有什么缺陷的问题。而社会主义国家，则不可能先有社会主义经济的长期自发发展，等待上百年甚至几百年后，再提出相关的理论和概念。什么是社会主义？怎样搞社会主义？没有现成的、典型的、成熟的社会主义制度可资借鉴。在社会主义国家建立初期，往往一是请教马克思主义经典作家；二是排斥被看作与社会主义截然对立的资本主义特点的东西；三是后建立的社会主义国家以先建立的社会主义国家为师。但是，据此发展社会主义，又会碰到预计不到的问题和困难，于是就得不断进行探索。这样，社会主义经济理论和实践就出现了这个经济概念能不能用，那个经济模式能不能搞的问题和争论。这是有其历史和现实根源的。

关于社会主义与市场经济是否相容的问题也属于这类问题。马克思、恩格斯所生活的时代，没有市场经济概念。列宁最早提出市场经济和计划经济相对立的思想。他在 1906 年的《土地问题和争取自由的斗争》一文中明确写道："只要还存在着市场经济"，就"无法消灭不平等和剥削"。"只有建立起大规模的社会化的计划经济"，一切生产资料转归劳动者阶级所有，"才可能消灭一切剥削"。从与马克思主义的科学社会主义相对立的西方舆论来看，西方直到现在，一些有影响的经济学著作、新闻媒体或政要的言论，大都依然把市场经济与私有制乃至资本主义相联系。他们到现在也不会接受公有制为基础的市场经济理论与实践，他们鼓励社会主义国家的改革走私有化市场经济的道路。例如美国著名经济学家弗里德曼（Fridman）在 1990 年 6 月的《中国的经济：问题与前景》的报告中说："你们需要一个市场经济，你们需要一个私有制的市场经济，你们需要一个私有制的自由市场经济。"中国熟悉的匈牙利学者科尔内（Cornell）也曾通过美国之音劝中国实行私有化的市场经济。

再从社会主义中国的经济思想来看，我国直到 20 世纪七八十年代以前，无论从中央的指导思想看，还是从中国有影响的经济学家的理论观点看，都不认同我国放弃计划经济实行市场经济。党中央和国务院正式发表的文件和其他重要文献乃至宪法的规定，都有明确说明，无须引证。直到邓小平同志 1992 年南方谈话后，情况方发生了根本性变化。至于我国经济学界虽然个别学者也提过"市场经济"一词，但与现在实行的社会主义市场经济的内涵是不同的。有人认为，既然商品经济是通过市场交换的经济，自然也就是市场经济，连市场配置资源的问题都没有涉及。在 80 年代初，倒是有一位大学的经济学教师，提出过应实行"从计划经济变为市场经济"的"较深刻的社会经济变革。"但遭到了几位有影响的经济学家的猛烈批判，说他是主张实行资本主义，而这几位最早批判主张社会主义实行市场经济的观点的经济学家，恰恰是后来大力主张我国应实行市场经济的学者。这也是前述社会主义理论与实践探索中"要不要"和"能不能"的问题与争论在同一些学者思想认识上的反映。

笔者在这里之所以谈论这个问题，是想说明这样一个见解：在社会主义理论和实践的发展中，必然会有也允许有各种不同的探讨性观点。起导向作用的中央的理论观点，也会在探索中有所变化和发展。这都是可以理解的。如果有人离开了这样一个大的前提，而且离开了在市场经济问题上的总的历史背景和传统理论观点，单从个人的好恶和自我的显示情感出发，专对某几个学者因曾引用过某个文献或某种论述中的某几句话，不赞同否定计划经济实行市场经济，便明枪暗箭地进行攻击，甚至断章取义一再歪曲别人观点，扣否定改革的政治帽子，那是一种无助于经济科学发展的、毫无意思的东西。而有人之所以这样做，所恃资本只不过是他曾讲过商品经济就是市场经济这样一种观点而已。

笔者认为，商品经济与市场经济既相联系，又有区别。没有商品经济就没有市场经济，但不是任何商品经济都等于市场经济。不能把商品经济与市场经济等同起来。这是社会主义国家的特点，因为社会主义国家曾长期实行指令性计划经济。计划经济与市场经济相对立，但并不与商品经济相对立。决定资源配置的是计划经济而不是商品经济，市场不起资源配置作用，商品经济不是市场经济。而资本主义经济一开始就面向市场，在市场中求生存、求发展，实践市场经济。不存在先有商品经济，后有市场经济问题。

第一，从我国社会主义商品经济的发展历史来看，新中国成立以来，我国一直存在商品生产和商品交换，即使在"左"的一套理论与政策下，商品生产与交换的发展受到限制，但商品货币关系和市场始终未被消灭过。如果商品经济就是市场经济，那么，新中国一直就有市场经济，"三大改造"后公有制商品经济一统天下，就是实行单一的社会主义市场经济了。这个判断显然是不对的。我国改革以前也存在商品经济，尽管是不发展甚至不完全的，但不能说早有社会主义市场经济存在了。否则，建立社会主义市场经济体制，也就不是改革以来特别是党的十四大以来的新的经济体制的目标模式了，也就谈不上什么理论上的突破与发展了。只不过是过去只称作商品生产与商品交换（或商品经济），没有称作市场经济，现在给它再加上个称谓即市场经济罢了。犹如白薯也称红薯，土豆也称山药蛋一样简单。这就不是理论上的探讨与争鸣，而是一种纯粹的概念之争了。即使过去把市场经济看作资本主义特点的政界和理论界，也没有把商品生产和商品交换看作资本主义的特点。谁都知道，早在原始公社的尽头处就开始商品交换，奴隶社会就有商品经济。

第二，从商品经济与市场的关系看。谁都知道，商品经济要经过市场，没有市场就没有商品经济。但不能由此来界定市场经济。西方和我国过去与现在的主导理论观点，对市场经济的定义和界定，都不是只根据要经过市场这一条作出的。我国过去否定市场经济，并不是因为否定市场。现在提出建立社会主义市场经济体制，是从市场作为资源配置的决定者的角度考虑的，并不是因为现在才认识到商品经济要有市场才作出的新的决策。

第三，社会主义需要存在和发展商品生产与商品交换，这是早在20世纪50年代初就在社会主义国家基本统一了的认识。发展商品生产和交换，我国多数经济学家也早已认同，中央文件也明确提到。在 1958 年建立人民公社时期，毛泽东还强调发展商品生产和交换，强调价值规律是个伟大的学校。1984 年《中共中央关于经济体制改革的决定》中一方面强调社会主义经济是商品经济，另一方面又强调："就总体说，我国实行的是计划经济……而不是那种完全由市场调节的市场经济。"这里把商品经济与市场经济截然区分开来。显然是认为商品经济与市场经济的内涵不同。

党的十四大提出我国经济体制改革的目标模式是建立社会主义市场经济体制。这是对市场经济作了新的界定而提出的。它既超越了市场经济与资本主义相联系，与私有制相联系，也超越了与完全自发盲目、无政府状态相联系，还超越了某些学者与商品经济等同意义上的界定，而是从市场在资源配置中起基础性作用和决定作用进行界定的。

第四，从发挥资源配置功能的角度界定的市场经济，与商品经济的存在也不能等同。讲商品生产或商品经济，是从不同生产者的劳动联系方式着眼的，必须涉及商品生产过程内的特定社会经济性质。而讲市场经济，则主要是从市场机制的功能及其在资源配置中的作用着眼的。商品经济有发展不发展，完全不完全之分。不发展和不完全的商品经济，市场起不了配置资源的作用。市场要起配置资源的作用，就要求市场能对经济起调节作用。并不是在任何商品经济中，市场都起调节作用。我国改革以前，虽然也存在商品经济，但由于实行指令性计划经济，市场机制不完善，功能弱小，起不了调节经济的作用。传统经济体制是排斥市场调节机制的，陈云同志在 1979 年 3 月的《计划与市场》一文中指出：苏联和中国经济工作中"出现的主要缺点：只有'有计划按比例'这一条，没有在社会主义制度下还必须有市场调节这一条。"

所谓市场调节，就是：（1）市场机制调节价格的形成和涨落；（2）市场价格调节企业的经营活动，即调节企业的生产与经营的方向、规模和结构；（3）市场价格的变动调节市场需求的变化；
（4）市场机制调节分配收入的变化和人员的流动。而在改革前的
传统体制下，市场不起这种调节作用。那是因为，（1）价格完全
由国家制定，市场机制不起调节价格的作用。（2）企业生产什
么、生产多少、怎样生产、为谁生产，统统由指令性计划规定，
市场对企业的生产与经营也不起调节作用。（3）由于价格是由
国家统一规定的，且相对固定，不主要取决于供求关系，因而也
调节不了市场需求。至于企业的收入和职工个人的收入多少，同
样与市场机制完全脱节，取决于政府行为，人员也是统一调配，
不能流动。总之，在传统计划经济体制下，市场对经济不起调节
作用，因而市场也就不可能起配置资源的作用，调节经济和配置
资源的是国家指令性计划。这样，改革以前尽管也存在商品经济
与市场，但谈不上市场经济。根据十四大的新的界定，市场经济
是市场机制在资源配置中起基础性作用的商品经济。十八大后，
进一步强调市场经济是市场在资源配置中起决定作用和更好地发
挥政府的作用。

　　实行社会主义市场经济，就是要在公有制经济中特别是在国
有企业中在更大范围和更高程度上发挥市场调节的作用。讲社会
主义市场经济，要重视两点，一是市场经济与社会主义基本制度
相结合，二是市场经济是在社会主义国家宏观调控下运行的。社
会主义市场经济没有先例可循，在我国还只是在探索性实践中。
正因为如此，一些西方经济学家和政治家，以及笔者接触过的一
些日本学者和中国台湾学者，都不理解和怀疑"市场经济"与
"社会主义"相互结合的可能。我国有些学者则一方面提出市场
经济与公有制不相容，宣传市场经济的微观基础是私有制。另一
方面有的学者讲了不少连西方学者也难以接受的对市场经济的过
分赞美的话。萨缪尔森（Samuelson）在其第 12 版《经济学》教
科书中，新加了这类话："在这个时候来讨论市场失灵的情况，
是为了将我们对市场的热情稍稍降温，对'看不见的手'有所

了解之后，我们一定不要过分迷恋于市场机制的美妙"，"'看不见的手'有时会引导经济走上错误的道路"。如果是中国学者讲这样的话，一定会被某些人作为"保守"和"左"的观点予以批评！

尽管党的十四大报告和党的十四届三中全会的《决定》中强调"社会主义市场经济体制是同社会主义基本制度结合在一起的"，社会主义初级阶段的基本经济制度首先包括所有制结构上的"以公有制为主体"和分配制度上的"以按劳分配为主体"，但在我国报刊上相反的言论颇为盛行。党的十四大提出"建立社会主义市场经济体制的中心环节"是"转换国有企业特别是大中型企业的经营机制，把企业推向市场……"，而有的学者则提出国有制与市场经济不相容，主张取消国有制企业。而有人还指责讲党的十四大精神的学者是"唯上"。

根据各种复杂的国内外的政治、经济、社会因素来看，社会主义市场经济的是非、得失与成败，还需要实践来证明。但对当今思潮和理论观点的差异应当理出个头绪。

社会主义国有企业与市场经济是否相容或在何种程度上可以相容，笔者认为是一个可以讨论的问题。我国目前存在和发展着的私有制经济，是市场经济。现代私有制商品经济必然是市场经济。我国提出建立社会主义市场经济体制，着眼点不在于搞活私有制经济，而在于搞活公有制经济特别是在国有企业，而公有制经济特别是国有企业能否与市场经济顺利接轨？应当看到还存在着一些需要理顺的问题，在市场化改革中，出现了大量国有资产流失、权钱交易、买官卖官、腐败丛生、贫富分化等现象，与社会主义本质不相容，需要通过有效治理理顺和消除这类问题，才能最后证明社会主义市场经济的成功！典型的市场经济很容易做到自主经营、自负盈亏、自我发展、自我约束，而国有企业却难以完全实现这个"四自"，往往负盈不负亏、亏损或破产的损失最后落在国家身上；典型的市场经济下企业受利率机制的调节很灵敏，西方国家利率调整一个百分点甚至半个百分点，就会收到其调节经济的作用，而我国国有企业即使贷款利率提高几个百分点，也照贷不误，利率机制起不了多大调节作用；典型的市场经济下，企业实行资产抵押贷款，风险自担，而我国国有企业这样做就无实际意义，因为企业和银行都是国家的；典型的市场经济下，企业以利润最大化为单一目标，容易接受市场机制的调节，而我国国有企业还要完成其社会职能目标，要受国家战略任务的制约，公共产品企业尤其如此；典型的市场机制不一定需要市场机制与计划机制的内在有机结合，而国有企业如排斥计划机制监管，则国有资产必然大量流失，企业会被掏空进而最后瓦解；等等。我国的外资企业、私营企业、中外合资合作企业、非国家控股的股份制企业及个体经济，可以建立典型的市场经济体制。乡镇和集体企业也可以基本建立较典型的市场经济体制。而国有企业则不容易建立这种典型的市场经济体制，否则就只好走非国有化的道路或私有化道路，如某些学者所提倡的那样。如果坚持公有制为主体、国有企业为主导，那么，就需要认真研究国有企业怎样建设好和发展好社会主义市场经济体制问题。

四、必须坚持和怎样坚持社会主义市场经济改革的方向

（一）坚持社会主义市场经济的改革方向

党的十八届三中全会通过的《中共中央关于全面深化改革若干重大问题的决定》（以下简称《决定》）将过去一直讲的市场在资源配置中的"基础性"作用，改变为"决定性"作用，是一个突出的新提法。学界的解读存在差异。笔者认为，不能将市

场决定资源配置的新提法作出新自由主义的解读和宣传，应坚持社会主义的改革方向。

1. 改革的方向：建立和完善社会主义市场经济体制。

有三种关于改革方向的提法，需要正确理解与把握。

第一，坚持改革的方向，倒退是没有出路的。

对这一提法，应按其本意正确理解。那就是要改革僵化保守的不利于生产力发展的旧体制，建立有活力有效率的新体制。改革与不改革，是两种方向，应取前者而舍后者。但是，有人高调讲"坚持改革的方向"另有其取向。例如，一再宣称"国退民进"是改革的方向，他们主张国有企业退出经济领域，由私人经济取而代之，又有人大力宣传国有企业退出竞争性领域。诚然，改革开放以来，实行公有制为主体、多种所有制经济共同发展的基本经济制度，国有经济一统天下的局面会被打破。国有经济的绝对量和比重减少、非公有制经济的绝对量和比重增加，是必然趋势。我国现有的国有经济还存在这样那样的问题，需要进一步深化改革，党的十八届三中全会已提出了改革的部署。但需要明确：我国是社会主义国家，应当坚持《中华人民共和国宪法》规定的国有经济为主导、公有制为主体的根本制度。"国有经济即社会主义全民所有制经济，是国民经济中的主导力量。国家保障国有经济的巩固和发展。"《中华人民共和国宪法》的这一规定不容否定。我国的国有经济的绝对量和相对量已缩小很多。如果继续宣传"国退民进"、"国有经济从竞争领域退出"的主张，就离开了社会主义自我完善与发展的改革方向。国有经济大多是竞争性行业，市场经济是竞争性经济，为什么不允许国有经济参与竞争呢？如果让在国有经济中占多数的竞争性企业全部退出，由私人经济取而代之，让私有制经济一统天下，搞全面私有化，那就变成资本主义经济制度了。

第二，坚持市场化的改革方向或坚持市场经济的改革方向。

这一提法本身是可以成立的，但存在正确解读和偏离本意的解读问题。正确的解读应是指坚持社会主义的市场化改革方向或社会主义市场经济的改革方向。而有人高调宣传坚持市场化改革方向或市场经济改革方向，是将其与社会主义制度相分离和相对立。他们否定国有经济的重要地位和作用，否定公有制是社会主义制度的经济基础。有时，他们也讲社会主义，但讲的是另一回事。有人讲国有经济不是社会主义，私营经济是人民社会主义。有人不断写文章引证恩格斯《反杜林论》中批评"冒牌社会主义"的话来否定我国国有经济的社会主义性质。这完全曲解了恩格斯的话，恩格斯批评"冒牌社会主义"，是指有人把镇压工人运动的"铁血宰相"俾斯麦的某些国有化措施称作社会主义，当然是错误的、"冒牌的"。资本主义国家的国有经济被学界称作国家垄断资本主义，没有改变资本的性质。恩格斯之所以将其批评为"冒牌社会主义"，是因为"现代国家"即资本主义国家，"不管它的形式如何，本质上都是资本主义的机器，资本家的国家，理想的总资本家"。即使搞国有化，"转化为国家财产，都没有消除生产力的资本属性"。而人民掌握政权下的国有经济，就是社会主义。恩格斯强调指出："无产阶级将取得国家政权，并且首先把生产资料变为国家财产。"这种生产资料国有制，是社会主义经济制度的基础。①

　　有人借口市场经济是中性的，不存在"姓资""姓社"问题，因而反对讲社会主义市场经济。然而，当前世界上只有两种市场经济，反对讲社会主义市场经济，必然转向资本主义市场经济。这里存在一个思维逻辑问题："商品经济"概念也是中性的，但我国区分"资本主义商品经济"和"社会主义商品经济"，没有人提出反对意见，达成共识。为什么一讲社会主义市场经济就要反对呢？其真实意图是反对与社会主义经济发展相适应的新经济体制，即社会主义市场经济体制。我国在改革开放过

---

① 《马克思恩格斯选集》第3卷，人民出版社1995年版，第630页。

程中，认识到了传统计划经济日益显露出的弊端，进行了市场取向改革的探索。最终，突破了市场经济姓"资"、计划经济姓"社"的理论框架，找到完全创新的改革模式。

第三，坚持社会主义市场经济的改革方向。

这是党的十八大报告中强调的。《决定》再次强调这一提法。这一提法比前两种提法更明确、更完整。前两种提法只强调要坚持改革方向或市场化改革方向，容易被另有所图者接过去另搞一套。讲改革，必须弄清改什么、怎样改、举什么旗、走什么路，存在一个改革的大方向问题。改革，就是既不走封闭僵化的老路，又不走改旗易帜的邪路，是要改革不利于社会主义经济发展的传统体制，创立有利于社会主义公有制相结合的市场经济。

我国对社会主义市场经济提出界定的是党的十四大。十四大报告指出："我们要建立的社会主义市场经济体制，是同社会主义基本制度结合在一起的，是要使市场在社会主义国家的宏观调控下对资源配置起基础性作用。"① 这里所讲的资源配置，也就是马克思主义经济学所讲的通过价值规律的作用调节生产与流通，将生产资料和劳动力分配到各个经济部门。可以看出社会主义市场经济包括三层含义：一是市场经济是由市场机制（供求机制、竞争机制、利率机制、价格机制等）调节资源配置的经济体制；二是社会主义市场经济是市场经济与社会主义基本制度相结合的经济，是以公有制为基础或为主体、以共同富裕为根本目的的；三是社会主义市场经济，不是完全自发的自由市场经济，而是在社会主义国家宏观调控下运行的市场经济。国家要运用经济政策、经济法规、计划指导和必要的行政管理和法律手段，引导市场健康发展。

社会主义市场经济的根本特点，在于将社会主义基本制度的优越性同市场经济的灵活性、效率性结合起来。市场经济是竞争

---

① 《十四大以来重要文献选编》上册，人民出版社 1996 年版，第 19 页。

经济。市场鼓励强者而不怜悯弱者。市场规律会形成一种激励机制和创新机制，促进经济的发展。同时也要看到，市场调节经济具有自发性、盲目性和滞后性，存在市场失灵。当代资本主义的市场经济也已不是政府只起"守夜人"作用的自由市场经济，也要实行政府干预。第二次世界大战后，许多资本主义国家如日、法、韩等国实行的经济计划，包括短期计划和长期计划，用"看得见的手"引导"看不见的手"。德国实行"社会市场经济"，也是将政府的作用与市场的作用结合起来。我国是社会主义国家，公有制的主体地位和国家的宏观调控制约着市场经济的负面效应，可以避免和削弱资本主义市场经济必然产生的经济震荡和经济危机。

我国已经初步建立了社会主义市场经济体制。取消了指令性计划，放开了市场。商品价格的市场化率已达98%，企业的生产经营活动不再由国家计划规定任务指标，基本上是根据市场供求和价格状况安排生产结构和规模。消费者可以自由进入市场，按市场规则自由选择商品。"计划供应"、"短缺经济"成为历史。卖方市场转为买方市场，这正是市场经济的特点。但我国初步建立起的社会主义市场经济还不完善，需要进一步深化改革。

党的十八大报告提出要全面深化经济体制改革。"经济体制改革的核心问题是处理好政府和市场的关系，必须更加尊重市场规律，更好发挥政府作用。"又指出："要加快完善社会主义市场经济体制，更大程度更广范围发挥市场在资源配置中的基础性作用，完善宏观调控体系。"[①]

党的十八届三中全会通过的《决定》既是全面落实十八大提出的改革任务，又将各项任务具体化，并提出了新的理论指导与部署。怎样更加尊重市场规律？怎样更大程度更广范围发挥市场在资源配置中的作用？怎样处理好政府和市场的关系？《决

---

① 胡锦涛：《坚定不移沿着中国特色社会主义道路前进 为全面建成小康社会而奋斗》，人民出版社2012年版，第18、20页。

定》提供了指导意见。

2. 为什么《决定》强调提出使市场在资源配置中起"决定性"作用。

《决定》关于深化经济体制改革的一个引人注目的新提法是："使市场在资源配置中起决定性作用和更好发挥政府作用"。[①] 将多年来所讲的市场配置资源的"基础性"作用，改变为"决定性"作用。显然，从行文上看，强化和扩大了市场配置资源的作用。习近平指出：这是这次全会决定提出的一个重大理论观点。

之所以强调提出市场在资源配置中的"决定性"作用，根据《决定》和习近平关于《决定》的说明，可以概括为以下几点：

第一，市场决定资源配置是市场经济的一般规律。

市场经济本质上就是市场决定资源配置的经济，健全社会主义市场经济体制必须遵循这条规律。可以说，由"基础性"作用改变为"决定性"作用，是回归市场经济的本质规定和要求，是遵循市场经济规律。我们知道，市场经济和计划经济是两种不同的资源配置方式。在传统计划经济时代，国民经济完全受指令性计划调节，生产什么、生产多少、产品提供到何处，完全根据计划指标安排，企业没有生产经营自主权。因此，生产资料和劳动力等资源怎样分配到不同的部门和企业，完全由政府计划调节。因此，实行计划经济，发挥计划调节作用，就是国家计划在资源配置中起决定性作用。这是计划经济的本质要求。改革开放以来，我国实行市场取向的渐进改革，最终确立了社会主义市场经济体制模式。市场经济就是由市场机制调节企业的生产和销售活动。但政府不是从此撒手不管，而是要更好发挥自己应尽的责任。应当注意到，《决定》提出"使市场在资源配置中起决定性作用"，是与"更好发挥政府作用"连在一起作为不可分割的一

---

① 《中共中央关于全面深化改革若干重大问题的决定》，载于《人民日报》2013 年 11 月 16 日。

句话来阐述的。政府起什么作用，《决定》也做了简要说明。

第二，过去一直提市场配置资源的"基础性"作用，而现在改提"决定性"作用，有一个条件成熟因素。

从 1992 年党的十四大提出我国经济体制改革的目标是建立社会主义市场经济体制，要使市场在国家宏观调控下对资源配置起基础性作用到党的十八大的 20 年来，没有提市场配置资源的"决定性"作用，只提"基础性"作用，现在改提"决定性"作用，表示使市场在资源配置中起决定性作用已具备成熟的条件。按照历史事实和习近平的说明，大体有两方面的成熟条件：其一是认识上的条件；其二是实践所提供的条件。长期以来，马克思主义经济学和西方经济学都认为，市场经济是资本主义的，计划经济是社会主义的。而且从历史事实来看，资本主义国家都一直实行市场经济，而社会主义国家曾一直践行计划经济。我国由计划经济转向市场经济，经历了市场取向改革的不同阶段。大体上有：计划经济为主，市场调节（市场经济）为辅；社会主义有计划的商品经济体制（更大范围发挥市场作用）；计划和市场是覆盖全社会的；计划经济与市场调节（市场经济）相结合；最后统一了认识，建立了社会主义市场经济体制。这是逐步推进社会主义经济市场化的改革过程，也是逐步推进思想解放的过程。突破市场经济"姓资"、计划经济"姓社"的传统认识已不容易，如果再直接提出西方所宣传和践行的市场配置资源的决定性作用，仍会有认识上的障碍，不如提"基础性"作用更平稳。而目前之所以改提"决定性"作用，是由于如习近平所说："考虑各方面的意见和现实发展要求，经过反复讨论和研究，中央认为对这个问题从理论上作出新的表述，条件已经成熟"。[1] 这表明，以前不提"决定性"作用，是条件还不成熟。讲条件成熟，

---

① 习近平：《关于〈中共中央关于全面深化改革若干重大问题的决定〉的说明》，载于《人民日报》2013 年 11 月 16 日。

还有另一方面的条件即实践条件。习近平指出："现在，我国社会主义市场经济体制已经初步建立，市场化程度大幅度提高，我们对市场规律的认识和驾驭能力，不断提高，宏观调控体系更为健全，主客观条件具备，我们应该在完善社会主义市场经济体制上迈出新的步伐"。① 就是说，在新的条件下，党和政府对市场规律的认识和驾驭市场的能力不断提高。因此，从理论认识和实践过程两方面看，提高和扩大市场配置资源作用的主客观条件都已成熟。主观条件是理论认识条件；客观条件是现实实践条件。据此，可以而且有必要将市场配置资源的"基础性"作用，改变为"决定性"作用。

所谓市场配置资源的"基础性"作用，一直没有人解释其含义。其实，"基础性"作用并非与"决定性"作用相排斥，也可以作出相一致的解读。有时，讲基础作用，就是决定作用。例如，讲经济是基础，决定上层建筑。讲生产资料所有制是生产关系体系基础，就是指所有制决定生产关系体系。另外，市场配置资源的基础性作用，也可以理解为基础层次的作用，即在政府、市场、企业的关系中，政府在宏观层次起作用，市场在基础层次起作用，并不排斥其决定性作用。不过，"基础性"作用的提法毕竟不够透明，会模糊其含义，容易被理解为"初步性"或"打基础"之作用，为地方官员不合理干预提供了空间。

第三，强调提出市场配置资源的决定性作用，是深化经济体制改革的需要。

我国虽然初步建立了社会主义市场经济体制，"但仍存在不少问题，主要是市场秩序不规范，以不正当手段谋取经济利益的现象广泛存在；生产要素市场发展滞后"；市场规则不统一，存在部门保护主义和地方保护主义；市场竞争不充分，阻碍优胜劣

① 习近平：《关于〈中共中央关于全面深化改革若干重大问题的决定〉的说明》，载于《人民日报》2013 年 11 月 16 日。

汰和结构调整，等等。习近平指出：遵循市场决定资源配置规律，是要"着力解决市场体系不完善，政府干预过多和监管不到位问题"。并且指出，有利于"抑制消极腐败现象"。① 事实证明，有些政府人员不当干预，与腐败行为相关。

3. 市场决定资源配置要求更好地发挥政府作用。

习近平在关于《决定》的说明中指出：我国实行的是社会主义市场经济体制，我们仍然要坚持发挥我国社会主义制度的优越性、发挥党和政府的积极作用。"市场在资源配置中起决定性作用，并不是起全部作用"。② 这表明，某些特定行业和企业的资源配置，并不由市场决定。例如，发展国防军事工业，国家创建和发展战略性新兴产业，进行基础设施建设和公共服务体系建设，开创和发展航天工程事业，建立社会保障性事业等，这些方面的资源配置不会都交给市场决定，而主要是由政府决定。

在市场经济运行中，政府的一个重要职责是市场监管。市场配置资源的决定作用越大，范围越广，政府监管市场的职责也越大，越需要"更好地发挥政府作用"。习近平在关于《决定》的说明中指出：健全社会主义市场经济体制，既要着力解决"政府干预过多"的问题，又要着力解决"市场体系不完善"和"监管不到位问题"。③ 解决后两方面的问题，正是政府的职责所在和宏观调控的任务。所谓政府干预"过多"，表明并不否定不"过多"的、必要的、正当的政府干预。"过多的干预"是不当干预，不是政府职责所在，也不是宏观调控任务。政府监管职责主要是针对诸如制假售假、生产和销售有毒食品、非法集资和传销、黄赌毒市场、欺行霸市、市场垄断、不正当竞争、虚假广告、环境污染，等等。这种政府干预是必要的。政府还要监管生产安全和职工权益保障。连西方经济学的权威著作萨缪尔森的

---

① ② ③　习近平：《关于〈中共中央关于全面深化改革若干重大问题的决定〉的说明》，载于《人民日报》2013 年 11 月 16 日。

《经济学》也概括了资本主义市场经济中政府的四项职能：为市场确立法律框架，确定市场准则；影响资源配置以改善经济效率，"帮助按社会需要进行资源配置"，"有时候，政府做出的选择凌驾于市场供给和需求的配置之上"，如"控制污染物的排放"；制定改善收入分配的计划。"看不见的手可能惊人地有效率，但它同时也带来非常不平等的收入分配"，"收入再分配是政府的第二个主要经济职能"；通过宏观经济政策来稳定经济。以上四种政府职能表明"政府应进行干预以增进市场经济的功能和公正"。① 这里讲的是资本主义市场经济中的政府职能和必要干预。我国实行社会主义市场经济，应在更大程度上更好地发挥政府的职能。政府的职能除前面所讲的监管与促进作用外，还有完善市场经济体系的职责。要统一市场规则，维护市场秩序，消除市场封锁与割据，打破市场垄断，提供公平的市场竞争环境；防止和处置环境污染和损害生态平衡的行为；运用利率、税收、信贷等财政金融手段，影响和调节市场，引导企业科学发展；以效率和公平相统一的理念与政策，缩小收入分配过大差距、消除贫富分化、走共同富裕道路。

4. 分清两个层面的政府职能和宏观调控作用。

处理好政府和市场的关系，让市场起决定性作用，是就市场经济运行中市场在资源配置中的作用而言的。在微观层面，是市场起决定作用，政府起监管和促进作用。这是市场经济运行中基础层面的关系，另一个是宏观层面的关系，即在整个经济社会发展中政府的作用。不应把市场的"决定性作用"泛化和扩展到第二个层面，我们讲"宏观调控"，有两层含义：一是在政府、市场、企业的三者关系中，政府处于宏观层次，即居高层次，市场处于中间层次，企业处于基础层次。在这个层面讲政府职能和

----

① ［美］萨缪尔森、诺德豪斯：《经济学》第14版，北京经济学院出版社1996年版，第552~555页。

宏观调控，就是指在市场决定资源配置的前提下，政府在宏观层次上对市场和企业进行必要的、科学的监管和引导，并促进市场体系的完善和发展，促进企业的科学发展。宏观调控的另一层含义，是政府对宏观经济的调控。宏观经济是指整个国民经济的各种经济活动的总称。根据《决定》和习近平关于《决定》的说明，在资源配置和宏观经济发展中，政府职能和宏观调控的主要任务是：保持经济总量平衡，促进重大经济结构协调和生产力布局优化，减缓经济周期波动影响，防范区域性系统性风险，稳定市场预期，实现经济持续健康发展，健全以国家发展战略和规划为导向、以财政政策和货币政策为主要手段的宏观调控体系，增强宏观调控前瞻性、针对性、协同性。形成参与国际宏观经济政策协调的机制，推动国际经济治理结构完善。政府要加强发展战略、规划、政策、标准的制定和实施，加强地方政府公共服务、社会管理、市场监管、环境保护等职责。所有这些都是需要政府去办而且应办得更好的事情。

使市场在资源配置中起决定性作用，处理好政府与市场的关系，市场能办到和办好的事，就让市场去起决定作用，政府不要过多干预，政府应做好自己能办而市场办不了和办不好的事。这是深化社会主义市场经济体制改革中的应有之义。

2014 年 1 月 1 日，《人民日报》等媒体发表了习近平的《切实把思想统一到党的十八届三中全会精神上来》一文。其中指出："使市场在资源配置中发挥决定性作用，主要涉及经济体制改革，但必然会影响到政治、文化、社会、生态文明和党的建设等各个领域。要使各方面体制改革朝着建立完善的社会主义市场经济体制这一方向协同推进，同时也使各方面自身相关环节适应社会主义市场经济发展提出的新要求。"[①] 要适应经济体制改革

---

① 习近平：《切实把思想统一到党的十八届三中全会精神上来》，载于《人民日报》2014 年 1 月 1 日。

的需要转变政府职能，党和政府要提高驾驭市场经济的能力，要为深化经济体制改革提供理论指导与实践决策。

全面深化改革的总目标是完善和发展中国特色社会主义制度，推进国家治理体系和治理能力现代化。要坚持社会主义市场经济的改革方向，以促进社会公平正义、增进人民福祉为出发点和落脚点。需要明确："坚持社会主义市场经济的改革方向"，就表示不应单强调市场化改革，而与社会主义制度相脱离。离开社会主义的市场化改革，必然导向资本主义市场经济。《决定》在提出"紧紧围绕市场在资源配置中起决定作用"的后面，紧接着讲"坚持和完善基本经济制度"，并要求加快完善宏观调控体系。而坚持和完善基本经济制度，首先要求坚持国有经济为主导、公有制为主体。所有上述这些方面，都离不开党的领导和政府的推进。

5. 泛化市场决定作用的解读会偏离《决定》精神。

有的学者出于泛化市场决定作用的误解，质疑市场配置资源的决定性作用的新提法。认为这只适用于资本主义市场经济，而不适用于社会主义市场经济。其实，讲市场配置资源的决定作用，与马克思主义经济学讲价值规律调节生产即自发地将生产资料和劳动力（资源）分配于不同的部门，是一样的道理。价值规律调节生产，也就是企业生产什么、生产多少，由反映供求关系和竞争关系的价格来决定，价值规律决定同市场决定是一回事。讲价值规律决定资源配置或市场决定资源配置，涉及三个方面的"决定"事项：一是价格的决定。在市场经济中，市场价格不再由政府决定，而是在价值基础上由竞争机制和供求机制决定。二是企业的生产经营活动，包括其生产规模与结构的安排，不再由政府指令性计划决定，而是由反映市场供求关系的市场信号决定。三是消费需求的选择与决定。不再是"短缺经济"和"卖方市场"下的凭票供应、排队抢购，购买者没有选择权和决定权的状况，而是在市场经济中的供求规律与竞争规律作用下，消费者有权决定自己的需求选择，也就是《决定》中所说的"消费者自由选择、自主消费"。弄清这些方面的理论与实际情况，弄清价值规律决定和市场决定资源配置的本意，就不会对社会主义市场经济中由市场决定资源配置的理论与实践产生质疑。

有些读者和学者，由于没有分清不同领域政府和市场的不同作用，也没有弄清政府职能和宏观调控在不同层面的作用，误以为强调市场的决定作用涵盖了我国整个经济社会的发展，从而产生疑虑。

另外，有的学者以新自由主义的理念或欧美市场经济模式的理念为依据，对市场决定资源配置的作用也作了泛化的解读。如有的学者在解读中淡化和否定市场决定资源配置中的宏观调控作用，说"是市场起决定作用，不是宏观调控"。公然忽视和否定《决定》中强调宏观调控作用的有关论述。有的学者还认为中央提出市场的决定作用，就是要弱化政府的职能，是否定"强势政府"，否定政府对市场的"驾驭"和对市场及社会经济生活的监管，否定国有经济的作用。认为自己的一套新自由主义观点，被十八届三中全会采纳，争论见了分晓。这种解读和宣传，完全不符合《决定》的本意和精神，也会影响和加重一些读者和学者对市场决定资源配置新提法的疑虑。应正本清源，按照《决定》的精神，澄清理论是非。

习近平在关于《决定》的说明中，明确提到"我们对市场经济规律的认识和驾驭能力不断提高"。指出：实行社会主义市场经济，要"发挥党和政府的积极作用"，"强调科学的宏观调控、有效的政府管理，是发挥社会主义市场经济体制优越性的内在要求"。而且，"全会决定强调必须毫不动摇巩固和发展公有制经济，坚持公有制为主体地位，发挥国有经济主导作用，不断增强国有经济的活力、控制力、影响力"。[①] 可见，《决定》和

---

① 习近平：《关于〈中共中央关于全面深化改革若干重大问题的决定〉的说明》，载于《人民日报》2013 年 11 月 16 日。

习近平关于《决定》的说明，是与新自由主义的"教义"完全对立的。

（二）社会主义市场经济要在法治轨道上运行

备受瞩目的党的十八届四中全会通过了《中共中央关于全面推进依法治国若干重大问题的决定》，明确提出要全面推进依法治国，总目标是建设中国特色社会主义法律体系，建设社会主义法治国家。社会主义市场经济本质是法治经济。在当前建设和完善社会主义市场经济的新形势下，用法治来为改革发展提供引导和保障，是保障社会主义市场经济健康发展的必要条件，必将为中国经济的改革和发展注入新动力。从社会主义市场经济的角度而言，为了有效处理好政府与市场的关系，推进经济转型，转变政府职能，更好发挥市场在资源配置中的决定性作用和更好发挥政府作用，需要加快建设法治的市场经济。只有法治的市场经济，才能有效适应和促进国家治理体系和治理能力的现代化。

1. 社会主义市场经济是法治经济。

党的十八届四中全会的决定中指出："社会主义市场经济本质上是法治经济。使市场在资源配置中起决定性作用和更好发挥政府作用，必须以保护产权、维护契约、统一市场、平等交换、公平竞争、有效监管为基本导向，完善社会主义市场经济法律制度。"

当代市场经济，无论资本主义市场经济还是社会主义市场经济，都不再是政府只做"守夜人"的自由市场经济，而是要受到两个方面的制约：一是政府的调控；二是法治的监管。固然，法治监管也可作为宏观调控的手段，但两者又可具有相对独立的作用。有些法规如劳动法、反垄断法等本身就是宏观调控的法律手段。但惩治官员和央企高管贪污腐败，惩治官商勾结、权钱交易、权色交易，损害市场经济健康运行和人民利益的行为，就需要独立的法规。社会主义市场经济在这两方面所受到的制约应大于资本主义市场经济。因为社会主义经济制度的基础，如宪法所规定：是"生产资料的社会主义公有制，即全民所有制和劳动群众集体所有制"，"国有经济即社会主义全民所有制经济，是国民经济中的主导力量，国家保障国有经济的巩固和发展"。社会主义公有制不会自发地建立、发展和巩固。没有政府的推动、投资与支持，社会主义国有经济不可能自发发展与巩固。已经建立和发展的国有经济和集体经济，离开了政府的监管与法治的制约，也容易被侵蚀、盗取，化公为私。社会主义市场经济如果没有两方面的制约，使公有制经济任人侵蚀、化公为私，搞全面私有化，社会主义经济制度将不复存在。

市场经济必然是法治经济。因为市场经济是竞争经济，而不是道德经济。作为市场经济主体的企业，追求利润最大化，就要进行竞争。在追求利润最大化的竞争中，有些唯利是图的市场主体会做一些损人利己、损公肥私的事情。如果没有政府调控和法治监管，社会主义市场经济是难以建立和完善的。

使市场在资源配置中起决定性作用和更好发挥政府作用，也需要法治作为市场与政府关系的平衡器。政府调控市场也要依法实行，政府对市场的正常监管一定要到位，不正当干预一定要消除。权钱交易、寻租谋私，更要有法治的监管与处置。

2014 年中央巡视意见反馈说明，推进国企改制，建立和发展市场经济，一定要严格地在法治轨道上进行，不能以权代法，搞权钱交易、权色交易，损害国家和人民利益。中央巡视组查办和揭露官商勾结、贪腐事例，可起震慑作用。但同时表明，我们的法治还不健全，一些领域还存在无法可依、有法不依、执法不严的情况。正如十八届四中全会决定所指出的：有法不依、执法不严、违法不究现象比较严重，一些国家工作人员特别是领导干部依法办事的观念不强，能力不足，知法犯法、以言代法、以权压法、徇私枉法现象依然存在。这些问题，违背社会主义法治原则，损害人民群众利益，妨碍党和国家事业发展，必须下大力气加以解决。

用法治规范社会主义市场经济，还需要依法解决市场经济关系中必然会出现的利益纠纷与矛盾。在这方面，同样需要"科学立法，严格执法，公正司法，全民守法"。习近平同志在关于《中共中央关于全面推进依法治国若干重大问题的决定》说明中指出："随着社会主义市场经济深入发展和行政诉讼出现，跨行政区划乃至跨境案件越来越多，涉案金额越来越大"。更需要健全法制，维护法律公正实施，平等保护当事人合法权益。

实行市场经济，会产生收入分配的不公平和财富分配的不公平，所有资本主义市场经济国家，都存在分配不公平的现象。无论马克思主义政治经济学或西方经济学都指出了这一点。政治经济学说明：价值规律具有积极作用，它自发地分配生产资料和劳动力于不同的经济部门，促进生产力的发展。但价值规律又有消极作用，它会导致两极分化。西方经济学也讲，市场经济会产生分配不公平。萨缪尔森的《经济学》对此讲得很明确、很深刻。

2013年9月，法国出版了托马斯·皮凯蒂（Thomas Piketty）的《21世纪资本论》，用系统和翔实的数据揭示了自18世纪以来欧洲和北美资本主义国家贫富差距扩大的总趋势，在世界范围引起广泛关注，引发人们对资本主义制度的反思。该书作者指出：2010年以来，在大多数欧洲国家，尤其是在法国、德国、英国和意大利，最富裕的10%的人群占有国民财富的60%，在所有这些社会里，半数人口几乎一无所有：最贫穷的50%的人群占有的国民财富一律低于10%，一般不到5%。在美国，最上层10%的人群占有全国财富的72%，而底层的半数人口仅占有2%。皮凯蒂认为，财富分配不公平的原因，是发达国家私人资本的回报率比经济增长率高。怎样解决这必然引发政治和社会冲突的财富分配不公？作者批评"一些国家的观念仍然是市场可以解决问题，特别是在富裕国家，这种思潮已经有些过度"①。作者提出的缩小财富分配不公的办法是用法治规范财富分配，即实行资本税。认为这是较温和且更为有效的解决方案。作者主张对私有财富征收累进税，以普遍利益的名义重新控制资本主义。这是法治政府对资本回报率高于经济增长率的资本所实行的民主方案。

我国实行多种所有制经济共同发展的社会主义市场经济，也出现了收入差距过大和财富分配不公的问题。据北京大学中国社会科学调查中心所发布的《中国民生发展报告 2014》提供的统计资料："中国财产不平等程度迅速上升"，1995 年我国财产的基尼系数为 0. 45，2002 年为 0. 55，2012 年我国家庭净财产的基尼系数达到 0. 73，顶端 1% 的家庭占有全国 1/3 以上的财产，底端 25% 的家庭拥有的财产总量仅为 1% 左右。中国的财产不平等程度明显高于收入不平等。社会主义的本质要求消除两极分化，实行共同富裕，更需要有消除分配不公的法治。十八届四中全会的决定中对此也有规定："加快保障和改善民生"，包括依法加强和规范公共服务，完善教育、就业、收入分配、社会保障、医疗卫生、扶贫、慈善、社会救助等方面的法律法规。强调"维护社会公平正义、促进共同富裕"。同时也需要考虑通过加强和改善税收法制以缩小收入和财富的过大差距。

2. 市场经济与法治具有内在契合性。

市场和法治被称为是现代文明的两大基石。一般认为，市场经济具有平等性、竞争性、法治性和开放性等特征，是当前适应生产力要求，推动整个经济社会发展的有效机制。

第一，市场经济与法治的内在联系。

法律作为维护国家和社会稳定的行为规则，虽然在自然经济和计划经济等形态下也已存在，但大体上可以认同：在商品交换

---

① 《资本主义怎么了》，学习出版社 2014 年版，第 74～95 页。

和市场经济条件下，才形成了具有了法治特征的法律制度体系。经济的市场化要求社会的法治化，也就是说，市场经济越发达，法治就应该越发展。马克思认为"先有交易，后来才由交易发展为法制。……这种通过交换和在交换中才产生的实际关系，后来获得了契约这样的法的形式"。① 这深刻地说明了法律产生于市场交换的实践，并随着市场交换实践的发展而不断发展和创新。恩格斯指出："在社会发展某个很早的阶段，产生了这样的一种需要：把每天重复着的生产、分配和交换产品的行为用一个共同规则概括起来，设法使个人服从生产和交换的一般条件。这个规则首先表现为习惯，后来便成了法律"。② 由此可以看出，生产、分配和交换的经济行为及其发展形态的市场经济，是法治经济得以产生和发展的基础。在自然经济条件下，对各种社会关系的调整主要依靠诸如血亲关系、宗法关系、宗教戒律、传统习惯和道德伦理来约束，法律是维护统治阶级权力和社会治安秩序的工具。在计划经济条件下，虽然社会化大生产程度很高，但没有独立的市场主体，政府利用行政权力来管理经济，配置资源。而在商品经济和市场经济条件下，随着商品生产、交换的规模越来越大，交换过程中产生的纠纷已经超出血亲、种族、道德伦理和行政权力等调整的范围，就需要有专门的权威的行为规则来约束和规范经济社会活动。可以说，市场经济的法律是以市场经济主体的权利与义务为核心的规律性法律体系。虽然在市场经济条件下，政府也要利用法律来实施控制和干预，但政府本身的权力也受到了法律的严格限定。

第二，法治是市场经济发展的内在要求。

首先，市场主体地位的确立需要法治。在市场经济体制下，市场主体的资格要得到法律的确认，明确产权、充分尊重

---

① 《马克思恩格斯全集》第 19 卷，人民出版社 1974 年版，第 423 页。
② 《马克思恩格斯全集》第 18 卷，人民出版社 1974 年版，第 347 页。

和平等保护各类市场主体的财产权。其中，企业应该是自主经营、自负盈亏的独立的市场主体，可以按照市场规律自主表达经济利益需求。法律保证市场主体对其合法拥有的物质财富享有支配、使用和处置的权利。市场主体的独立性又与平等性相联系、相统一。市场主体的平等地位是交换正常进行的前提，"参加交换的个人就已经默认彼此是平等的个人，是他们用来交换的财物的所有者"，① 因此，法律应首先确认参与市场交换的所有人的平等地位。

其次，市场经济公平竞争规则的形成需要法治。市场经济是公平竞争的契约经济。竞争性是市场经济的特征之一，也是市场经济正常运行的推动力。马克思说："社会分工则使独立的商品生产者互相对立，他们不承认任何别的权威，只承认竞争的权威，只承认他们互相利益的压力加在他们身上的强制"。② 通过竞争形成优胜劣汰，达到合理配置资源的目的，是市场经济的特点，也是其优越性之所在。但是，各市场主体在竞争中为了追求和实现自身的经济利益，如前所述，会采取一些不规范的市场行为，如欺诈、虚假广告、违约、制假售假、不正当竞争等。这势必会妨碍市场竞争的正常进行，使市场活动陷入混乱无序的状态。只有通过法律形式构建法治经济，才能建立公平竞争的规则和秩序，市场交换中的合同和信用关系也只有得到法律上的确认，才能成为一种受法律保护的契约关系，才能防止权力对市场的不正当干预，保障市场经济活动的正常运行。

最后，法治是对市场经济进行宏观调控的重要手段。市场调节存在一定缺陷，存在市场失灵。市场机制有效作用的发挥离不开政府宏观调控的正确引导，但多年来的经济实践证明，对政府的宏观调控行为如果不加以规范，就会诱发其对市场主体的不当

---

① 《马克思恩格斯全集》第 19 卷，人民出版社 1974 年版，第 423 页。
② 《马克思恩格斯全集》第 23 卷，人民出版社 1974 年版，第 394 页。

行为，政府就会为了特定时期、特定范围的利益，对市场经济活动进行不当干预，侵犯企业和个人的权利和利益。法律作为具有普遍、明确、稳定和强制特征的行为规范，把宏观调控纳入法治轨道，有利于提高国家宏观调控政策的科学性和客观性，保证市场经济的正常运行和健康发展。再者，社会主义法治既要确认市场经济的公平原则，又要确认社会主义消除两极分化逐步实现共同富裕的公平。需要将这两种公平既区别开来，又衔接起来。在市场经济条件下，确认每个市场主体的地位是平等的，而且主张机会公平、规则公平。但市场经济的公平，是等量资本取得等量利润的公平，是按生产要素分配的公平。这实质上是资本所要求的公平，而不是劳动的公平，更不是社会主义所要求的消除两极分化、实现共同富裕的公平。市场经济是在价值规律自发作用下发展形成的，不同市场主体由于占有的要素资源不同，必然形成资本强势、劳动力弱势的不平等，从而导致资本回报率高和劳动力回报率低的悬殊和分化。市场经济不仅承认这种差别，而且会自发地扩大这种差别。因此，这种分配差别是无法通过市场机制来调整的。这就需要国家依靠法治手段建立公平的社会主义收入分配机制和社会保障制度，自觉调节和缩小收入差距过大的趋势。否则，收入和财富分配的不公平必然会继续扩大，影响经济社会稳定和可持续发展，也影响社会主义制度的发展与完善。

3. 在宪法规定的经济制度下发展社会主义市场经济。

《决定》提出，要"完善以宪法为核心的中国特色社会主义法律体系，加强宪法实施"，"坚持宪法的最高法律地位和最高法律效力"，"坚持依法治国首先要坚持依宪治国，坚持依法执政首先要坚持依宪执政。……必须以宪法为根本的活动准则，并且负有维护宪法尊严保证宪法实施的职责。一切违反宪法的行为都必须予以追究和纠正"。可以说，在我国深化经济体制改革、发展和完善社会主义市场经济的过程中，宪法起着根本性的法律规范作用。也就是说，完善和发展社会主义市场经济，必须在宪法规定的社会经济制度下运行。

第一，弄清宪法对"社会主义经济制度"和"社会主义初级阶段基本经济制度"的不同规定。

我国《宪法》规定："中华人民共和国的社会主义经济制度的基础是生产资料的社会主义公有制，即全民所有制和劳动群众集体所有制。"又规定："国家在社会主义初级阶段，坚持公有制为主体、多种所有制经济共同发展的基本经济制度。"这里，"社会主义经济制度"和"社会主义初级阶段的基本经济制度"是作为两个并立的规定提出的。但在理论界和实际部门中，不少人将二者相混同，把公有制和非公有制都作为"社会主义经济制度"的内容。其实，《宪法》明确规定，"社会主义经济制度"只以公有制为基础，包括国有经济即全民所有制经济与集体经济，不包括非公有制经济。社会主义经济制度存在于社会主义初级阶段、中级阶段和高级阶段，是不断发展与完善的过程。"初级阶段的基本经济制度"则既包括作为主体的社会主义公有制经济，也包括非社会主义性质的非公有制经济在内。社会主义社会制度以社会主义经济制度为基础。而社会主义经济制度以公有制为基础。宪法又规定："国有经济，即全民所有制经济，是国民经济的主导力量，国家保障国有经济的巩固和发展"。

宪法规定，我国"实行社会主义市场经济"。也就是与社会主义经济制度相结合的市场经济，就是以国有经济为主导、公有制为基础或为主体的社会主义市场经济。实行和发展市场经济，应以坚持和发展社会主义经济制度和社会主义初级阶段的基本经济制度为条件。也就是应有利于"国家保障国有经济的巩固和发展"，而不是相反；应有利于巩固和促进公有制的基础和主体地位及其发展与完善，而不是相反。

第二，偏离宪法的一切私有化理论观点是错误的。

多年来，总有人借口市场经济不存在"姓社""姓资"的性质，反对在市场经济前面冠以社会主义一词。然而，当今世界只有两种市场经济：一是与资本主义经济制度相结合的市场经济，即资本主义市场经济；二是与社会主义经济制度相结合的市场经济，即社会主义市场经济。反对提"社会主义"市场经济，必然走向资本主义市场经济。市场经济本身固然没有"姓资""姓社"属性，但它只能与"资"或"社"的经济制度相结合，存在"资"与"社"的不同。有人主张市场经济的微观基础只能是私有制。然而，私有制的市场经济只能是资本主义市场经济。宪法明确规定我国实行的是"社会主义市场经济"。中国共产党党章也规定："中国共产党领导人民发展社会主义市场经济"。主张去掉"社会主义"的市场经济或以私有制为基础的市场经济，显然是违背宪法与党章的。

更有甚者，有的学者断言：我国国有经济不是社会主义经济，而非公有制经济才是社会主义经济。他们将国有经济与希特勒的国家社会主义工人党相联系，称为国家社会主义，而将私有制经济称作人民社会主义。主张去国家社会主义，搞人民社会主义。有的学者错解恩格斯在《反杜林论》中批判"冒牌社会主义"的论述，并以此为依据，否定我国国有经济的社会主义性质。恩格斯曾批判有人把俾斯麦的某些国有化措施称作社会主义，将其斥之为冒牌社会主义，当然是正确的。因为资本主义国家的某些国有经济是国家垄断资本主义。俾斯麦为了军事需要将铁路国有化，当然不是搞社会主义。而劳动人民掌握政权的社会主义国家的国有经济就是社会主义经济。这是从马列主义到毛泽东思想、到中国特色社会主义理论，到我国宪法和党章一以贯之的理论共识。

我国宪法将"社会主义经济制度"同"社会主义初级阶段的基本经济制度"两种规定并列提出、区别开来，就是要表明：以国有经济为主导的公有制经济是社会主义经济，而非公有制经济是非社会主义经济。因此，讲"社会主义经济制度"，只讲公有制经济；讲"基本经济制度"要强调公有制为主体。因为坚持公有制为主体才能保证社会主义经济制度和社会主义市场经济的存在。如果私有制经济也是社会主义性质的经济，就不需要强调公有制为主体了。有人把"非公有制经济是社会主义市场经济的重要组成部分"，理解为也是"社会主义经济的重要组成部分"，同样是误解和错解。"社会主义经济"是制度范畴；"社会主义市场经济"是体制范畴，不应混同。市场是统一的，不能按不同的经济成分分割为多种市场和市场经济。例如，外资企业是资本主义经济，而非社会主义经济，但也可成为我国社会主义市场经济的组成部分。这要以公有制经济即社会主义经济为主体的存在为条件。分清这些不同的概念和规定，有利于遵守宪法，在公有制为基础或为主体的经济制度下发展社会主义市场经济。

4. 用法治引领和推动市场经济改革。

随着我国传统比较优势弱化，经济发展进入一个新常态。重塑我国经济发展的新优势需要全面深化改革。在全面深化改革的过程中，就需要大力推进法治建设，构建法治的市场经济，就像习近平总书记多次强调的那样"以法治凝聚改革共识"，为市场经济的健康有序发展奠定基础，开辟道路。

第一，法治有利于完善现代市场体系，释放市场经济新活力。

市场经济既是法治经济，也是规则经济、信用经济。法治是市场经济的基石。在实际经济运行中，还存在无序竞争、信用缺失、审批过多、权力寻租、市场混乱等现象，存在市场运行的安全风险，不利于各类市场要素活力的迸发。用法治来规范市场秩序，有助于构建统一开放、竞争有序的市场体系，打造规范有序、公平公正的市场环境。并可以通过减少经济生活中的不确定性，降低市场经济活动中的交易成本，促进商品和要素的自由流动。

依法推进改革，让改革在法治轨道上进行，是发展和完善社会主义市场经济的必要途径。党的十八届四中全会的《决定》提出要"实现立法和改革决策相衔接，做到重大改革于法有据、立法主动适应改革和经济社会发展需要。"这在一定程度上能有效避免以往改革中先实行后立法或不立法只实行所带来的法治轨道外的改革造成的损失。如20世纪最后十几年的国有企业改革，地方官员和企业高管可以随意处置国有资产，造成大量国有资产流失——如自买自卖、半买半卖、虚买实送——就是无法可依的改革的深刻教训。十八届四中全会全面推进依法治国的决定，将根本扭转这种情况。法治的顶层设计将为全面深化改革提供引导和保障，为进入"三期叠加"阶段的中国经济治理和市场经济改革释放新的红利和动力。

第二，创新和完善产权保护制度。

产权保护制度是关于产权界定、运营、保护的一系列制度安排，是社会主义市场经济存在和发展的重要条件，是坚持和完善基本经济制度的内在要求。在市场经济中，各个市场主体的资源禀赋不同。在市场竞争机制下，这种资源禀赋的差异可能导致弱势的市场主体（包括弱势群体）的利益或财富受到侵犯。因此，社会就需要制定一套公平的法律制度来给予保护和支持。虽然《民法通则》、《合同法》、《劳动法》、《担保法》、《物权法》等一系列法律的实施使对市场主体产权和利益的保护有了一定的法律依据，但伴随公有制实现形式的多样化和混合所有制经济的发展，对国家所有权、集体所有权、企业法人财产权、土地承包经营权等各类财产权的法律保护就显得明显滞后。

市场主体的财产权要依靠法治来得到充分的确认和维护。党的十八届三中全会决定指出：公有制经济财产权不可侵犯，非公有制经济财产权同样不可侵犯。国家保护各种所有制经济产权和合法利益。投资主体多元化、多种所有制经济交叉持股的混合所有制经济已成为发展的必然趋势，各类财产权都要求有完善的产权保护制度作为保障。为此，十八届四中全会决定明确表示，要使市场在资源配置中起决定性作用和更好地发挥政府的作用，"必须以保护产权、维护契约为导向"。同时十八届四中全会决定还提出，要健全以公平为核心原则的产权保护制度，加强对各种所有制经济组织和自然人财产权的保护。这充分说明了平等保护不同所有制市场主体的产权的重要性。我国要"创新适应公有制多种实现形式的产权保护制度，加强对国有、集体资产所有权、经营权和各类企业法人财产权的保护"，在独立法人财产权下，"企业有权拒绝任何组织和个人无法律依据的要求"。

总之，创新和完善产权保护制度，有利于维护我国公有财产权，巩固公有制经济的主体地位。同时有利于保护私有财产权，促进非公有制经济发展。更有利于各类资本的流动和重组，推动混合所有制经济发展；有利于增强各类市场主体创新的动力，推动社会主义市场经济不断创新和持续发展。

第三，法治有利于厘清政府与市场关系的边界。

法治是现代市场经济有效有序运行的基本条件。尽管经过多年的探索，我国的社会主义法律体系已经形成，但在当前经济社会发展过程中，有法不依、执法不严、权大于法、司法不公的现象依然存在，审批过多和监管不力并存，而且仍有部分地方政府运用行政权力对市场经济进行不合理干预等。这些往往会导致资源错配和经济效率低下，制约市场配置资源作用的发挥。总之，我国经济改革中的诸多问题和矛盾的产生大都与法治缺失有关。

近年来，我国政府在持续推进政府职能转变，消除政府不当干预，各级政府大刀阔斧地进行简政放权、减少审批，让市场真正在资源配置中起决定性作用。我国将持续推进法治经济和法治政府建设，更清晰地界定公权力与私权力的边界，用法定责任整治权力缺位和滥用，以法治精神厘清政府、市场、企业之间的关系，明确政府在履行政府职能过程中的"权力清单"、"负面清单"和"责任清单"，让政府做好政府的事情，市场遵循经济规律做好市场的事情。十八届四中全会决定还明确指出，要依法全面履行政府职能，行政机关要坚持法定职责必须为、法无授权不可为，坚决纠正不作为、乱作为。推行政府权力清单制度，坚决消除权力设租寻租空间，绝不允许任何组织和个人有超越宪法和法律的特权，真正做到在法治轨道上开展工作。

第四，完善社会主义市场经济法治体系。

我国社会主义市场经济发展已进入历史新阶段，改革进入攻坚期和深水区，依法推进市场化改革，提升国家治理能力显得更加突出。而我国目前的市场经济法律基础仍比较薄弱，法律规范仍不完善，与建设社会主义法治国家和法治市场经济的要求相比还有较大差距。法治建设与体制改革不同步等问题依然存在。例如，十八届三中全会提出发展国有资本、集体资本、非公有资本交叉持股相互融合的混合所有制经济，就需要有顶层设计与实施细则，将其纳入法治轨道，避免各行其是，造成新一轮的国有资产流失。因此，必须加快建设和完善我国社会主义市场经济法治体系。

要实现市场主体同权，就需要阻止和惩治官商勾结、权力与资本结合、权钱交易等损害人民利益的非法行为。"良法"才能"善治"。可以说，完善社会主义市场经济法治体系，是厘清政府与市场关系边界，保障市场经济持续健康运行的现实需要。要让宪法发挥出应有的威力。要加强党对完善社会主义市场经济法律法规制度的领导。《决定》指出"党的领导是中国特色社会主义最本质的特征，是社会主义法治的最根本保证"。在推进依法治国的过程中，坚持党的领导才能确保社会主义市场经济的改革方向，维护好和实现好最广大人民的根本利益。

（三）关于市场配置资源理论与实践值得反思的一些问题

我国由计划经济转向社会主义市场经济以来，资源由计划配置转为由市场配置。对于市场配置资源的确切内涵究竟是什么，我国学界至今没有达成共识。市场配置资源的理论是在西方市场经济几百年实践的基础上创立和发展起来的。然而，纵览西方经济学论著，他们对市场经济的宣传力度和广度，对其作用宣扬的高度，远逊于我国的情况。对市场配置资源的理论在认识上的差异与争论，我国学界也远胜于西方国家。这既有客观必然性的一面，又有因某些人士对西方市场经济盲目崇拜、认识缺失、过分迷信市场作用有关。我国引进西方市场配置资源理论是必要的，但不要照搬，需要结合我国的社会主义经济实际加以运用和发展。

1. 弄清市场配置资源的内涵，对比中西方认知和宣传上的差异。

当代社会经济发展中，存在两种资源配置方式：计划配置与市场配置。由计划配置构成计划经济；由市场配置构成市场经济。计划经济是指政府主要依靠指令性计划全面管理经济。商品价格由政府制定，即"计划价格"；企业生产什么、生产多少由政府下达指令性计划，限期完成；企业所需生产资料、居民所需消费资料都由政府计划供应，消费品凭票证购买。可见，实行计划经济就是由政府计划决定资源配置。市场经济是由市场机制配置资源，市场机制主要包括供求机制、竞争机制、价格机制等。市场经济区别于计划经济的特点，是商品价格由市场供求规律和竞争规律决定。马克思指出，市场竞争在三个方面进行：生产者或供给者与需求者之间的竞争，即卖方与买方的竞争；生产者或供给者即卖方内部的竞争；需求者即买方内部的竞争。当商品供过于求时，卖方内部竞争加强，买方内部竞争减弱，价格下落。当商品供不应求时，卖方内部竞争减弱，甚至停止竞争、一致对外，而买方争相购买，内部竞争加强，引致价格提高。市场配置资源是指各经济部门，包括生产部门和流通部门对所需的资源进行有效、合理的分配。这也就是马克思主义政治经济学所讲的"价值规律"调节生产和流通，即自发地将生产资料和劳动力分配于不同的部门。各经济部门和企业有效利用资源的依据，就是反映供求关系和竞争关系的市场价格信号。在市场经济中，资本追求最大利润。某种商品价格上涨，意味着经营该商品的利润率提高，更多资本就会转向该商品的生产，从而扩大商品的供给量。反之，则会减少供给量。市场经济就是在市场竞争和供求的不断变动、从而价格的不断变动中实现市场均衡。从以上说明可以看出，实行计划经济就是由计划决定资源配置，实行市场经济就是由市场决定资源配置。讲市场配置资源，一般着眼于生产部门的资源配置，容易将资源配置等同于生产要素配置。其实，在实际经济生活中，流通部门也有流通要素合理配置问题，在消费领域也有消费资源公平配置问题。当然，生产领域的资源配置是决定性环节。

我国由计划经济转向市场经济以来，社会主义市场经济的理论与实践问题，一直是学界和实际部门研究和议论的热点问题。中央文件中也不断提出新的理论指导，着眼于扩大和增强市场经济在发展社会主义经济中的作用。学界出版了大量有关市场经济的论著，这与资本主义国家的有关情况形成鲜明反差。发达资本主义国家很少有专门研究和阐述市场经济的论著，包括专著和论文。所以我国不断翻译出版了大量西方经济学的书籍和论文，但很难看到专论资本主义市场经济的译著。有些西方权威性经济学词典中，连市场经济的词条都没有。例如，以学术性强、权威性高著称的《简明不列颠百科全书》中，就只有"市场"一词而无"市场经济"条目。在"市场"条目中只简略提及资源配置问题："亚当·斯密（Adam Smith）早在18世纪就预见到现代工业是依靠其产品市场的广泛而发展的。……19世纪晚期的经济理论注意资源的分配使用，瓦尔拉（Walras）提出了一般均衡论。经济学家们认为各种市场力量的自发发挥，可带来充分就业和资源的最佳分配。正当凯恩斯抨击市场均衡概念之际，除了传统的'完全竞争'理论外，又有'不完全竞争'理论的出现。

不过二者都被讥为不符合于经济现实的。"①《简明不列颠百科全书》对市场配置资源的作用论述得很简略，而且对资源配置的市场均衡理论以及"完全竞争"与"不完全竞争"中的经济理论也都表示不认同。

还有个值得思考的问题：西方国家的经济学著作包括教科书，涉及市场经济问题时，除正面论述其作用外，还往往专门讲述其负面效应，特别是着眼于分配不公形成的贫富分化问题。有的还特别提出，市场配置资源并不包括全部生产领域。例如，一本少见的设有"市场经济"词条的词典——美国《现代经济词典》中，对市场经济的解释非常简括："一种经济组织方式，在这种方式下，生产什么样的商品、采用什么方法生产以及生产出来以后谁将得到它们等问题，都依靠供求力量来解决。……美国基本上是一种市场经济。然而，美国仍有许多不受市场指导的活动，如许多农产品的产量，就是由政府规定的种植面积和所支持的价格决定的。"② 它特别指出，美国"仍有许多"经济领域"不受市场指导"，而是"由政府规定"或"决定"。

具有国际影响的美国经济学家斯蒂格利茨（Stiglitz），在其《经济学》中指出，现代经济是混合经济，即市场与政府混合作用的经济。该书专设一节讲"混合经济中的市场与政府"，其中阐述了市场和市场经济，"经济学中的市场概念是指任何可以进行交换的场合。……所有这些交易都包括在市场和市场经济这两个概念中。"关于市场经济的内涵，斯蒂格利茨进一步论述："在充满竞争的市场中，个人做出反映他们自己意愿的选择。厂商做出使利润最大化的选择；为此，它必须生产消费者需要的产品……当厂商之间为了追求利润而竞争时，消费者既从他们出产

---

① 《简明不列颠百科全书》第七册，中国大百科全书出版社 1985 年版，第 321 ~ 322 页。

② ［美］格林沃尔德：《现代经济词典》，商务印书馆 1981 年版，第 275 ~ 276 页。

的产品中获益，也从供给商品的价格中获益。"同时，斯蒂格利茨又把问题转向另一方面：总的来讲，市场经济提供的答案是"能够保证效率，但是在某些领域内，这些答案都是显得很不够。可能有太多污染，太多不平等，或对教育、卫生和安全关心太少。当人们感到市场运行得不好时，就会转向政府。""在市场经济中，政府起着重要的作用。"① 该书还专设一节讲"市场失灵与政府的作用"，区分了两种经济学家，即"自由市场经济学家"和"不完全市场经济学家"。前者包括米尔顿·弗里德曼和已故的乔治·斯蒂格勒（George Stigler），他们不赞同政府干预，确信政府不加干预的市场是实现经济效率的途径。后者主张政府干预，怀疑放任自流的市场会在经济上产生有效率的结果。斯蒂格利茨是主张政府干预的，认为"政府在促进竞争和限制滥用市场势力方面发挥着积极的作用"；② 提出"滥用市场势力"的问题，政府要对之进行限制。他讲的"自由市场经济学家"就是当前世界范围内受到批判的新自由主义经济学家。

萨缪尔森的《经济学》教材，既正面论述了市场配置资源的效率性，又揭示了它的诸多负面效应，并主张"政府应进行干预以增进市场经济的功能和公平"。萨缪尔森特别指出，市场经济会带来收入分配不公和贫富分化，即使在具备完全竞争的理想条件的市场经济中，也"没有理由认为，在自由放任条件下，收入能被公平地加以分配。结果将是，收入和财富上存在着巨大的不平等，而这种不平等会长期在一代代人中存在下去"。萨缪尔森进一步指出："在市场经济中，财富分配不平等远远大于收入分配的不平等。"③ 该书还通过对"看不见的手"的学说的实效考察，提出不要迷恋于市场经济的美妙，"在这个时候来讨论市

---

　　①② ［美］斯蒂格利茨：《经济学》第 2 版，中国人民大学出版社 2005 年版，第 13、359 页。
　　③ ［美］萨缪尔森、诺德豪斯：《经济学》第 14 版，北京经济学院出版社 1996 年版，第 78、544～697 页。

场失灵的情况，是为了将我们对市场的热情稍稍降温，对'看不见的手'有所了解之后，我们一定不要过分迷恋于市场机制的美妙——认为它本身完美无缺，和谐一致，非人力所能望其项背。""看不见的手有时会引导经济走上错误的道路。"①

　　总之，从西方经济学关于发展市场经济、优化资源配置的重要论著看，有几个值得关注的要点：其一，西方经济学讲市场经济，就是讲由市场配置资源及怎样配置资源，就是要说明生产什么、生产多少、为谁生产、怎样生产都由市场引导。讲资源由市场配置，不言而喻，就是指市场决定资源配置。但无论萨缪尔森的《经济学》，还是斯蒂格利茨的《经济学》或其他西方学者的经济学论著，都没有讲在市场经济中市场配置资源的作用是"基础性"作用，还是"决定性"作用。而我们却在这类问题上认识各异，讨论不休。其二，发达资本主义国家的市场经济已实行了几百年，是成熟的市场经济，但从西方权威的经济学教材和词典中，更多看到的是对市场经济正反两方面效应的总结性阐述，而且讲正面效应比较简略，而讲市场失灵、负面效应则具体而突出。我们在讨论和宣传社会主义市场经济时，往往突出其正面效应（这是必要的），甚至西方经济学作为负面效应论述的事实，我国重要媒体竟作为正面效应加以宣传。例如，前引西方权威经济学教材中明确指出，市场经济会导致分配不公、贫富分化，这完全符合资本主义市场经济几百年的发展历史。法国学者皮凯蒂新出版的《21世纪资本论》一书，热销西方国家，也引起我国学界关注，他就用统计数字分析和阐述了西方资本主义几百年发展中贫富分化的历史事实。而我国有的重要媒体却发表论文，主张通过深化发展市场经济、市场化分配，来缩小贫富分化，认为市场化可以解决一切问题。其三，西方权威经济学著作反对新自

――――――――――

　　① ［美］萨缪尔森、诺德豪斯：《经济学》第14版，北京经济学院出版社1996年版，第78、544～697页。

由主义的市场万能论，具体论述了政府在发展市场经济中的重要作用。而我国竟有人用新自由主义观点来解读党的十八届三中全会《中共中央关于全面深化改革若干重大问题的决定》（以下简称《决定》）的精神，认为新提出的市场"决定"资源配置就是回到了他们所主张的市场决定一切，应削弱和排斥政府作用。也有学者不理解或不赞同将市场在资源配置中起"基础性"作用改提"决定性"作用，担心讲"决定性"作用会与新自由主义混同，或与资本主义市场经济混同。更多的学者和宣传部门，在改提"决定性"作用问题上高调、大做文章，认为这是理论的重大创新和发展，是认识上的重大突破等。其实，如前所论，讲"市场配置资源"，其实际内涵就是由市场决定资源配置，西方经济学论著讲市场经济虽然一般不提"决定"一词，但无论从理论上讲还是从实践上看，市场在资源配置中就是在起决定作用。党的十八届三中全会《决定》中明确指出，"市场决定资源配置是市场经济的一般规律"。这一规律既适用于资本主义市场经济，也适用于社会主义市场经济。既然我国由计划经济转向市场经济，也就是由计划决定资源配置转向由市场决定资源配置。应当明确，讲市场决定资源配置，不能绝对化地理解。并不是经济发展的各个方面都由市场决定，有些经济领域的发展不能由市场决定。而且市场决定的力度越大、越广，就越需要更好地发挥政府的作用。有效市场需要有效政府的调控，强市场需要有强政府的匹配。

我们需要思考一个问题：为什么西方经济学论著对市场经济作用的阐述和宣传比我国更平易和平实？我国的有关讨论和争论为什么那么热烈和激烈？为什么意见分歧又那么多而大？其实，这有其客观原因。资本主义与市场经济可以说是鱼水关系。资本主义在其全部产生与发展的历史中，始终在市场经济中求生存、求发展，建立了成熟的市场经济。西方国家是先有市场经济的实践，后有市场经济的概念和理论。直到 20 世纪，资本主义市场经济已发展了几百年，才出现和流行市场经济概念与理论。长期生活在资本主义市场经济体制中的人们，具有对市场经济的感性认识，并且很熟悉、很丰富。即使没有市场经济概念和理论的引导，他们也能熟知市场经济的实践内容。西方是将长期的市场经济实践上升为西方经济学家的有关概念和理论。他们吃透了市场经济的长处和短处，正面效应和负面效应，逐渐认识到政府在发展市场经济中的重要作用。从亚当·斯密时期政府只做守夜人的自由市场经济，到 20 世纪 30 年代大危机后的凯恩斯国家干预理论和罗斯福新政，到借鉴社会主义国家实行计划调节的举措、制定和实行经济计划（第二次世界大战后，日、法等许多国家实行了经济计划），将"看不见的手"与"看得见的手"结合、统一起来，用"看得见的手"引导"看不见的手"，促进了资本主义战后的创新发展。因此，西方经济学家在写给西方读者的教材和论著中，不需要对市场经济的内涵和怎样搞市场经济做过多的描述。我国是由计划经济转向市场经济的，无论政界、学界还是实际经济工作者，都对什么是市场经济和怎样搞市场经济很不熟悉，需要从头学起，需要向西方学习。长期以来，无论西方的或东方的政要和学者，在计划经济和市场经济问题上，曾经形成了完全一致的看法：市场经济等于资本主义；计划经济等于社会主义。的确，资本主义一直实行市场经济，社会主义曾长期实行计划经济，这也是历史事实。社会主义国家转为市场经济，是缺乏理论准备和实践经验的巨大变革。社会主义市场经济在实践中摸索着前进，在理论上探索着发展。不同的人按照各自的理论偏好和价值取向，汲取西方不同历史时期的市场经济理论观点。有的主张市场经济只能建立在私有制基础上，不认同"社会主义市场经济"；有的主张亚当·斯密时期的自由市场经济，认为政府不要干预；有的赞同新自由主义的观点，即私有化、自由化、全面市场化。马克思主义理论工作者大都认同和坚持邓小平和党中央提出的社会主义市场经济改革方向，反对新自由主义的观点。这就呈现出中国学界在市场经济理论认识上远胜于西方的分歧和争论。

2. 市场配置资源理论需要发展，不能照搬西方观点。

关于资源配置问题，长期以来马克思主义政治经济学是讲价值规律的调节作用。市场配置资源的概念和理论是从西方引进的。但应考虑，我国是社会主义国家，实行的是社会主义市场经济，与资本主义市场经济有共同的一面，也有制度性差异的一面。我国理论界对这两方面的认识都存在不足。对共同的一面认识不足表现在两方面：其一，有的学者认为，市场决定资源配置是资本主义市场经济的特点，社会主义市场经济中的资源配置不应由市场"决定"。因为讲市场"决定"似乎就是排斥党和政府的领导作用。其实，正如党的十八届三中全会《决定》所指出的："市场决定资源配置是市场经济的一般规律。"习近平同志在《关于〈中共中央关于全面深化改革若干重大问题的决定〉的说明》（以下简称《说明》）中指出："市场经济本质上就是市场决定资源配置的经济。"前面也已说明，实行计划经济就是由政府计划决定资源配置，实行市场经济就是由市场决定资源配置。因此，市场决定资源配置，这是资本主义市场经济与社会主义市场经济根本性的共同点。需要在理论上认同：不让市场决定资源配置，就只能由政府决定，那就不是市场经济。其二，对党的十八届三中全会将以往所讲的使市场在资源配置中起"基础性"作用，改为使市场在资源配置中起"决定性"作用，进行理论逻辑上自相矛盾的浮夸性的解读与宣传，认为将"基础性"作用改为"决定性"作用，是理论上的重大创新与发展。特别是一家中央大报在 2014 年 8 月 22 日转载的一篇指导性解读文章中这样讲：将"基础性"改为"决定性"，是"认识上的一个新突破"，"两字之改是全会《决定》一大亮点，是我国社会主义市场经济内涵的'质'的提升。"试问，"新的突破"突破了什么？"质的提升"提升了什么？既然市场经济的规律和本质就是市场决定资源配置，我国从计划经济转向市场经济体制起，事实上就是由市场决定资源配置了。难道我国实行市场经济几十年，市场没有起决定资源配置的作用，只是到党的十八届三中全会改提由市场起"决定性"作用，才开始起决定性作用吗？这与市场经济的规律和本质岂不存在理论逻辑上的矛盾？我国已经建立了社会主义市场经济，市场决定资源配置的规律就会突破障碍、开辟道路、发挥作用。

过去讲市场在资源配置中起基础性作用，没有看到有谁对"基础性作用"做出说明，是否"基础性"排斥"决定性"？对西方学者和政界人士来说，只讲由市场配置资源，也明白就是指由市场决定资源配置。我国对市场经济的认识在逐步深化，明确讲清市场配置资源的"决定性"作用，可以减少和制约政府对市场和企业的不当干预，有其积极意义。但不要把"决定性作用"与"基础性作用"对立起来，二者只是文字表述上的差异，不存在内涵上的区别。盖高楼要打好基础，基础的好坏决定大楼的质量高低。生产资料所有制是生产关系的基础，所有制起决定作用。经济关系是基础，并决定上层建筑。治学要打好理论基础。所有这些讲"基础"的地方，都不排斥"决定"意义。

习近平同志在《说明》中讲到："关于市场在资源配置中起决定性作用和更好发挥政府作用。这是这次全会决定提出的一个重大理论观点。"这样表述符合实际，没有张扬之词。这不只表示市场决定资源配置是重大理论观点，而且包括"更好发挥政府作用"、将市场和政府的作用更好统一起来"是一个重大理论观点"。习近平同志也讲到"理论突破"，但讲的是由计划经济转向市场经济的"突破"。他说："党的十四大提出了我国经济体制改革的目标是建立社会主义市场经济，提出要使市场在国家宏观调控下对资源配置起基础性作用，这一重大理论突破，对我国改革开放和经济社会发展发挥了极为重要的作用。"社会主义国家放弃计划经济，转向市场经济，这在马克思主义发展历史和社会经济发展史上确实是开创性的重大理论突破，但党的十八届三中全会将市场配置资源的"基础性"作用改为"决定性"作用，不能与此类比。

我国是社会主义国家，实行社会主义市场经济，在市场配置资源问题上，从本质和规律性上看，与资本主义市场经济有其共同的一面，但也有不同的方面。讲资源配置应区分两个层面：一是市场主体的经营管理层面；二是市场主体的投资取向层面。资本主义国家以私有制为基础，因而这两个层面的资源配置都由私人资本决策。我国实行的是以公有制为主体、多种所有制经济共同发展的经济制度。截止到2013年底，我国私营企业已达1 253.9万户，外商投资企业也约45万户，个体工商户达4 436.3万户。这样广大的私有制市场主体，经营管理和投资取向这两个层面都由私人自己决策，就是说都由市场决定其资源配置。但社会主义国有经济和集体经济，应区分这两个层面中存在的差异。撇开国防军事工业、航天工程、基础设施建设等领域的资源配置在两个层面都不由市场决定外，就一般的公有制经济来说，由市场决定资源配置，主要是指经济管理层面：公有制产品的价格与私有制产品一样都由市场决定，企业生产什么、生产多少也根据市场信号决定。但在投资取向层面上，国有经济建立新企业、资本投向哪里不是主要根据市场价格的高低和盈利多少来安排，而是根据国家和社会的需要决策的。新的铁路特别是高铁建设、高速公路的扩展、新兴高科技产业的建设等是这样，其他各领域国有资本的新投资也是这样。

社会主义市场经济在资源配置问题上与资本主义市场经济的更大差别，是在宏观经济领域的资源配置上。

前些时候，刘国光教授提出，社会主义市场经济中由市场决定资源配置应限于微观经济领域，宏观经济领域应由政府配置。当时笔者想，这个观点在西方经济学中不存在，在我国中央文件和学界也未提出，会不会与西方经济学原理、与中央文件指导思想相抵触。经过从理论与实践的结合上深入思考后觉得不能照搬西方经济学的观点，中国的资源配置理论需要发展。中国特色社会主义经济制度决定了不同于西方的中国特色社会主义市场经济的资源配置。无论西方还是我国，市场决定资源配置都是指微观经济领域，宏观经济领域的资源配置问题，西方经济学没有专门论述。西方经济学主要讲宏观经济政策目标，如总产出与总消费的增长、高就业、价格水平的稳定（低通胀）、进出口的平衡等。这类宏观经济政策目标对我国也适用。这些目标是通过政府的作用实现的。这方面的政策既不属于市场决定资源配置，也不属于政府决定资源配置，它只是通过政府实施财政政策、货币政策及国际经济政策（如外汇市场管理）等去影响微观经济领域的资源配置。

但在宏观经济政策上，有必要明确：我国作为社会主义国家，其经济职能要多于资本主义国家。南水北调、西电东输、西部大开发、振兴东北老工业基地、科学发展、生产力合理布局、建设新农村和农业现代化，等等，都涉及宏观经济领域资源配置问题。西部大开发意味着促使资源配置向西部倾斜，建设新农村和农业现代化需要有资源支持农村和农业发展。这类宏观经济领域的资源配置显然不是也不能由市场决定，而是由政府决定。此外，西方经济学中的宏观经济政策目标，主要属于经济增长和发展的任务，即属于发展生产力的范围，而不涉及经济制度即生产关系的范围。社会主义国家的宏观经济内容，不只包括国内产出与消费总量、价格总水平、就业失业总量、进出口总量等，而且包括公有制经济与私有制经济的消长状况、不同所有制经济的发展状况等，也就是不仅存在生产力总量和结构的发展变化问题，还存在不同所有制的发展与变化问题。

不同所有制的发展变化同样涉及资源配置问题。我国实行国有经济为主导、公有制经济为主体、多种所有制经济共同发展的基本经济制度。党的十八届三中全会指出：公有制为主体、多种所有制经济共同发展的基本经济制度，是中国特色社会主义制度的重要支柱，也是社会主义市场经济体制的根基，是我国经济社会发展的重要基础。必须毫不动摇巩固和发展公有制经济，坚持公有制的主体地位，发挥国有经济的主导作用，不断增强国有经济活力、控制力、影响力。我国实行社会主义市场经济的出发点和落脚点，是"促进社会公平正义，增进人民福祉"。我国深化改革的总目标是"完善和发展中国特色社会主义制度，推进国家治理体制、治理能力现代化"。我国的经济发展是以人为本、全面协调可持续的科学发展。社会主义的根本原则是实现共同富裕，社会主义的本质要求是消除两极分化。这些内容不属于微观经济而属于宏观经济范围。我国实行的是社会主义市场经济，需要坚持改革的社会主义方向。这种坚持不是用西方经济学所讲的"看不见的手"所能完成的，而是需要党和政府的有效领导及经济实践的自觉推进才能获得效果。这就需要发挥政府在宏观经济领域的资源配置职能。坚持发展和完善社会主义经济制度，就要坚持发展和完善包括国有经济和集体经济的公有制经济，资源配置就应保证国有经济为主导、公有制经济为基础或为主体的制度安排。这种资源配置不能靠市场，只能靠政府。此外，消灭剥削、消除两极分化、实现共同富裕也与资源配置相关，这些同样不能依靠市场，只能依靠党和政府的领导与安排。

　　根据以上分析，可以得出结论：我国实行社会主义市场经济，市场要起决定资源配置的作用，但主要是微观经济领域的决定作用。在社会主义宏观经济领域，不能由市场决定资源配置，而主要依靠党的领导和政府的决策。

第五章

贫富分化的形成、根源、治理途径和共同富裕问题

改革开放后，对"左"风时期宣传的按劳分配是产生资产阶级土壤的错误观点进行了批判，学界还展开了生产目的的讨论。邓小平也强调指出，按劳分配是社会主义分配原则。出台了一些消除平均主义分配的政策措施。随着非公有制经济的发展、改革的推进和市场机制的引入，曾出现过一段时期中分配领域"体脑倒挂"的现象。所谓搞原子弹的不如卖茶叶蛋的，拿手术刀的不如拿剃头刀的，教授的收入低于宾馆服务员的收入，还出现国有企业乱发奖金和实物的现象。但是，随着改革的不断推进，从 20 世纪 90 年代开始，出现了收入差距不断扩大的趋势，最终出现了贫富分化的现象。一方面，经过近 40 年的改革开放，我国的经济快速发展，经济总量跃居世界第二，仅次于头号发达资本主义国家美国。总体上说，我国广大居民的个人收入和生活水平有了显著的提高，但是另一方面，又出现了贫富分化现象。两种不同的甚至相反的发展趋势搅在了一起，在这个问题上还涉及到分配领域中效率与公平的关系问题，这个问题在理论和实践中处理的正确与否，会影响收入差距的发展趋势。有的学者否认我国出现贫富分化现象，这是回避现实与真实的非科学态度。社会主义的根本目的是实现共同富裕。需要采取有效措施，缓解和消除贫富分化，把"做大蛋糕"和"分好蛋糕"统一起来。

一、贫富分化的产生及其根源

贫富分化是我国国计民生中一个比较突出的问题。对这个问题应该怎么看？它产生的原因是什么？应该怎样缓解这个矛盾？怎样走共同富裕的道路，这是重要的理论和现实问题。

（一）贫富分化概说

自 20 世纪 90 年代中期以来，我国居民收入差距显现不断扩大的趋势，出现了贫富分化现象。根据国家统计局提供的数据，反映我国居民收入差距的基尼系数，2003～2008 年的 6 年间，依次为 0.479、0.473、0.485、0.487、0.484、0.491。2009～2012 年的 4 年间，分别为 0.490、0.481、0.477、0.474。有统计资料表明，一般发达国家的基尼系数在 0.24～0.36 之间。

国家统计局公布的基尼系数，在社会上引起议论。因为与社会研究机构提供的数字有较大差异。如中国西南财经大学与中国人民银行总行金融研究所共同成立的研究中心所发布的基尼系数大于国家统计局公布的数字：2010 年的数字是 0.61。

鉴于国内外学者对我国统计局提供的基尼系数有异议，《人民日报》于 2013 年 2 月 5 日发表了由几位记者撰写的《哪个基尼系数更靠谱》一文，对有关争议问题进行了分析和说明。讲的比较客观和实际。笔者认为，2010 年的基尼系数是 0.481，还是 0.61，虽有较大差异，但不影响对我国贫富分化本质关系的理论分析。

基尼系数反映的收入差别是抽象的。具体的、感性的贫富分化状况可从现金收入差别和财富占有差别表现出来。近些年来，我国百万美元的富人和拥有一亿元以上人民币的富豪人数，每年都在以几千几万的数字增加。根据胡润研究院提供的数字，2013 年，中国百万美元的富翁增加了 10 万人，达到 290 万人，而

"超级富豪"——至少拥有 1 亿元人民币——增加了 2 500 人，达到 6.7 万人，少数高收入者占有了国民收入很大比例。从近几年的统计资料看，总人口中 20% 的最低的收入群占收入份额的 4.7%，而占总人口 20% 的最高收入群，却占总收入份额的 50%。从个人现金收入的绝对差距看，不少大企业主年收入几亿元或十几亿元。根据 2010 年胡润富豪榜推算，2009 年，我国前 1 000 名富豪年均收入 10 亿元。而全国城镇居民年均可支配收入为 17 175 元，农村居民年均收入为 5 153 元，差距分别为几万倍和十多万倍。而城乡居民平均收入还掩盖了最低收入层。另外，演艺界的明星年收入数百万元、数千万元的大有人在，有的甚至收入上亿元。《深圳特区报》2011 年 4 月 6 日刊登报道，指名道姓地讲某海派清口演员一年收入 8 千万元。某些"明星"的电视剧片酬近年来暴涨。过去一集片酬两三万元，现涨到 20 万 ~ 30 万元。有的喊出 50 万元甚至 70 万元的高价。这表示：一位明星出演一部 30 集的电视剧，两三个月时间，可赚到 600 万 ~ 900 万元或以上，高过中国香港、中国台湾的片酬。《深圳特区报》2013 年 4 月 25 日刊载福布斯中国名人榜新榜单。所谓"名人榜"专指文化界名人。其中有名有姓的 17 位演员、歌唱家，最低年收入者为 4 070 万元，最高收入的一位名演员为 11 500 万元。与此同时，有不少劳动者一月只有两千元左右的收入。我国农村和城市，还有数千万需要救助的困难群体。还应注意到，考察贫富分化，既要考察流量收入差距，即年收入差距，更要考察存量收入差距，即已有财富占有收入差距。有统计资料表明，近年来，我国的富豪数量，只比美国少些，居世界第二位。2012 年 9 月，胡润公布了中国 1 000 位顶级富豪名单，其平均财富达 8.6 亿美元。《深圳特区报》2013 年 3 月 1 日发布了胡润全球富豪榜华人前三名中大陆的宗庆后家族（娃哈哈公司）的财富为 820 亿元。王健林（万达公司）为 780 亿元，蔡衍明（旺旺公司）为 600 亿元。前二人超过 100 亿美元。1956 年时，据说中国最大的资本家荣毅仁的财富有 1 亿美元。近 60 年来，即使美元贬值，中国大陆多位顶级富豪的财富也超过当年荣毅仁 10 多倍左右。另一方面，中国有些农村的贫困户家徒四壁，没有财富积累。根据 10 多年前国家发改委、国家统计局和中国社科院等编写的《中国居民收入分配年度报告》披露：我国最高收入 10% 的富裕家庭所占有的财产总额，占全部居民财产的 45%，而最低收入 10% 的家庭只占有 1.4%，贫富收入差距为 32 倍。这是十多年前的统计数据，现在的差距更扩大了。

（二）消费差距悬殊

收入差距的过分扩大，导致消费差距的过分悬殊。影星、歌星和其他高收入者，多住亿元以上豪宅。富人们一般有多辆高级轿车。2009 年 8 月 17 日的《解放日报》报道：上海第一豪宅"汤臣一品"每平方米高达 10 万元的售价，竟在六七月间卖出30 套。深圳华侨城 5 000 万元一套的别墅，也在较短时间售罄。大家知道购买豪宅者，有的是为投资获利，有的是自居，但投资者也还是要卖给富人消费。中国富人群体的增加和其高消费的支出，从我国豪华轿车的出售情况可见其一斑。《参考消息》2011年 12 月 23 日报道：中国对宝马和奥迪的需求激增。预计当年豪华轿车销售量达 94 万辆，超过德国，仅次于美国。新加坡《海峡时报》2009 年 10 月 11 日报道：中国存在疯狂消费行为，有人花 600 万元买一块宝珀表，有人用 1 000 万元买一辆宾利豪华敞篷车。它还转述高盛公司的一份报告，将中国列为世界上第二大奢侈品市场，超过了美国，仅次于日本。中国富人已不满足于打高尔夫球，又热衷于建赛马场、看赛马。有资料表明：千万富豪的年均消费为 190 万元人民币，亿万富豪的年均消费为 250 万元，有的达 300 万元。另一方面，中国城乡还存在多达数千万人的生活困难群体，靠国家扶贫救助维持低水平生活。上述新加坡媒体的报道中也说："这个国家仍有大量人口生活在贫困线以下，每天的生活费不到 1 美元。"根据《人民日报》2010 年 6 月 11 日刊发的民政部的统计报告，2009 年底，我国低保对象在城市共有 1 141.1 万户、2 345.6 万人，农村共有 2 291.7 万户、4 760 万人。2011 年，中央提高了扶贫标准，以农民人均纯收入 2 300 元作为新标准（相当于每天 1.8 美元），农村贫困人口从 2 688 万人增加到 1.28 亿人。低收入困难户，不仅存在于体力劳动者之间，也存在于一些脑力劳动者之间。我国曾多年存在的小学代课教师，工资收入低微，除一部分转正外，几年前被一律清退，使其陷入更深的困境。《人民日报》2009 年 11 月 17 日发表了记者以"这一次离开，可能就是永远"为题的文章，报道了甘肃皋兰县山字墩村小学几位代课教师的命运："这些老师，从 20 岁教到 40 岁，把自家教成村里最穷的，最后什么也没落下。"

消费贫富分化，是收入贫富分化的结果。解决消费差距悬殊、消费贫富分化，要以解决收入分配不公、消除收入两极分化为前提。这涉及到社会主义制度的兴衰成败，不能等闲视之。

《中国富翁不惜重金追奢侈》，这是 2011 年 3 月 17 日《参考消息》所用的一个标题。它报道：一名中国煤炭大亨以近百万英镑（合人民币 1 000 万元）买了一只 11 个月大的毛发耀眼的红色藏獒，吃鸡肉、牛肉、海参、鲍鱼。由于富豪们的炫富消费，顶级羊脂玉的价格比 10 年前上涨了约一万倍。过去 10 年，1982 年的"拉菲"葡萄酒的价格上涨了 1 000%，一个 18 世纪的花瓶以 4 300 万英镑的惊人价格成交，创下世界纪录。

近几年传播最广的是山西煤炭大王嫁女，婚礼车队招摇过市，其中有 4 辆劳斯莱斯幻影、4 辆法拉利、6 辆梅塞德斯—奔驰、6 辆宾利、20 辆奥迪、6 辆吉普、1 辆悍马、若干辆宝马、保时捷和路虎揽胜。

《参考消息》2009 年 10 月 14 日报道：一名中国年轻女子用 400 万元买了一只藏獒，用飞机运回的时候，派 30 辆奔驰车去机场迎接。让狗住在恒温室中，每天吃鸡肉和牛骨汤，喝矿泉水，一月饮食花费 3 000 元。而一个普通清洁工月收入只有 1 000 多元。

炫富消费，没有任何积极意义，只会带来群众的反感和不满，应受到社会舆论的批评和规范。

《深圳特区报》2011 年 12 月发表《明星生儿女讲排场》一文，报道多位明星生儿女讲排场情况。有名有姓，这里隐其名只提姓。孙某 2011 年初，在上海一家私立医院待产，日均消费 1 600 美元（约 10 145 元人民币）；胡某 2009 年 11 月在吉隆坡生子，住五星级医护公寓，护理室为四室一厅的规格，日消费 5 600 元人民币；张某 2010 年 5 月生子，所住豪华套间，面积约 250 平方米，每日收费 1 万港元，全部费用 30 万港元；陈某 2009 年在香港生子，同样花费总价 30 万港元；赵某 2010 年 4 月在新加坡生子，住贵宾房，日均消费合人民币约 21 100 元，共花掉 26 万元人民币。

（三）对贫富分化原因的不同认识

社会主义的中国，为什么会产生贫富分化现象？理论界有不同的回答。刘国光等学者认为，主要是产生于所有制结构的变化。刘国光发表多篇文章，强调关于收入差距过大趋势的产生"还需要从所有制结构，从财产制度上直面这一问题。"[1] 并引证邓小平讲过的话：只要我国经济中公有制占主体地位，就可以避免两极分化。程恩富和余斌认为："当前，中国在经济结构转型中强调更多地发展私有制经济和对外招商引资，现存的国有和集体企业也大量被股份私有化，必然会导致劳动报酬占比的下降"。"劳动报酬占比下降，是公有制的比重在中国经济中的比重下降、政府和工会未能在市场经济发挥作用的客观结果"。[2]

----

① 刘国光：《改革开放新时期的收入分配问题》，载于《百年潮》2010 年第 4 期。
② 程恩富、余斌：《关于当前劳动收入分配问题释疑》，载于《管理学刊》2010 年第 5 期。

吴宣恭讲的更直率和尖锐："私营企业主收入与普通劳动者收入的惊人的差距，才是我国收入分配不公的主要矛盾。因此，其原因只能从所有制的变革和工作失误去说明，即在鼓励私人资本主义经济发展的同时，对其引导和监管不力，造成资本过度剥削，资本积累过快而导致劳动大众相对贫困"。"资本主义私有制又在我国重新发展起来，并且形成比社会主义改造前还要强大百倍的资产阶级，雇佣劳动和剥削已经在数量上占社会多数的资本主义企业中普遍存在，许多地方剥削和压迫十分严重"。[1]

胡钧持不同的观点。他不赞同"把公平正义作为依据来判断我国现阶段的个人收入差别"。他把现阶段我国形成"收入差距的原因"归纳为五个方面：一是劳动贡献的差别。二是生产要素占有上的差别。三是垄断行业职工的收入高于非垄断行业。四是灰色收入。五是贪污腐败和不法行为的非法收入。他认为私营外资企业靠"资本量获取收入……应视为公平的、正义的、应当坚持的"。[2] 显然，他的观点，与用所有制结构的变化即资本主义私有制比重的扩大来说明贫富分化的观点，是相对立的。

杨宜勇认为，造成收入分配差距扩大的原因，"既有自然因素、历史因素，又有市场因素、制度和政策因素"。各地自然条件差异大，是造成不同地区发展水平和居民收入不同的原因之一。从历史发展看，不同行业发展快慢不同，收入水平就不同。从市场机制看，资本的逐利本性和投机行为会拉大收入差距。制度规则不完善，监管不到位，会影响收入分配。[3]

郭飞认为，中国当前个人收入分配存在四大问题：权力寻租

①　吴宣恭：《再谈分配不公的主要矛盾和根源——兼答何炼成教授》，载于《当代经济研究》2011年第8期。
②　胡钧：《转变经济发展方式与国民收入分配结构调整》，载于《改革与战略》2010年第26卷第11期。
③　杨宜勇：《努力扭转收入差距扩大趋势》，载于《人民日报》2011年2月1日。

较为猖獗，黑色收入屡打不绝；部分垄断行业不合理的高收入问题相当突出；利润侵蚀工资，劳动报酬在国民收入初次分配中占比过低；个人收入差距持续显著扩大，部分社会成员贫富悬殊。[1] 其实，笔者认为，后一项是前三项的结果，不是并列的单独问题。

吴敬琏认为，收入分配不公平的原因，主要是垄断与腐败。"资本主要掌握在国有企业手中……形成了政府、企业和居民三者中，政府和企业特别是国有企业收入在国民收入中的占比愈来愈高"。"对初次分配造成的扭曲的原因还有以不受约束的权力为背景的地方行政垄断、寻租腐败"。[2]

李稻葵认为，"当前中国的收入分配不均，很大程度上是腐败以及滥用公权力的后果，这其中也包括一些国有企业出现的管理、治理上的重要问题"。"腐败的核心是政府权力过大"。其次，是中国当前发展阶段，存在着不同人力资本的市场回报率之间巨大的差距。一方面，数额巨大的劳务工，工资率很低；另一方面，中国又奇缺技能高端化人才。这一巨大反差，带来了不同技能的人力资本之间收入回报的巨大差距。[3]

（四）从理论和实践的结合上分析贫富分化原因

究竟该怎样认识我国收入差距过分扩大，出现贫富分化的原因呢？需要从理论与实践的结合上进行分析，并对不同观点进行评析。

首先，应该肯定，从所有制结构的变化上说明贫富分化的原因，是有根据的。从理论根据来看，马克思主义认为，生产资料

---

[1] 郭飞、王飞：《中国个人收入分配改革：成就，问题与对策》，载于《马克思主义研究》2010 年第 3 期。

[2] 吴敬琏：《缩小收入差距不能单靠再分配》，载于《IT 时代周刊》2011 年第 15 期。

[3] 李稻葵：《国民收入分配问题的本质》，载于《人民论坛》2010 年第 31 期。

所有制是经济关系的基础，生产方式决定分配方式。生产条件的分配决定个人收入的分配，分配关系是生产关系的背面。社会主义公有制实行按劳分配，劳动差别决定分配差别，这种差别不会很大，因而不会产生两极分化。从历史上看，贫富分化现象都与生产资料私有制相关。资本支配雇佣劳动的资本主义生产方式，必然实行以按资（本）分配为核心的按生产要素所有权分配。资本强势，劳动弱势，按资分配的收入远远大于出售劳动力的价值收入，因而会产生贫富分化。凡实行私有制度的地方，必然产生贫富分化。奴隶制、封建制、资本主义制度的实践证明了这一原理。凡实行公有制的社会不会有两极分化，或是共同贫穷，如原始社会，我国改革开放前也可说是另一层次的共同贫穷；或是共同富裕，如江苏华西村和河南刘庄的公有制，走向共同富裕。从全社会来看，我国正为之创造条件，全力以赴的成熟的社会主义社会和未来共产主义社会，将实现共同富裕。无论共同贫穷或共同富裕，都没有两极分化，但共同贫穷不是社会主义，我们要的是没有两极分化，消灭贫穷，共同富裕的社会主义。邓小平讲：只要我国经济中公有制占主体地位，就可以避免两极分化，也是从所有制判断两极分化问题的。

两极分化中富人或富豪的产生，有两种不同情况：一种是凭借私人占有大量非劳动生产要素或销售资源而获得巨额非劳动收入。我国目前出现的富豪，都是大私营企业主。另一种情况是凭借自己的演艺获得巨额收入，如前面所讲的演艺界的情况。他们的演艺收入远远超过自然科学家和社会科学家的劳动收入。这种情况的产生，与实行市场经济有关，这又与十八大前各种庆典请名角的铺张浪费有关。市场经济有其正面效应，也有其负面效应，这一问题后面会讲到。

考察两极分化的产生，应分清根本性原因和非根本性原因、主要原因和非主要原因。所谓贫富两极分化，是指在同一经济运动过程中，一方面出现了富人，另一方面出现了穷人。对贫富分化又要分清绝对两极分化和相对两极分化。绝对两极分化，是指富者愈富，穷者愈穷或恒穷。相对两极分化是指富者愈富，但穷者并不更穷和恒穷。而是穷者的收入和生活水平也在提高。只是与富者更富的差距拉得更大了。我国目前出现的贫富分化是相对的而不是绝对的贫富分化。这是笔者根据我国实际情况提出的新概念。邓小平讲两极分化，也是从"富的越富，贫的越贫"意义上讲的。应肯定，从总体上说，改革开放以来，我国随着经济的快速发展，全国人民的个人收入和生活水平总体上说，显著提高了，虽然还有温饱问题有待解决的贫困人口，但数量大为减少。而且贫困人口都获得政府和社会救助，即使在私营外资企业中，存在利润与工资的对立，利润侵蚀工资，但农民工的低收入比他们原来在农村中务农的收入还是提高了。劳资收入差距的扩大在一定程度上是城乡收入差距扩大的反映。

同时，也应看到，我国公有制为主体地位的削弱和私有制经济比重的扩大，导致约80%的城镇职工在非公有制经济中就业。撇开黑砖窑、黑煤矿和违规私建的黑企业不说，对制假售假损害国家和人民利益的无良私商行为也撇开不说。在1 200多万家私营企业和45万多户外资企业中，存在着资本主义固有的劳资矛盾。即使再撇开不少企业违反劳动法、侵犯职工权益、恶意克扣和拖欠职工工资之类不说，尽量压低工资以提高利润的行为较普遍存在。根据国家统计局2010年公布的数字，2009年，私营企业职工的年平均工资为18 199元，只及国企职工的52%。私企的平均工资背后，存在着众多低于平均工资的低收入者。而另一方面，不少私营外资企业利润滚滚、资产迅速增加。日益增多的几十亿元、几百亿元的我国富豪，都是从私企中发展起来的。

因而，考察贫富分化的根源，如果无视所有制的决定作用，无视公有私有两种所有制消长变化导致的后果，就会在理论上犯马克思在《哥达纲领批判》中所批评的错误：离开所有制，就分配谈分配，抽象空谈"平等权利"、"公平分配"等拉萨尔主义观点。

因此，不能同意这种观点，这种观点错解了马克思、恩格斯有关公平正义的某些论述，认为我国存在个人收入过大差距是一种客观必然，该观点不赞同把实现社会公平作为社会主义的原则，并用分配公平评判收入差距的扩大。但他自己又认为私营外资企业中的收入差别"应视为是公平的、正义的"，因为符合我国现阶段的基本经济制度。并且认为，"生产要素的所有者按其投入社会中的有益的活动的资本量获取收入，是适合现阶段生产力发展需要的。尽管还包含剥削关系，也应视为是公平的、正义的，应当坚持的"。否认私营外资企业存在分配不公，否认应关注劳资收入差距不断扩大趋势，而且断言，存在剥削关系，也是公平的、正义的。按此逻辑，奴隶制度、封建制度、资本主义制度中的剥削关系，都是公平的、正义的了。这是对马克思主义理论的根本背离。恩格斯将这种观点斥之为"有产阶级胡说""虚伪的空话"。恩格斯在批评资产阶级及其学者宣扬资本主义正义、平等的胡说时指出："现代资本家，也像奴隶主或剥削徭役劳动的封建主一样，是靠占有他人无酬劳动发财致富的，……只在于占有这种无酬劳动的方式，有所不同罢了。这样一来，有产阶级胡说现代社会制度盛行公道、正义、权力平等、义务平等和利益普遍和谐这一类虚伪的空话，就失去了最后的立足之地"。① 在另一处又说："对现存社会制度（指资本主义制度——引者）的不合理性和不公平……的日益觉醒的认识，只是一种征兆"。② 马克思在《资本论》中也深刻地揭示了资本主义剥削"狼一般的贪欲、无限制的压榨"的残酷事实和阶级对抗关系。而胡钧竟宣传资本主义剥削是公平的、正义的，不会造成收入差距的过大现象。既与马克思、恩格斯理论相悖，也与历史事实相左。

我国收入差距扩大的原因，还有其他方面。如城乡收入差距

---

① ②　《马克思恩格斯选集》第 3 卷，人民出版社 1995 年版，第 338、741 页。

的扩大，与农牧业生产力的发展慢于城市经济的发展有关，当然也与长期对"三农"问题的重视不够有关。不同行业之间的收入差距扩大，有的与对劳动者的素质要求和技术水平差距相关。如 2005 年和 2009 年，航空运输业的年平均工资分别为 49 610 元和 79 880 元。远高于全国平均工资，更高于低收入行业平均工资的好多倍。这种收入差距不能说不合理、不公平。但有的收入差距过大，并非取决于劳动贡献的差别。如金融、证券等行业的过高收入就不大合理。笔者认识的一个外地教授，年收入近 10 万元，但到北京某银行挂职几年，年收入百万元以上，相差 10 倍。演艺界明星的高收入、国有企业高管的过高收入，也不完全合理。至于搞腐败的贪官获得高收入和其他黑色收入，是违法的犯罪行为，不会计入和提高基尼系数，破案后赃款没收，不属于分配关系不合理造成的贫富分化之列。还有一部分发横财的人，是靠钻我国改革开放前期的空子致富的，如利用当时的价格双轨制和特殊关系，当"倒爷"而成为富翁。上述高收入群体，都成为贫富分化的富方，为收入差距扩大增添了比重。但在考察贫富分化产生的原因时，除了要弄清富人群体怎样产生外，还应弄清穷人群体是怎样形成的。尽管可以把国企高管和明星们的高收入纳入收入差距过大的范围，但他们的高收入并不是造成低收入群体贫困的原因。形成低收入或穷困群体的原因，撇开因天灾人祸、生老病死等因素使某些居民陷入困境不计，主要是两个方面：一方面，也是主要方面，是私营外资企业的发展占有了全国经济 70% 左右的比重，80% 的城镇职工在非公经济中就业。从分配关系的倾向看，劳动收入所占比重减少，而资本所占比重增大，劳资收入差距不断拉大。这正是不少学者从所有制结构变化论述贫富分化形成原因的根据。另一方面，国企改革中的不规范操作，造成大量国有资产流失。有些原国企主管内外勾结自买自卖、虚卖实送、化公为私，而使国企职工失去保障，成为雇佣劳动者，或是被解雇从而陷入困境。另外，搞"减员增效"，大量国企职工下岗，有的夫妻都下岗，导致生活无着落。多个地方发生过下岗夫妻自杀现象。

笔者主张别把收入差距扩大与贫富分化划等号。两者可以相合，也可以不相合，如企业高管收入和演艺界的高收入即使高于院士和教授 10 倍、20 倍，也难说是贫富分化。因为院士、教授也是较高收入者。笔者将两个概念分别使用是出此考虑。

通过以上分析可以看出：我国形成收入差距过大、出现贫富分化的原因，是多方面的。有主要原因，有次要原因，有长期原因，有短期原因，这都是客观事实。但客观事实的形成，有无从主观方面值得总结经验教训的地方？我们在理论指导、政策措施等方面着力于发展生产力——这是必要的。但对邓小平强调的防止两极分化，走共同富裕道路，是否给予了同等的重视？有些地方官员引进外资，发展非公有经济，往往重资本、轻劳动，甚至官商勾结，侵犯工人农民权益。从理论指导上说，在我国已经出现收入差距扩大趋势的背景下，放弃党的十三大、十四大提出的分配政策中的效率与公平统一和兼顾的原则，改提"效率优先，兼顾公平"，进一步又提"初次分配注重效率，再分配注重公平"，即重效率、轻公平。初次分配可以不注重或不顾公平。然而，贫富分化正是从初次分配中形成的，无法从再分配取得公平，何况我国的再分配机制还很不健全和完善。近些年来，特别是党的十八大以来，中央重视并着力缓解收入差距过大的趋势，强调和致力于保障和改善民生，将其提到一个很高的地位，强调改革与发展的成果惠及广大人民。2004 年十六届四中全会放弃了"优先、兼顾"的原则，十七大提出"初次分配和再分配都要处理好效率和公平的关系，再分配更加注重公平"。并且将"把提高效率同促进社会公平结合起来"，作为我国改革与发展十大经验之一。十八大再提"初次分配和再分配都要兼顾效率和公平，再分配更加注重公平"。强调共同富裕是社会主义的根本原则，并提出了缩小收入差距，实现社会公平和共同富裕的途径和政策措施。十八届三中全会提出：要"形成合理有序的分配格局"。十八届五中全会又提出以人民为中心的发展思想，把实现人民幸福作为发展的目的和归宿。按照十八大指引的方向和道路前进，中国特色社会主义必将取得重大胜利。

二、遵循共同富裕的原则促进分配公平

我国是社会主义国家，出现贫富分化是与共同富裕的根本原则相悖的。必须着力于缩小收入过大差距，缓解贫富分化矛盾。为此，需要改革分配制度，促进分配公平。但在怎样缩小收入差距、促进分配公平问题上，学界存在认识上的分歧。

（一）能否靠市场化改革实现分配公平

有些学者主张可以通过市场化改革实现分配公平。一家大报于 2013 年 1 月 21 日发表了《以市场化改革推进分配公平》一文，值得商榷。这与有的学者认为贫富分化是发展市场经济的必然结果正相对立。该文认为："推进收入分配体制改革中，杠杆的支点选取至关重要，这个支点在很大程度上，是公平的市场……只有大力推进市场化改革，重塑公平，只有靠市场化的自由竞争，市场化才能激发效率与公平，缩小收入差距"。但有的学者的见解与此相反，认为"市场机制配置资源，会造成收入与财富分配不公，并会形成富者愈富、穷者愈穷的马太效应"，①需要矫正。笔者认为，无论从马克思主义经济学还是西方经济学，无论从发达资本主义国家市场经济的发展实际，还是我国的经济发展实际来看，市场化改革不可能实现分配公平。

实行社会主义市场经济，让市场在资源配置中起决定性作

---

① ［美］萨缪尔森、诺德豪斯：《经济学》第 14 版，北京经济学院出版社 1996
年版。

用。企业之间展开竞争，竞争可以促进效率的提高，优化资源配置，激发企业活力，打破垄断。但是，市场不同情弱者，不怜悯眼泪。市场竞争，优胜劣汰，会产生分化，不会自发地形成社会公平，更不会自发地形成居民收入分配的公平，消除贫富分化。西方发达资本主义国家，是充分发展的市场经济制度，但没有实现分配公平和社会公平，随着经济的发展和财富的增加，贫富分化反而更加扩大了。美国总统奥巴马在 2012 年的"国情咨文"中也指出，经济不平等现象正在危及中产阶级与"美国的价值"。根据《人民日报》2014 年 6 月 17 日发表的《两极分化动摇美国人逐梦信心》一文所提供数字：美国最富有的人口占有了全国 40% 的财富，而 80% 的人口仅拥有大约 7% 的财富。根据《纽约时报》2011 年底的调查，认为美国的经济不平等现象严重，1% 最富的美国人的税后收入自 1979 年以来增加了两倍，而 80% 的美国人同期收入只增长 1/3。美国企业主管与普通工人的收入差距，由以前的 30 倍增加到 300 倍。"占领华尔街"的运动，就是 99% 与 1% 的对抗。

2012 年，德国联邦劳工和社会事务部提交的德国第四次贫富报告《德国生活状况》表明，2008 年，德国最富有的 10% 的人口拥有德国净资产的 53%，这一比例比 10 年前增加了 8%，最不富裕的 50% 的家庭财产总和占德国私人资产的比例仅为 1%，比 1998 年下降了 4%。

西方学者认为，市场经济承认分配的不公平。在市场配置资源的运行中，既会促进效率的提高，又会产生分配的不公平。诺贝尔经济学奖获得者萨缪尔森也讲："市场并不一定产生一种被认为是社会公平或平等的收入分配。一个完全自由放任的市场经济可能产生不可接受的、极大的、在收入与消费上的不平等。"①

---

① ［美］萨缪尔森、诺德豪斯：《经济学》第 14 版，北京经济学院出版社 1996 年版，第 77、544 页。

又说：即使具备有效率的完全市场竞争的理想条件，"我们没有理由认为……收入能被公平地加以分配。结果将是，收入和财富上存在着巨大的不平等，而这种不平等会长期在一代代人中存在下去。"① 马克思主义政治经济学的常识也告诉我们：在私有制商品经济、市场经济中，价值规律的自发作用，既可促进生产力的发展，实现资源配置，同时也会造成两极分化。传统的社会主义理论认为，实行社会主义商品经济不会产生两极分化和资本主义。那是以单一的公有制和计划经济的存在为条件的。我国改革开放以来的实践证明，在多种所有制并存的市场经济中，外资、私营企业中，资本和劳动存在收入差距过大的情况。即使公有制单位也会出现不同行业、不同主体收入差距扩大的趋势。

实现社会主义市场经济，要让市场在资源配置中起决定性作用，包括人力资源配置。但是作为社会主义国家，个人收入分配不能完全靠市场调节，需要将市场调节与政府调节结合起来。政府的宏观调控是必要的，需要完善和加强而不是否定和不断削弱。

（二）分清贫富分化认识上的是非问题促进分配公平

缩小收入过大差距，消除贫富分化，是一个系统工程，需要从多方面着手。而且需要分清几个认识上的是非。第一，消除两极分化，是要消除与业绩和贡献相脱离的过大的收入差距，而不是消除合理合法的收入的差距。讲分配公平，不是分配均等，不是平均主义。社会主义的分配原则是按劳分配，多劳多得、少劳少得、奖勤罚懒、奖优罚劣。与劳动贡献相一致的收入差距是公平的、合理的。第二，我国处于社会主义初级阶段，实行按劳分配为主体和多种分配方式并存，允许非劳动要素参与分配。私人资本参与分配，会扩大收入差距，出现贫富分化。但这是如何按

---

① ［美］萨缪尔森、诺德豪斯：《经济学》第14版，北京经济学院出版社1996年版，第77、544页。

社会主义要求缩小差距，处理和调整好劳资分配关系问题，不是反对和压制资本参与分配。第三，同行业的不同企业之间，由于管理水平、科技水平和整体劳动水平的差别，导致企业收入和职工收入有较大差距，也是合理的、公平的。因为收入的差距与贡献的差距相一致。这正是社会主义市场经济应有之义，在改变了传统体制的新条件下，打破了企业吃国家大锅饭的格局。第四，某些特殊情况下的个人收入即使有较大差距，也不能说差距"过大"，不属于贫富分化范畴，如有些重大创造发明的科学家获得重大奖项，他们的工资收入也高于一般低收入者10多倍。不能说分配不公平，因为他们对国家和人类做出了重大贡献。第五，不同区域之间由于自然条件不同和发展状况不同，导致或低或高的收入差距，也不能一概纳入贫富分化范畴，这不是分配不公造成的。第六，即使某些个人间收入差距不是很大，但如果这种差距与贡献差距相悖，虽不属于两极分化，也属于分配不公平。

由此可见，讲缩小收入差距、消除两极分化、实现分配公平，要首先分清一系列有关的认识上的是非问题。以避免在实际工作中产生是非不清、带来消极后果的情况。

那么，缓解和消除收入差距过大、消除两极分化、促进分配公平，应是指向哪些方面呢？有的学者强调治理官员腐败、寻租，有的指向灰色收入、黑色收入、非法收入等。有必要弄清，靠这类手段发财，不是分配不公的结果，也不能靠促进分配公平来解决。这些方面的问题属于违法犯罪范畴，要依党纪国法处置。它违反按劳分配原则，也违反按生产要素所有权分配原则。因而不属于改革分配制度范畴。我们讲缩小收入差距、促进分配公平、消除两极分化，主要是从制度内和体制内着眼和着手的。就是说，是着重解决我国实行多种所有制经济和多种分配方式并存的经济制度下，实行社会主义市场经济条件下，所出现的收入分配不公和两极分化问题。官员腐败、贪污受贿、非法牟利等，是属于制度外和体制外的问题。

因此，讨论缩小收入差距、消除两极分化，应回到我国现行制度内和体制内来。制度内的问题，是实行公有制为主体、多种所有制共同发展中出现的问题。体制内问题是实行社会主义市场经济体制中出现的问题。这样提出问题，会涉及一个敏感问题：是不是在质疑和指向我国的基本经济制度和社会主义市场经济呢？确实，在单一的公有制经济和传统计划经济条件下，不会出现收入差距过大和两极分化问题。也有些学者据此质疑我国现行经济制度和经济体制，主张回到计划经济去。应当肯定，近40年来的改革开放，使我国经济获得前所未有的快速发展，全国人民的收入和生活水平显著提高，证明我国的现行制度和体制是有效的、必要的。这里，是在肯定我国现行制度和体制下，解决必然会出现和本可以不出现的问题。

我国实行公有制为主体、多种所有制经济共同发展，既不搞单一的公有制，又不搞私有化，在理论和实践上符合我国的国情，符合邓小平提出的三个"有利于"的标准。如果坚守这一制度，不会出现全社会的两极分化现象，问题是：结果出现了两极分化，原因是什么呢？有理论认识上的原因，有实际工作中的问题。

应当明确，在私营、外资企业中，存在着资本主义经济固有的矛盾，存在着劳资矛盾和利润与工资的对立，因而存在着贫富分化的根源。大企业主凭借资本的占有，年收入几千万元、几亿元、十几亿元。而不少雇佣工人年收入只两三万元。有些私企的高管，拿高额薪金。有媒体报道，房地产商万科集团12名高管2007年平均年薪390万元，董事长691万元，是普通职工的几百倍。煤老板动辄几亿元收入，几年暴富，而煤矿工人收入微薄，矿难频发，被称作"带血的GDP"。

还出现一种特殊现象：有的私营企业主自定工资1元，把个人和家庭花费纳入生产成本，其目的是为了逃税。

再从资本与劳动收入的占比来看，我国目前劳动关系中"最大的一个问题是劳动收入占比不断下降，目前已严重偏低。根据发达国家的经验，在国民收入分配中劳动收入的占比是不断提高的……我国最近 30 多年来，人力资本不断增加，但劳动收入占 GDP 的比重不断降低，从 1984 年最高时的 54% 下降到 2007 年的 41%"。[①] 劳动收入占比下降，主要是指私营外资企业。因为我国目前城镇职工 80% 在非公有制经济中就业。至于国有企业的劳动收入占比是否一样下降，没看到专门统计资料。但需要分析几点：（1）国企职工的收入较高（平均收入为私营企业的近两倍），还受到一些学者的诟病，批评为垄断收入。无疑，国企职工的地位与待遇高于私有企业。因此，国企内部的分配不是贫富分化的根源。（2）无论国有企业的利润收入占比多高，其收入除上缴国家一部分外，大部分用于积累，依然归国家所有，不会像私企、外企那样，全部装入老板私人口袋。（3）不同国企高管之间的收入也有不小差别，有些国企高管收入偏高，年收入几十万元、几百万元甚至上千万元的都有。2013 年 1 月 26 日人民网报道：《国资委：近年央企高管年薪约 70 万元》，与职工同样存在收入差距过大问题。与社会低收入弱势群体相比，同样属于贫富分化范畴。近年来，为缩小分配不公，采取了降低国企高管工资收入政策措施。（4）中央国企只 117 家，地方国企高管收入低于央企。发展多种所有制经济以来，全国国企比重已大为缩小，因此，国企高管收入在拉大基尼系数中的权数也很小。

　　我们这里着重讨论的是由于收入分配不公平所形成的收入差距过大和财富占比差距过大，造成贫富分化问题。城乡间的收入差距扩大，主要不是由于个人收入分配制度不公平造成的。在很大程度上是由于农业生产力落后形成的。根据前些年的统计资料，我国一个农民一年创造的财富，只等于美国一个农民创造财富的 1%。新中国成立以来，农业经济有很大发展，但慢于工业和城市经济的发展。这有历史和条件的原因，也有政策的原因。近

---

① 赖德胜：《和谐劳动关系助圆中国梦》，载于《人民日报》2013 年 7 月 5 日。

些年来国家正通过一系列的强农、惠农、富农的倾斜政策提高农民收入，这属于"三农"整体问题，有别于个人收入分配问题。

区域间的收入差距扩大，与地区间的自然条件、历史发展状况和政策倾斜等因素有关。同样不是由于个人收入分配制度不公平造成的。需要国家通过促进区域平衡发展的大政策来解决问题。

金融、证券业和演艺界的各类明星的高收入，是形成贫富分化的因素，但不是形成弱势群体或低收入者的根源，因为贫困群体不是由于他们的高收入造成的。但他们的高收入放大了全社会收入差距扩大趋势和加重了贫富分化的砝码，因而，缩小过大收入差距，消除两极分化，也应涉及这方面的高收入。

文教界也存在收入差距扩大、分配制度不尽合理问题。例如，不同重点高校，除国家规定的工资外，因存在体制外收入差别，教师的岗位津贴、科研经费、讲课收入等也有较大差别。同一所高校，因不同院所"创收"收入不同，教师收入也有很大差别。有的高校，法学院、商学院的教师收入，可以是其他院所教师收入的两倍或更多。这里没有贫富分化，但存在不尽合理的收入差距。这与专业差别和分配体制相关，与教师水平与贡献无关。有的教授收入渠道多，占有财富千万元以上的不是个别的。研究部门的人员，也有高收入者。这都是拉大收入差距的因素。

（三）缩小收入差距过大趋势、消除贫富分化的途径

从政府深化收入分配制度改革的意见来看，包括的范围较广。如缩小城乡、区域之间的收入差距较大问题，取缔非法收入问题，规范隐性收入问题，提高劳动者职业技能问题，多渠道增加居民财产性收入问题，加大促进教育公平力度问题，改革和完善房地产税问题，健全全民医保问题，等等。这是国家从宏观调控角度考虑深入分配制度改革涉及的方方面面的问题。

缩小收入过大差距，消除贫富分化，在理论认识上要统一到党的十七大、十八大和十八届三中全会的中央指导思想上来。

首先，要正确认识和处理好收入分配中的效率与公平问题。从十六届四中全会起，中央已放弃了"效率优先，兼顾公平"、"初次分配注重效率，再分配注重公平"的原则。生产重效率，分配重公平，是社会主义应有之义。要把分配关系中的效率与公平统一和结合起来，二者相互促进。分配不公，无论平均主义或两极分化，都难以促进效率的提高。十七大提出"把提高效率同促进公平统一起来"。十八大提出"推动经济更有效率、更加公平"。目前，理论界的认识与把握仍有分歧。有的仍坚持"优先、兼顾"原则；有的提出"不妨公平优先，兼顾效率"；有的把"优先、兼顾"看作是二者优化结合的一种方式。这些认识和观点都不符合中央新提法的精神。

其次，要全面理解和把握邓小平提出的社会主义本质理论和中央精神。既要快速发展生产力，又要消除两极分化和实现共同富裕。十八大在缩小收入差距，实现共同富裕方面，进行了全面系统的论述。中国特色社会主义制度，要"逐步实现全体人民的共同富裕"，"必须坚持走共同富裕道路。共同富裕是中国特色社会主义的根本原则"。要"朝着共同富裕的方向稳步前进"，要"着力保障和改善民生，促进社会公平正义"。把保障和改善民生放在一个更高和更突出的位置。在理论上认同和遵循中央提出的这两大观点，才能正确地着力于缩小过大收入差距，消除贫富分化。

产生贫富分化的重要根源，既然在公私所有制结构的逆势消长上，就要重视公有制为主体的坚持和完善，重视基本经济制度的完善和发展。十八大报告反复强调了基本经济制度问题。在一处讲，要"完善公有制为主体、多种所有制经济共同发展的基本经济制度"。在另一处又讲：要"毫不动摇巩固和发展公有制经济，推行公有制多种实现形式，深化国有企业改革"。要"不断增强国有经济活力、控制力、影响力"。同时要毫不动摇鼓励、支持、引导非公有制经济的发展。

不能由于所有制结构的逆向变动是收入差距过大的重要根

源，就限制私有制经济的发展。也不能劫富济贫和限制私营外资企业利润的增加。更不可能回到单一的公有制经济去。从缩小收入分配过大差距的途径来看，可从两方面着手：一方面，要毫不动摇地巩固和发展公有制经济，增强国有经济的活力。按照宪法规定，坚持公有制为主体，国有经济为主导，加强国有经济的发展。公有制经济的发展壮大，可以遏制贫富分化趋势。

国有经济也存在这样那样的问题，需要通过深化改革，搞好搞活国有企业。首先，要防止和清除国有企业的腐败。国企出现有些高管贪污受贿、化公为私、过度职务消费等，与缺乏有效制约、监督机制有关，需要加强和完善管理制度。其次，部分国企高管薪酬过高。他们不应与外企、私企高管的高收入相比，据以评判收入高低。但降低国企高管高收入，不能采取简单措施，要有个过程，要有切实可行、几方赞同的具体措施。最后，对国企收入和利润的分配，怎样才算公平合理，需要有认识上的共识和制度上的合理安排。在实行市场经济体制下，国企的发展不再像计划经济时那样由国家拨款，而是需向银行贷款。私营和个体经济贷款发展所得利润，还贷付息后全部归私人所有。而国企还贷付息后，所得利润除上缴国家一部分外，大都用于积累和公益事业，仍归国家所有。因此，国企职工的收入高于私企外企近一倍，并无不公平之处，是私企外企的工人收入过低，而不是国企工人收入过高。在实体经济的公有制经济中，劳动者的收入随着生产的发展而不断提高，是好事，是社会主义本质的要求，不应有所非议。不同行业国企间的效益和收入不同，如工商企业和金融行业的收入情况大有差别。银行靠存贷利率差额获得高额利润，员工一律高收入并不完全公平合理。国企属全民所有制，所有国企利润收入和分配应体现全民利益，应有更多点的比例上缴国家，用作社会保障基金。

另外，从私营企业来看，大中小规模和经营状况不同，收益不同。年收入亿万元的大中企业应更多地提高职工工资，提高工资与利润分割中的占比。外资企业同样应如此。我国在短时期内出现日益增多的富豪，超过许多发达资本主义国家长期形成的富豪数量，表明在初次分配中，企业主利润所占比重过高，而职工工资比重过低。外资企业中的情况同样如此。有资料表明，发达国家的劳动报酬占比在55%以上，企业占比在20%左右，其余为折旧、税收等。而我国劳动报酬偏低，并呈下降趋势。从全国来看，亦是如此。十八大报告提出：在深化收入分配制度改革中，要"努力实现居民收入增长和经济发展同步，劳动报酬增长和劳动生产率提高同步，提高居民收入在国民收入分配中的比重，提高劳动报酬在初次分配中的比重"。十八届三中全会重申这一规定，并提出："健全工资决定和正常增长机制，完善最低工资和工资支付保障制度，完善工资集体协商制度，改革机关事业单位工资和津贴补贴制度"。另外，所有私营外资企业都应遵守劳动法，尊重和维护职工的合法权益。任意加班加点而不付或少付加班费，随意克扣工资和拖欠工资，劳动时间过长，粗暴压制职工合法要求，增大了劳资对立。也是社会主义制度所不允许的。

形成收入分配差距过大的多种原因包括主要原因和次要原因的综合，形成了一个人数日益增多的高收入富人阶层，包括部分富豪；又形成一个人数众多的低收入群体；还有一个中等收入阶层。富人可以继续富，但穷人不应继续穷。富人阶层，包括不同所有制、不同行业的富人阶层，应多关心一点弱势群众，多缴一点税收，多做一些公益事业，多回报一些社会。由金字塔式的收入分配结构，转为橄榄形的结构。十八大报告指出：要使"收入分配差距缩小，中等收入群体持续扩大，扶贫对象大幅减少"，也是此意。为此，国家可以考虑出台征收遗产税、高额累进税等调节过高收入的政策措施。

缩小分配差距，促进分配公平的工作重点，应是提高低收入群体特别是生活困难群众的收入水平和生活水平。有人提出：当前收入分配政策改革的重点是提高农民、城乡困难居民、企业退休人员和低收入工薪劳动者四种人的收入。① 此观点言之有理。十八大提出，要在经济社会发展的基础上，加快建设对保障社会公平正义具有重大作用的制度，要建立社会公平保障体系。要推动实现更高质量的就业。要实现"学有所教、劳有所得、病有所医、老有所养、住有所居"，"努力让人民过上更好生活"。显然，这一切目标和措施是针对低收入困难群体的。这些目标的实现，需要有一个全力以赴的过程。这些事情办到了，就会走到共同富裕的入口处。

三、怎样把握共同富裕是社会主义的根本原则

（一）从党的宗旨发展史把握共同富裕是社会主义的根本原则

中国共产党第十八次全国代表大会上的报告（以下简称"报告"）中，全面、系统、深入地阐述了中国特色社会主义和科学发展观的内容与要求。报告给人的鲜明感受，是它高度关心人民的利益，将保障和改善民生提到一个很高的位置。报告指出："任何时候都要把人民利益放在第一位"；"把以人为本作为深入贯彻落实科学发展观的核心立场，始终把实现好、维护好、发展好最广大人民根本利益作为党和国家一切工作的出发点和落脚点"，"保障人民各项权益，不断在实现发展成果由人民共享、促进人的全面发展上取得新成效"；提出"加强社会建设，必须以保障和改善民生为重点"；要"在中国共产党成立一百年时全面建成小康社会"；在 2020 年实现国内生产总值和城乡居民人均

---

① 苏海南：《当前收入分配政策改革的重点》，载于《人民论坛》2010 年第 31 期。

收入比 2010 年翻一番，"使我国人民生活水平快速提高起来。"①
所有这一切，都围绕社会主义的一个本质规定和根本目的：共同
富裕。报告指出："必须坚持走共同富裕的道路。共同富裕是中
国特色社会主义的根本原则。"走中国特色社会主义道路，以经
济建设为中心，坚持改革开放，解放和发展生产力，建设社会主
义市场经济，建设社会主义生态文明，是为了"促进人的全面发
展，逐步实现全体人民共同富裕，建设富强民主文明和谐的社会
主义现代化国家。"② 共同富裕是中国特色社会主义的重要内容
和根本目的，是社会主义最本质的规定，是建设富强民主文明和
谐的社会主义现代化国家的条件和要求。

报告强调提出：在新的历史条件下夺取中国特色社会主义的
新胜利，"必须牢牢把握"的八项基本要求，其中"必须坚持走
共同富裕道路"是最核心的一项。将共同富裕确定为"中国特
色社会主义的根本原则"，要使发展成果"更多更公平惠及全体
人民，朝着共同富裕方向稳步前进"。其他七项基本要求虽与
"必须坚持共同富裕道路"并列，也都与共同富裕密切相关，但
都是实现共同富裕的条件和保证。

必须牢牢把握的第二项要求是"必须坚持人民主体地位"。
就是必须坚持人民当家做主，发挥主人翁精神。让人民有话语
权、参与权、管理权、监督权。只有人民当家做主，积极从事发
展与改革事业，才能保证"朝着共同富裕方向稳步前进"。第三
项要求是"必须坚持和发展社会生产力"。这是中国特色社会主
义的根本任务，是实现共同富裕的物质条件。共同富裕只能建立
在生产力高度发展的基础上。第四项要求是"必须坚持推进改革
开放"。推进改革开放、坚持社会主义市场经济的改革方向，是
为了更好更快地发展生产力，是提高人民的物质文化生活水平、

---

①② 胡锦涛：《坚定不移沿着中国特色社会主义道路前进　为全面建成小康社
会而奋斗》，载于《人民日报》2012 年 11 月 18 日。

走向共同富裕的必由之路。第五项要求是"必须坚持维护社会公平正义"。这是中国特色社会主义的内在要求。坚持社会公平正义，有利于缩小收入分配差距，有利于消除两极分化和逐步实现全体人民的共同富裕。第六项要求是"必须坚持促进社会和谐"，"要把保障和改善民生放在更加突出的位置"。民生为重，民生为上，高度重视保障和改善民生，是走向共同富裕的必要措施。贫富分化，凸显社会矛盾，不利于社会和谐。走共同富裕道路，是促进社会和谐的根本途径。而社会和谐，减少和缓解社会矛盾，也有利于在共同富裕的道路上胜利前进。第七项要求是"必须坚持和平发展"。不仅重视国内和谐发展，也重视国际和平发展。坚持改革开放的发展、合作的发展、共赢的发展，争取在国际和平环境中发展自己，才能有利于中国特色社会主义建设事业的顺利发展，有利于全面小康社会的建成，有利于共同富裕的逐步实现。第八项要求是"必须坚持党的领导"。中国共产党是以马克思主义为指导的中国特色社会主义事业的领导核心，只有坚持中国共产党的坚强和正确领导，才能保证马克思主义科学社会主义和中国特色社会主义事业不断发展。作为社会主义的本质规定和中国特色社会主义根本原则的共同富裕，才能稳步实现。如此强调保障和改善民生，如此关注谋取和保障广大人民的根本利益，如此从理论与实践的结合上着力于全体人民的共同富裕，在以往的中央文件里并不多见。

怎样认识和看待社会主义共同富裕的理论和实践？共同富裕是不是马克思主义科学社会主义的最本质规定和根本目的？是否确认共同富裕是中国特色社会主义的根本原则？还需要用马克思主义理论进行一些分析。这里存在一个理论问题：邓小平强调共同富裕是社会主义的本质规定，十八大报告强调共同富裕是中国特色社会主义的根本原则。两者的内涵是一致的，其理论背景是要与改革开放前搞贫穷的社会主义进行区别呢，还是在回归和发展经典马克思主义，是科学社会主义和中国特色社会主义应有之义，是社会主义的根本目的和根本原则呢？可以回答说：二者兼有。

在改革开放前"左"的形势下，是不讲也不能讲社会主义的本质规定和根本目的是共同富裕。那时宣传的是穷革命、富则修（修正主义），宁要贫穷的社会主义，不要富裕的资本主义；把重视发展生产力诬之为"唯生产力论"，把关心人民生活水平的提高批之为"经济主义"、"福利主义"。那时讲社会主义就是强调三条：公有制、按劳分配、国民经济有计划按比例发展（计划经济）。于是，建设和发展社会主义就是提高公有制水平，扩大公有制范围，追求"一大二公三纯"的公有制度。讲按劳分配往往成为吃大锅饭的平均主义，而且只能靠在公有制经济中做工、种田获得劳动收入。长途贩运是投机倒把，个体经济是资本主义，农民在庭院中种点玉米、南瓜，也被当做搞资本主义。只能讲工人"为革命而做工"，农民"为革命而种田"，不能讲为发家致富而发展生产。把农民搞点土特产、发展点商品经济被看做是走资本主义道路，进行堵截。所谓"堵不住资本主义的路，就迈不开社会主义的步"，就是在堵塞发展商品经济提高生活水平的路。实行指令性计划经济，企业没有经营自主权，农民也没有经营自主权。搞经济不重视经济效益，重视"政治账"，而忽视"经济账"。社会主义生产的目的被模糊了。把某些有利于发展生产力、改善人民生活的经济行为作为资本主义道路加以批判，其结果是普遍贫穷的社会主义。但"贫穷不是社会主义"。

实行公有制、按劳分配、计划调节的目的是什么？或者概括为一个问题：搞社会主义是为了什么？难道是为社会主义而搞社会主义，为公有制而搞公有制？只有先弄清为什么要搞社会主义，才能弄清什么是社会主义，怎样建设社会主义。

改革开放以来，邓小平总结了新中国成立后社会主义建设中正反两方面的经验与教训，一再提出：什么是社会主义，怎样建设社会主义，在认识上不是很清楚。他一再强调提出社会主义的根本任务是发展生产力。通过发展生产力提高人民生活水平，达到共同富裕。在 1980 年 4 月到 5 月的谈话中，强调"首先要发展生产力"，"经济长期处于停滞状态总不能叫社会主义。人民生活长期停止在很低的水平总不能叫社会主义。"① 1986 年又讲："我们要发展社会生产力，……是为了最终达到共同富裕，所以要防止两极分化。这就叫社会主义。"② 既强调发展生产力，又强调共同富裕。前者是手段，后者是目的。在 1992 年的南方谈话中，邓小平概括地提出了"社会主义的本质，是解放生产力，发展生产力，消灭剥削，消除两极分化，最终达到共同富裕"。③ 这里事实上是抓住了建设社会主义本质的两大环节：一是解放和发展生产力；二是实现共同富裕。至于消灭剥削和消除两极分化，与共同富裕的内涵是一致的，是实现共同富裕的社会条件。共同富裕就意味着剥削和两极分化的消灭。

把解放与发展生产力同共同富裕作为社会主义的本质规定及党的根本任务强调提出，在中国共产党的理论发展史中是第一次。有必要说明：在 1953 年 12 月 16 日的《中共中央关于发展农业生产合作社的决议》中，使用过"共同富裕"概念。但当时还没有建立社会主义制度，也不是作为社会主义的本质规定提出的。④ 实践证明，我国农业社会主义改造，无论建立农业生产合作社还是搞人民公社化，没有给农民带来"共同富裕和普遍繁荣的生活"。邓小平关于社会主义本质问题的提出，首先是针对改革开放前"左"风时期，以"阶级斗争为纲"，忽视快速发展生产力和人民生活水平的提高，搞贫穷的社会主义而讲的。但从

---

① 《邓小平文选》第 2 卷，人民出版社 1994 年版，第 312 页。

②③ 《邓小平文选》第 3 卷，人民出版社 1993 年版，第 195、373 页。

④ 《中共中央关于发展农业生产合作社的决议》指出，"党在农村工作中的最根本的任务，就是要善于用最明白易懂而为农民所能够接受的道理和办法，去教育和促进农民群众逐步联合组织起来，逐步实行农业的社会主义改造，……并使农民能够逐步完全摆脱贫困的状况而取得共同富裕和普遍繁荣的生活"。（参见：中共中央文献研究室编：《建国以来重要文献选编》第四册，中央文献出版社 1993 年版，第 661~662 页。）

长远来看，从中国共产党建党起的长时期中，宣传社会主义和共产主义就着重于讲消灭私有制、建立公有制、消灭剥削制度和阶级对立、建立无产阶级专政，一般不宣传社会主义要通过快速发展生产力，实现全体人民的共同富裕。在革命战争年代，致力于革命斗争，没有社会主义的实践，对未来社会主义的具体内容，或者说什么是社会主义、怎样建设社会主义并不完全清楚，而且也不是当时摆在面前的现实问题；只知道通过革命斗争取得政权、消灭私有制和阶级剥削；虽然在苏区的实际工作中曾搞过"打土豪，分田地"，在抗日战争年代曾提倡自己动手、发展生产、丰衣足食，但这些都不属于社会主义的理论与实践。

　　翻阅一下自 1921 年起中国共产党历届代表大会的文献或党章的总纲，就可以看到对什么是社会主义的认识的发展过程：1921 年中国共产党第一次全国代表大会通过了《中国共产党第一个纲领》（以下简称《纲领》）和《中国共产党第一个决议》。《纲领》中提出了三条主张：一是推翻资产阶级，由劳动阶级重建国家，直至消灭阶级差别。二是采用无产阶级专政，以达到阶级斗争的目的——消灭阶级。三是废除资本家私有制，没收一切生产资料，如机器、土地、厂房、半成品等，归社会所有。1922年 7 月中共第二次全国代表大会通过的"大会宣言"中，提出党的最高纲领是：组织无产阶级，用阶级斗争的手段，建立劳农专政的政治，铲除私有财产制度，渐次达到一个共产主义社会。但从第二次全国代表大会到 1928 年 7 月的第六次全国代表大会，在修改的党章中都没有设置党的总纲，因而没有在党章中提出建设社会主义和共产主义的宗旨和目的。1945 年 6 月中国共产党第七次全国代表大会通过的党章中，增加了党章的总纲部分，提出中国共产党的"最终目的，是在中国实现共产主义制度"，但是未提具体内容。

　　1956 年 9 月召开的中国共产党第八次全国代表大会，是党已取得政权，进行社会主义建设事业已有七年经验的情况下召开的。这时学习的是苏联的社会主义建设经验。斯大林于 1952 年发表了《苏联社会主义经济问题》，提出社会主义基本经济规律的主要特点和要求。[①] 这事实上涉及了社会主义的本质问题：社会主义的根本目的是"最大限度地满足"人民的物质文化需要，根本任务和手段是"在高度技术基础上"发展和完善社会主义生产。由于我国当时提倡"土洋并举"、"两条腿走路"，所以难以做到"高度技术基础"。但是根据我国国情，中央文件把发展生产、最大限度地满足人民需要作为党的工作的宗旨。因此，中共八大党章中的总纲中讲：党的"目的是在中国实现社会主义和共产主义"。"党的一切工作的根本目的，是最大限度地满足人民的物质生活和文化生活的需要，因此，必须在生产发展的基础上，逐步地和不断改善人民的生活状况"。应当肯定，1957 年"反右"运动以前，我国的经济发展和人民生活水平的提高还是显著的。但自 1956 年苏共二十大揭露和批判斯大林的错误后，斯大林的论著不再像以前那样被人重视，"社会主义基本经济规律"的内容也逐渐退出我国社会主义论著和教材。"反右"运动后，"左"的空气日益膨胀。"大跃进"、"人民公社化"受挫折后，转向抓"阶级斗争为纲"。快速发展生产力、最大限度满足人民需要的宗旨逐渐淡出。

1969 年中国共产党第九次全国代表大会是在"文化大革命"高潮中召开的，党章总纲中讲："党的最终目的是实现共产主义"。不再提满足人民的需要，着重提社会主义始终存在两个阶级、两条道路的斗争。1973 年中国共产党第十次全国代表大会的党章总纲中也只讲"党的最终目的是实现共产主义"，不提发展生产和满足人民的需要。1977 年中国共产党第十一次全国代

---

① 即"用在高度技术基础上使社会主义生产不断增长和不断完善的办法，来保证最大限度地满足整个社会经常增长的物质和文化的需要"。（参见：斯大林：《苏联社会主义经济问题》，人民出版社 1980 年版。）

表大会的党章总纲中讲："逐步消灭资产阶级和一切剥削阶级，用社会主义战胜资本主义。党的最终目的，是实现共产主义。"并提出于 20 世纪末实现四个现代化的目标。1978 年在粉碎"四人帮"两年后，政治形势发生了重大转变的条件下，于 12 月召开了党的十一届三中全会，公报提出："全党工作的着重点应该从一九七九年转移到社会主义现代化建设上来。"要求大幅度提高生产力，"城乡人民的生活必须在生产发展的基础上逐步改善"。重视发展生产力和改善人民生活的宗旨又回到中央有关文件的正确指导思想中来。

在邓小平理论指导下，从 1982 年中国共产党第十二次全国代表大会起，代表大会的报告和中央有关文件都强调以经济建设为中心，发展生产力，满足人民物质文化生活需要。如，十二大报告中提出："促进社会主义经济的全面高涨"，"不断满足人民日益增长的物质文化需要是社会主义生产和建设的根本目的。"

前面提出：邓小平提出的社会主义本质和中央有关文件是抓住发展社会主义的两大环节，即快速发展生产力和实现共同富裕。这是党的理论发展史上的首倡。但不能说是马克思主义发展史上的首倡，应当说其与马克思主义之间是继承与发展的关系。指出这一点，是为了消除相关的两种误解。其一是误解和错解马克思主义原理，以为马克思主义只是革命斗争的理论，不是社会主义建设的理论，已经过时；认为邓小平提出的社会主义本质论，是不同于马克思、恩格斯、列宁的一种全新的社会主义理论。其二是同样误解错解了马克思、恩格斯、列宁的理论，或明或暗地质疑目前的社会主义本质论和中国特色社会主义理论是否改旗易帜。他们质疑只强调发展生产力，不强调消灭私有制、发展公有制，是否偏离了马克思主义和科学社会主义。中共十八大报告明确指出：中国特色社会主义"既不走封闭僵化的老路，也不走改旗易帜的邪路。"从根本上说，坚持发展中国特色社会主义，也是坚持和发展马克思主义的科学社会主义。因为中国特色社会主义，如报告所说，是"把马克思主义基本原理同中国实际和时代特征结合起来"，"中国特色社会主义，既坚持了科学社会主义基本原则，又根据时代条件赋予其鲜明的中国特色"，是源与流的关系。

邓小平所讲的社会主义本质论和在我国开创的中国特色社会主义理论，强调快速发展生产力、民生为重、共同富裕，正是马克思主义的科学社会主义旗帜上写明的东西，马克思、恩格斯、列宁都有明确的论述。

马克思、恩格斯在《共产党宣言》中指出："无产阶级将利用自己的政治统治，一步一步地夺取资产阶级的全部资本，把一切生产工具集中在国家即组织成为统治阶级的无产阶级手里，并且尽可能快地增加生产力的总量。"① 这是"丰富和提高工人的生活的一种手段。"② 马克思在 1857～1858 年的《经济学手稿》中指出：在未来的社会主义制度中，"社会生产力的发展将如此迅速，……生产将以所有的人富裕为目的"。③ 恩格斯讲：在社会主义制度下，"通过有计划地组织全部生产，使社会生产力及其成果不断增长，足以保证每个人的一切合理的需要在越来越大的程度上得到满足。"④ 在《反杜林论》中恩格斯又说：社会主义"通过社会化生产，不仅可能保证一切社会成员有富足的和一天比一天充裕的物质生活，而且还可能保证他们的体力和智力获得充分的自由的发展和运用"。⑤ 列宁指出：社会主义要创造出高于资本主义的劳动生产率，要通过发展生产力使劳动者过美好的生活。他说："只有社会主义才可能广泛推行和真正支配根据科学原则进行的产品的社会生产和分配，以便使所有劳动者过最美好

---

① 《马克思恩格斯文集》第2卷，人民出版社2009年版，第52页。
② 《马克思恩格斯文集》第2卷，人民出版社2009年版，第46页。
③ 《马克思恩格斯文集》第8卷，人民出版社2009年版，第200页。
④ 《马克思恩格斯选集》第3卷，人民出版社1995年版，第336页。
⑤ 《马克思恩格斯文集》第9卷，人民出版社2009年版，第299页。

的、最幸福的生活。只有社会主义才能实现这一点。"①

社会主义要实现全体劳动人民的共同富裕，让所有劳动者过最美好、最幸福的生活，这是社会主义区别于以往一切社会制度的本质所在。原始社会没有私有制，没有阶级剥削与对立，实行平均分配，没有收入分配上的不公平，但由于生产力极端落后，不可能有共同富裕和美好的生活。奴隶制度、封建制度、资本主义制度都存在阶级剥削与对立，存在贫富两极分化，不可能实现共同富裕。因此，中国特色社会主义强调以经济建设为中心，快速发展生产力，保障和改善民生，走共同富裕道路，完全符合马克思、恩格斯、列宁的理论指导，没有改马克思主义之旗，易科学社会主义之帜。

又好又快地发展生产力，是实现社会主义共同富裕的物质条件。实行公有制为基础或为主体，是实现共同富裕的制度保证。私有化必然导致两极分化，不可能实现共同富裕。因此，中国特色社会主义必须坚持实行国有经济为主导，公有制为主体。只有在公有制为主体的前提下发展非公有制经济，才能保证我国的社会主义性质。

（二）分清理解共同富裕的六个层次

共同富裕是一个相对概念而不是绝对概念，因为难以提出一个衡量共同富裕的绝对标准。需要分清和把握共同富裕的六个不同层次。

1. 将走共同富裕道路同共同富裕目标的实现区别开来。

当一个生产力落后的国家，在特殊条件下建立了社会主义制度时，即使实行了公有制，共同富裕也只能是作为发展的目的去努力实现。如果是发达资本主义国家建立了社会主义制度，由原来的贫富两极分化转向共同富裕，也有一个逐步实现的过程，只不过转变过程可以缩短一些而已。就我国来说，目前讲共同富裕，主要是指走共同富裕道路，向着共同富裕目标不断迈进。目

———————
① 《列宁选集》第3卷，人民出版社1995年版，第546页。

标实现时间的长短，要看生产力发展的状况和财富不断增长的状况。走共同富裕的道路，就需要采取一系列的保障和改善民生的措施，在把蛋糕不断做大的同时，重视分好蛋糕，将发展的成果惠及广大人民。在这个问题上，存在不同的见解：有的认为，生产决定分配与消费，先生产，后消费，因此重在发展生产、做大蛋糕。另一种意见认为，社会主义的根本目的是共同富裕，特别在当前收入差距过大的发展趋势下，应重在公平分配、分好蛋糕。还有人认为，实行市场经济，由市场调节收入分配，必然会产生收入差距扩大，这是正常的，不必大惊小怪。另有人认为，一个国家在起飞过程中，根据倒 U 型分配理论，先产生收入差距扩大趋势，发展到一定阶段，差距就会缩小。笔者认为，既要重视做大蛋糕，又要重视分好蛋糕，应把两者统一起来。从生产和分配过程的顺序来说，只有先做好、做大蛋糕，才谈得上分好分大蛋糕。但从两者的关系上来讲，应将做好、做大的蛋糕及时进行公平分配。做大做好蛋糕，是服从于消费蛋糕的需要，是手段和目的的关系，而切分蛋糕则介于两者之间。公平分配蛋糕，有利于调动劳动积极性，把蛋糕做得更大更好。而蛋糕不光有大小的问题，还有质量高低好坏的问题。

2. 共同富裕不是均等富裕。

即使消灭了剥削和贫富分化，所有人都凭劳动和贡献获得收入，并且随着生产力的快速发展和财富的相应扩大，大家的收入都不断增加，逐渐实现了富裕，但富裕的程度也是有差别的。住房面积的大小、档次的高低会有区别；汽车的大小与质量不会划一；衣食的质量、品位也会不同；银行存款的多少会有差异。能力大、才智高、贡献大的会更富裕一些，这是合理的。奖勤罚懒、奖优罚劣、按劳分配、按对社会的贡献分配，依然是社会主义的分配原则。

3. 全面建成小康社会不是共同富裕的判断标准。

生产力的高度发展、财富的大幅增长表现为 GDP 总量的迅速扩大，有利于共同富裕的实现。我国目前的经济总量已居世界第二位。根据《中国统计年鉴 2011》数据计算，2010 年我国人均GDP 达到 4 415 美元，正在向全面小康社会迈进。到 2020 年，要全面建成小康社会，按照《报告》提出的 GDP 比 2010 年翻一番目标，如果剔除人口数量的变化因素，人均 GDP 也将翻一番，达到8 830 美元。而事实上，根据《中国统计年鉴 2016》显示，到 2016年，已达到 8 000 美元，到 2010 年，肯定超过 1 万美元。这时是否达到了共同富裕呢？应当肯定，不能简单以人均 GDP 多少作为衡量共同富裕的标准。2010 年，美国媒体排名全球最富国家，美国排名第六，人均 GDP 为 47 702 美元，即使其年均增长 2%，绝对增长量就达 954 美元，2011 年人均 GDP 达到 48 656 美元，是中国同年的近 9 倍。但美国作为最富裕的资本主义国家，存在严重的两极分化，存在 1% 与 99% 的对抗。人均 GDP 的高水平掩盖着两极分化的贫富差别。美国的蛋糕已经做得很大，但由于分配不公平，增大的蛋糕份额大都落入富人的口袋。我国改革开放 30 多年来，经济快速增长，经济总量也大幅提高，GDP 由 1980 年的 2 000亿美元增加到 2010 年的近 60 000 亿美元，人均 GDP 从 1980 年的约 200 美元增长到 2001 年的约 1 000 美元，到 2011 年达到 5 430美元。但收入分配差距也不断扩大，基尼系数由 1978 年的 0.3093增加到 1993 年的 0.4080，再到 2003 年的 0.4599、2009 年的0.4636，目前已居世界高位。到 2020 年，当人均 GDP 达到 1 万多美元时，人们的绝对收入水平和生活水平总的来说会普遍提高，全面建成了小康社会。这时，如果基尼系数不是继续扩大而是显著缩小，生活贫困人口通过精准扶贫全部消除，人们的实际生活水平已远超温饱线，虽然收入和生活水平还有较大差距（目前过大的收入差距和贫富分化难以在几年内完全消除），但由于绝对水平都提高了，原来过大的收入差距缩小了，可以说此时初步进入共同富裕阶段。如果届时基尼系数仍然过大，没有缩小或缩小很少，依然存在相对两极分化（不是富者愈富、穷者愈穷的绝对两极分化，而是消灭贫困过程中的相对两极分化），即使可以建成全面小康社会，也难以判断是否进入共同富裕阶段。

4. 怎样把握"共同富裕是中国特色社会主义的根本原则"的重要意义和走向。

党的十八大报告（以下简称《报告》）强调"共同富裕是中国特色社会主义的根本原则"，这一规定具有重要的理论和现实意义。坚持走共同富裕的道路，就是坚持走社会主义道路。为了实现共同富裕，就需要有一系列的战略和政策措施。概括起来，依然是狠抓建设社会主义的两大环节：一是以经济建设为中心，又好又快地发展生产力，夯实共同富裕的物质基础。二是巩固和完善基本经济制度，坚持两个"毫不动摇"，搞活、搞好和发展公有制经济，夯实共同富裕的制度保证。《报告》的总题目为"坚定不移沿着中国特色社会主义道路前进　为全面建成小康社会而奋斗"，阐述的有关经济社会建设的内容，都是以发展为手段，以实现共同富裕为目的。《报告》的第一部分概括地提出，必须清醒地看到我们经济社会生活中存在的亟待解决的困难。其论述的前一段是概述发展生产力中存在的需要解决的困难问题，后一段是概述在保障和解决民生问题、走共同富裕道路中所存在的亟待解决的困难问题。

《报告》将坚持走共同富裕的道路同坚持社会主义经济制度和分配制度紧密联系在一起。为了坚持走共同富裕道路，就"要坚持社会主义基本经济制度和分配制度"。什么是"社会主义基本经济制度"？我国宪法中明确规定："中华人民共和国的社会主义经济制度的基础是生产资料的社会主义公有制，即全民所有制和劳动群众集体所有制。社会主义公有制消灭人剥削人的制度，实行各尽所能、按劳分配的原则。"宪法中将"社会主义经济制度"同"社会主义初级阶段的基本经济制度"作为既有联系又有区别的两个概念并列提出。后者的内容是："国家在社会主义初级阶段，坚持公有制为主体、多种所有制经济共同发展的基本经济制度。"初级阶段的分配制度是："按劳分配为主体，多种分配方式并存的分配制度。"只有坚持和发展社会主义公有制经济制度和社会主义按劳分配制度，才能坚持公有制为主体、多种所有制经济共同发展的基本经济制度和按劳分配为主体、多种所有制分配方式并存的分配制度。邓小平明确告诉我们："我们在改革中坚持了两条，一条是公有制经济始终占主体地位，一条是发展经济要走共同富裕的道路，……只要我国经济中公有制占主体地位，就可以避免两极分化。"① 离开了公有制为基础或为主体，搞私有化，就必然是两极分化，不可能实现共同富裕。

5. 共同富裕作为一个相对概念，是社会主义和共产主义由低到高的不断推进过程。

从全社会人民之间的收入和生活水平来看，即使达到了共同富裕的水平，富裕的层次也会有区别，而且不同人们之间的富裕层次也不会固定不变，会有交叉和转化。从经济社会发展的过程来看，在现实社会主义社会和未来共产主义社会中，共同富裕的水平依然是一个随着生产发展和财富增加而不断提高的过程。可以初步判断，我国会经历一个由初级共同富裕到中级共同富裕再到高级共同富裕的历史过程，实现初级共同富裕，不需要达到目前发达国家的人均 GDP 5 万美元以上的标准，只要缓和乃至消除两极分化，实现分配公平，按照目前的购买力水平，人均收入达到 2 万多美元左右，就可以进入初级共同富裕阶段。

6. 实现共同富裕的难点是什么？

在中国特色社会主义的建设和科学发展过程中，会碰到这样那样的障碍和困难，需要不断克服。转变经济增长和发展方式，调整经济结构，全面协调可持续发展，等等，都不是一蹴而就的。实现共同富裕，除了要解决发展方面的难题外，更重要的是会碰到怎样坚持和发展公有制为主体和按劳分配为主体的制度性

---

① 《邓小平文选》第 3 卷，人民出版社 1993 年版，第 149 页。

难题。当前，我国私营经济和外资经济已占国民经济的很大比重，城镇 80% 的职工在非公经济中就业。私营和外资企业是资本主义性质的经济，资本利润与雇佣劳动力的收入是天然对立的。根据前几年的统计资料，私营和外资企业工人的平均工资收入，只及国有企业职工收入的一半多，根据最近统计数据大约达 2/3。不少私营和外资企业存在侵犯职工正当权益的问题。当然，也有一些私营企业奉公守法，关心和维护职工权益，热心于公益和慈善事业，值得肯定和赞许。但一般说来，非公有制经济会产生贫富分化问题，难以实现社会主义所要求的共同富裕。而我国是社会主义国家，走中国特色社会主义道路，不能放弃作为社会主义本质规定和根本原则的共同富裕。所以，在一定历史阶段，只能实现中国特色的社会主义共同富裕。对于非公有制经济中产生的富豪，需要依法保护其财产，也不能限制其人数增加和财富的进一步扩大，只能从两方面致力于共同富裕：一方面也是主要方面，重在保障和改善低收入劳动者的生活状况，特别是解决困难群体的民生问题。加大惠民政策力度，让广大劳动人民衣食住行的基本生活条件获得保证，无后顾之忧，而且能享受到人的全面发展所需的生活资料、发展资料和享受资料，生活水平不断提高。另一方面，对富人阶层而言，应多交点税收，多行点善举，多承担点社会责任，多关心点困难群体。特别是私营和外资企业，应多给职工提高点工资和多谋点福利，保障职工权益。这样，初级层次的共同富裕也基本可以达到。

最后，需要补充一点意见：重视和强调走共同富裕道路，本是科学社会主义和中国特色社会主义应有之义。面对当前收入分配差距过大的问题，强调和着力于共同富裕，更具有重要的理论和现实意义。但是，在着力于保障和改善民生，提高人民收入和生活水平，全面建成小康社会，让人民过上好生活，描绘出未来共同富裕的美好愿景时，不要在宣传中形成一种激励广大群众不实际地片面期待与需求，忽视另一个重要方面，即广大劳动人民群众应为建设社会主义和美好家园"各尽所能",齐心奋斗,为社会多做贡献。从长远的发展趋势来看,劳动者应主要靠提高文化知识和科技水平,靠自己更多更好的劳动和才智贡献,获得更多的收入。在齐心协力做大蛋糕的同时,每人分得更多一些。这也是社会主义应有之义。

(三) 处理好做大蛋糕和分配蛋糕的关系

面对改革开放以来收入差距过分扩大的趋势,理论界展开了多方面的讨论和争鸣。归纳起来,围绕两个问题而展开。一个问题是要不要重视我国收入差距过分扩大、出现贫富分化问题。另一个问题是关于分配领域效率与公平的问题。这个问题更具重大理论与实际意义,就这个问题我们将设专章即第六章中论述。

1. 做大蛋糕和分好蛋糕是辩证统一的关系。

共同富裕是中国特色社会主义的根本原则。在我国发展新阶段,应着力解决收入分配差距较大问题,使发展成果更多更公平惠及全体人民,朝着共同富裕方向稳步前进。更好地理解共同富裕,需要在理论和实践中把握好有关理论和实践问题。

社会主义制度的优越性应表现在两方面:一是快速发展社会生产力;二是发展成果惠及广大人民,走共同富裕道路。这是社会主义本质的要求和体现。快速发展社会生产力,就是致力于尽快把蛋糕做大;让广大人民共享发展成果,消除两极分化,逐步实现共同富裕,就是要在做大蛋糕的同时分好蛋糕,实现社会公平正义。

当前中央强调和重视分配公平、缩小收入差距、实现共同富裕,特别是把民生问题提到一个新的高度,就是要求更加重视分好蛋糕。但这丝毫不意味着只重分好蛋糕而轻做大蛋糕。马克思主义认为,在社会经济发展的生产、分配、交换、消费诸环节中,生产起决定作用。就生产和分配的关系来讲,生产什么才能分配什么,生产多少才能分配多少。而且,生产方式决定分配方式，决定按照什么方式、什么原则去分蛋糕。这就是说，首先要做蛋糕，才谈得上分蛋糕；蛋糕做得越大，人们分得的蛋糕才能越大。马克思主义又认为，分配对生产有反作用，在一定意义上也有决定作用。蛋糕分得公平合理，可以调动劳动者和要素所有者的积极性、主动性、创造性，促进经济发展，把蛋糕做得更大更好。

在社会主义制度下，应当也能够把做大蛋糕与分好蛋糕统一起来，也就是在做大蛋糕的同时分好蛋糕，在分蛋糕的同时促进蛋糕做得更大更好。但国际国内发展实践表明，做大蛋糕与分好蛋糕并不是天然统一的：既不是只要把蛋糕做大，收入差距就会自动缩小；也不是收入差距扩大一段时间后，就会自动趋于缩小。如果没有政府的自觉调控，收入差距是不可能自动缩小的。外国学者的倒 U 型分配理论并未被国内外分配实践所证明。即使从发达资本主义国家几百年的发展历程看，也不存在做大蛋糕与分好蛋糕天然统一的情况。在当代，有些发达资本主义国家也重视分好蛋糕的问题，它们通过高额累进税、遗产税、慈善事业等来制约收入分配和财产占有上的差距扩大，通过较为成熟和有效的社会保障制度来保障低收入者的生活水平、缩小初次分配中形成的过大差距。但由于私有制度的存在，并没有解决贫富两极分化问题。还发生了占领华尔街的99%与1%的对立。我国是社会主义国家，应该既重视把蛋糕做大做好，又重视把蛋糕切好分好。无论只重做大蛋糕而轻分好蛋糕，还是只重分好蛋糕而轻做大蛋糕，都是偏离社会主义本质要求的。

什么叫分好蛋糕？怎么分好蛋糕？第一，分好蛋糕不是搞平均主义、人人分得相等的一块，而应是根据各自在做蛋糕中的贡献分得相应的一块；第二，缩小收入差距不是不要差距，合理的、与贡献差距相一致的收入差距是必要的；第三，在公有制经济中分好蛋糕，就要贯彻实行按劳分配原则，多劳多得、少劳少得，奖勤罚懒、奖优罚劣，随着劳动生产率的提高适时增加职工收入，规范国有企业高管的收入；第四，在私营和外资企业中分好蛋糕，就要确保工人的合法权益不受损害，处理好企业利润与工资的分配关系；第五，从总的框架来讲，要把蛋糕切分为三大块——企业一块、职工（劳动报酬）一块、国家一块，现在的问题是职工的一块偏小，所以应提高劳动报酬在初次分配中的比重，提高居民收入在国民收入分配中的比重；第六，提高劳动报酬不能"刮风"，不能一哄而上，不能只重行政命令，而应根据不同经济成分、不同类型企业的具体状况，提出统一性和差别性相结合的指导方针，并把市场调节与政府调控结合起来；第七，分好蛋糕重在提高低收入者的收入水平，而对低收入者来说应重在通过提高技术水平、知识水平、专业水平和劳动绩效来增加收入，不能仅仅在不变的劳动绩效和既有的蛋糕存量上不断增大自己的一块；第八，做大蛋糕和分好蛋糕，要求坚持和完善社会主义初级阶段基本经济制度、坚持和完善公有制为主体和按劳分配为主体，实行多种所有制经济共同发展和多种分配方式并存。

前面所讲的做大做好蛋糕和分好蛋糕并重，将两者统一起来的论述，是从一般道理上讲的。在出现较严重的贫富分化的现实情况下，就需要更重视公平切分蛋糕的问题，习近平同志在党的十八届五中全会上提出以人民为中心的发展思想彰显了人民至上的价值取向，把实现人民幸福作为发展的目的和归宿。做到发展为了人民，发展依靠人民，发展成果由人民共享。因此，切分蛋糕应向劳动人民倾斜。

2. 正确认识"公平"与"分配"的关系。

个人收入分配问题，是涉及社会成员切身利益的大问题。因而分配的公平与否，历来是全社会所关心的经济问题。什么是分配中的公平理念？不同的阶级、不同的社会制度、不同历史时期，有关公平的观点、理论与实践是不同的。社会主义的公平观与资本主义的公平观并不相同。资本主义实行私有制，资本支配雇佣劳动，只能实行以按资分配为核心的按生产要素所有权分配，并认为这就是公平分配。科学社会主义所要求的公平，是首先实行生产资料公有制，人们在生产资料占有面前人人平等，在公有制的基础上，通过发展生产力，消灭分配关系中的剥削与两极分化，实现共同富裕。需要肯定的是，在社会主义经济制度中，按劳分配作为新的分配关系，多劳多得，少劳少得，等量劳动领取等量报酬，消除了剥削，是社会主义阶段合乎逻辑的公平分配制度。

我国还不是社会主义的成熟阶段，而是处于其初级阶段。只能实行按劳分配为主体、多种分配方式并存的分配制度。非劳动要素也要参与分配。生产方式决定分配方式。既然我国在所有制上实行公有制为主体、多种所有制并存的制度，在分配制度上就必然只能实行多种分配方式并存的制度。而且不能不承认，在我国现阶段，从有利于发展生产力的角度出发，这种分配方式在形式上是"公平"的。但是，从马克思主义的观点来看，如果按劳分配是形式上的平等，还存在事实上的不平等的话，那么，按非劳动要素分配更是形式上的"公平"，事实上的不公平。除了制度内的收入分配外，还存在制度外的收入分配。非劳动收入，包括制度内的和制度外的，有合法的和非法的两种；即使是合法的非劳动收入，有的不具有剥削性质，有的还具有剥削性质。此外，还有体制外的灰色、黑色收入，它连形式上的公平分配也不具备。即使是劳动收入，无论脑力劳动还是体力劳动，在市场经济条件下，也存在劳动收入上的种种不公平现象。由于不同单位具体分配方式或分配体制的差别，造成同等劳动收入差距很大。此外，还存在垄断性收入。这种收入差别的不公平，既是事实上的不公平，也是显著的形式上的不公平。

随着我国经济社会的发展，出现了收入分配差距过大的情况。分配领域的公平与不公平问题，成为社会关注的热点问题。因此中央也从社会实际出发强调应重视社会公平。党的十六届五中全会的《建议》提出"合理调节收入分配"，强调应"注重社会公平，特别要关注就业机会和分配过程的公平"。这是对社会主义公平分配理念和原则的重要发展，是推进社会主义和谐社会建设的必要和重要内容。

然而，在理论界也存在着关于"公平"与"分配"关系上的模糊甚至错误的认识。有人提出，公平分配从来没有实现过，也无法实现，这"在理论和实践上早有定论"。"公平的标准弹性很大，公平分配不能秤称尺量，在评价时很难掌握"，"将公平作为分配标准的提法是不科学的"，"公平与分配是属于两个领域的不同范畴，分配无法遵从公平，以公平要求分配只能引起思想混乱。"① 这种观点值得商榷：第一，强调重视分配的公平，并不是把公平作为分配的"标准"。比如，按劳分配所依据的标准是劳动贡献，而不是"公平"。要把分配的标准同衡量分配公平不公平的标准区别开来，不应将两者混淆。即使讲"标准"，也不能将其作为称斤论两的秤。公平是一种原则，分配公平是一种经济关系。假如要求像衡量重量、长度那样有一个准确的衡量标准，那不是哲学社会科学的思维方式。如讲"生产力标准"，"实践是检验真理的唯一标准"，也不能像用秤杆秤砣那样去具体衡量。但并不能因此就否定这种标准的存在。第二，断言分配是否公平不能衡量，也有悖于理论和实践的事实。现在，国际上通行的基尼系数就是一种衡量标准。我国的基尼系数已经达到0.45以上，突破了0.4的安全警戒线，进入了国际公认的收入分配严重不公的警戒区。还有，城乡居民收入差距的警戒线为1：3，超过1：3就意味着社会安全存在重大风险。我国已经超过了这一警戒线。2003年，我国农村人口的平均收入和城镇人口的平均可支配收入分别是2 662.2元和8 472.2元，收入差距比为1：3.23。这还是在当时的中央领导集体重视"三农"问题，在采取了一些有效措施、遏制城乡居民收入差距急剧扩大的结果。

既然主张"分配无法遵从公平"，就只能主张放任其不公

---

① 何伟：《公平与分配不能联姻》，载于《理论前沿》2005年第2期。

平，无视和否定分配中不公平事实的存在。即使撇开基尼系数和人均 GDP 等衡量指标，人们在实际经济生活中，也可从多方面看出目前分配领域不公平的存在。从农民工工资状况看：据国家统计局对 24 个城市的调查表明，2004 年农民工平均工资为 660元。浙、苏、闽、粤四省农民工对当地 GDP 的贡献高达 25%。与 10 年前相比，当地人的收入提高了一倍以上，而农民工的工资却停留在 10 年前的水平。而且许多地方的农民工一天劳动 10小时以上，基本没有休息日。更有甚者，不少地方长期拖欠农民工工资，虽已引起政府关注，但仍有数千亿元的农民工工资拖欠着。一方面，有的农民工讨欠，还受到侮辱与欺压，引发暴力事件也时有所闻。之前有媒体报道的农民工王斌余因讨欠反受侮辱与欺凌，愤而连杀 4 人的事件是其典型事例。另一方面，有些地方和行业，官商勾结敛财。例如，不少地方的煤矿行业，矿主与一些党政干部勾结，有的主管干部入股甚至是入干股，保护矿主的非法利益，不顾矿工的利益和生命安全。矿工工资低、劳动条件差，而矿主的收入动辄几千万元，"入股"的官员也跟着发财。2005 年 9 月 26 日，《人民日报》报道：湖南省娄底市新化县官煤勾结，"挟权入股，法理不容"，其肮脏交易，令人发指。面对这些现象，只要是有正常思维和良知的人，恐怕用不着秤称尺量，都可以判断这是分配领域的严重不公平。

反对强调公平分配的另一个理由也是根本站不住脚的："要求公平分配实际上是平均主义的分配。……在改革开放之前，这种公平分配理论就控制了我们几十年。"[①] 把过去"干和不干一个样"，造成效率低下、消费品匮乏，归结为"公平分配所造成的结果"。这种见解既违背经济学常识，也违背历史事实。首先，"公平"不等于"平均"。提出重视分配中的公平，并不是主张退回到平均主义分配中去。在社会主义社会，平均主义分配是一种不公平的分配。

---

① 何伟：《公平与分配不能联姻》，载于《理论前沿》2005 年第 2 期。

不能偷换概念，把反对平均主义分配变成反对重视公平分配。断言改革开放前，平均主义的"公平分配理论就控制了我们几十年"，这是言过其实之词。我国的指导思想是马克思主义，马克思主义理论是一贯反对社会主义社会搞平均主义的。应当分清楚：平均主义在现实中存在是一回事，是否存在平均主义的"公平分配理论"是另一回事。而且，无论在党中央的指导思想还是在具体的社会实践中，都是不断批评和纠正现实社会生活中的平均主义现象。即使在某些政策上存在着某种平均主义的倾向，也不能以偏概全，把平均主义混同为"公平分配理论"控制我国几十年。

另一个观点同样站不住脚。这就是"公平是一个法权概念，属于上层建筑；分配是经济范畴，属于经济基础，是生产关系的内容。经济基础决定上层建筑，上层建筑不能决定经济基础。"[①]如前所说，不同的阶级、制度，有不同的公平观，公平观属于理论、思想、认识范畴，是上层建筑。但分配领域的公平不公平则属于经济关系，即属于经济基础的范畴。重视分配中的公平，扯不到上层建筑决定经济基础的问题。而且，上层建筑也会反作用于经济基础。

有学者引证马克思在《哥达纲领批判》中批评《哥达纲领》离开生产资料所有制抽象地谈论"公平分配"、"平等权利"等拉萨尔主义的观点，认为马克思反对讲分配的公平，则是完全错解了马克思的原意。其实，马克思是主张应具体分析不同所有制和生产条件下的分配公平问题。他在这里分析了按劳分配的公平与不公平。并批评了《哥达纲领》提出实行"不折不扣的劳动所得"，并将其作为工人阶级政党所追求的公平分配原则。指出：社会主义的按劳分配也不能"不折不扣"地全部分配，而是要首先进行必要的社会扣除。马克思认为社会扣除并不是不公平，而是社会生产和社会消费的需要。

---

① 何伟：《公平与分配不能联姻》，载于《理论前沿》2005年第2期。

第六章

关于效率与公平理论的
演进与争论评析

一、笔者为什么一直不认同分配制度中
效率优先兼顾公平的观点

　　自党的十六届四中全会以来，中央不再提"效率优先，兼顾公平"这一流行了十多年的理论与政策思路。从党的四中全会到五中全会、六中全会，都是反复强调注重公平与正义，注重社会公平与分配公平。并采取了一系列的政策措施，缓解和缩小我国这些年来日益凸显的收入分配差距过分扩大的趋势。近年来，中央特别关注弱势群体特别是困难群体的经济、教育与文化生活状况，着力提高城乡低收入者的收入水平。在党中央的指导与决策下，关心农民工的社会风气也蔚然形成。显然，这与过去强调效率优先于公平、将公平放在一个次要地位的理论与政策，是迥然不同的。事实上，中央已放弃了"效率优先，兼顾公平"的提法。这是贯彻以人为本、科学发展观，构建社会主义和谐社会的需要。中央调整了效率与公平关系的提法，并不意味着可以不重视效率。应是力求实现公平与效率并重或相互统一。

　　尽管中央事实上已放弃了"效率优先，兼顾公平"的提法，但理论界并没有停止关于这一问题的争论。有些学者依然坚持这一提法。从百家争鸣、学术自由的方针出发，不同见解的争论是正常的。但应摆事实，讲道理，以理服人。理论见解应有较充分的论证与论据，并且能说明和结合经济实际。应力戒情绪化、政治化的倾向。有的学者用大批判的手法断言：质疑和否定"效率优先，兼顾公平"是"否定改革、否定市场经济、否定邓小平理论"。这是一种非理性的"扣帽子"、"打棍子"的做法，是不可取的。

　　尽管在以往十几年中，我国报刊图书广泛宣传"效率优先，兼顾公平"的理论与政策，但笔者一直没有写过这方面的东西。本着不惟上、不惟书、不惟风、求真求实的治学精神，笔者只写自己认知的见解，例如，在1998年中国人民大学出版社出版的《探索·改革·振兴》一书中，笔者提到："在促进效率的前提下努力实现社会公平"。用什么促进效率，自然首先是分配公平。2003年，笔者在《新视野》第5期发表的《怎样认识和把握我国现阶段的个人收入分配制度》一文中，提出两者并重："在处理个人收入分配关系上，应着眼于有利于生产力的发展和共同富裕的实现。为此，既要重视效率，又要重视公平"。在《宏观经济研究》2003年第12期发表的《我国现阶段收入分配制度若干问题辨析》一文中指出："只要真正实行按劳分配，探求按劳分配的有效实现形式，就能够把效率与公平统一起来"。在笔者主编的《政治经济学原理》教材（经济科学出版社2004年版）中专门设置一题《公平分配与提高效率》，强调说明"效率原则与公平原则是一致的，二者必须并重"。"效率原则不会自然地实现分配公平，处理不当会背离共同富裕的目标。"在《中国特色社会主义研究》2005年第2期发表的《关于提高驾驭社会主义市场经济能力的几个问题》中，笔者认为：我国作为社会主义国家，"在重视发展生产力、提高效率的同时，要重视收入分配的公平。"2006 年笔者在《光明日报》9 月 11 日发表题为《实现分配过程公平与效率的统一》一文，针对该报 8 月 21 日刊发的《更加注重公平与强调效率优先并没有本质上的冲突》中继续坚持效率优先、兼顾公平的观点，提出不同意见，主张二者的统一。

笔者为什么不认同"优先……兼顾"的提法、主张二者并重和统一呢？

第一，某种事物的重要性，并不一定要在战略和政策上赋予其"优先"地位，同时还降低其他事物的存在地位。比如，改革、发展与稳定，都很重要，但并没有也不能强调哪个优先，哪个兼顾，更不能都讲优先。某种事物的优先地位，分两种情况：一种是客观存在的、符合规律性的"优先"；另一种是政策性选择的"优先"。比如，在扩大再生产条件下生产资料生产优先增长，这是具有客观必然性的、规律性的优先，因而会长期起作用。而重工业优先发展，就是政策选择性的优先。中国和其他社会主义国家，曾把重工业优先发展误认作长期起作用的经济规律，将其混同于生产资料优先增长这样的客观规律，结果延缓了农业和轻工业的发展。如果说，社会主义国家在其前期一定阶段上，根据国情需要，优先发展重工业是必要的政策选择，那么，将其作为长期不变的原则，使重工业的发展固定地优先于农业和轻工业，就会产生阻碍经济整体统筹发展的消极后果。因此，不要把政策选择性的优先，当作和宣传为规律性优先。而且，对某一事物做出政策选择性的优先，一定要慎重，权衡其利弊得失，而且要从战略性、长远性考虑其效应和后果。毛泽东后来觉察到苏联经济发展中的问题，提出了按农、轻、重顺序安排生产的政策建议。

第二，强调什么优先，一般要有个优先的相对面，即优先于什么？对谁优先？比如，生产资料优先增长，是相对于消费资料增长的；优先发展重工业，是相对于农业、轻工业等发展的。那么，讲"效率优先"其相对面是什么？这里又可提出两个问题讨论。其一，发展生产，发展经济，应重视效率，重视效益，重视劳动生产率，重视科技进步，重视自主创新。为什么对这些方面的重要性都不提"优先"，而单提效率优先呢？我国与发达国家相比，效率确实低下，应当强调提高效率。其实，工作效率、学习效率、销售效率等各方面的效率都应提高。重视和强调效率的提高，是否一定要讲效率优先呢？难道不讲优先，就是不重视了吗？固然在经济社会生活的许多方面，应重视效率，但不能一律提出效率优先。比如，公检法办案，也要讲求办案效率，但不应讲"效率优先"，更不能讲"效率优先，兼顾公平"，办案应重在公正、公平。效率应服从于公平。在分配关系上提出效率优先，应首先弄清楚其来龙去脉，是针对什么提出的？是中国的创新，还是来自国外？在国外其原来含义又是什么？在这一点上，似乎还没有完全讲清楚。其二，如果要强调效率优先，应明确它的相对面是什么？如果其相对面是片面追求速度和数量，搞粗放式增长，那么，强调转向集约型增长，强调效率优先是可以的。但也不需要再提"兼顾"什么。比如，兼顾速度和数量，或兼顾粗放式增长等，那会流于奇谈怪论。

如果把效率优先的相对面定位于分配公平，则会产生几个问题。其一是人们一般讲分配公平不公平，合理不合理，并不讲分配效率高或低，因此，不存在分配效率优先于分配公平问题。讲效率与公平的关系，是指生产效率或经济效率与分配公平的关系。经济效率可分两个不同层次，即企业生产效率和资源配置效率。从企业生产效率看，可细分为劳动效率、管理效率、资源利用效率、科技进步效率、资本周转效率等。要提高这些方面的效率，首先需要调动广大工人、科技人员、管理人员的劳动积极性、主动性和创造性。而调动的重要途径是公平合理的分配制度。因此，不存在劳动效率、生产效率优先于分配公平的问题，反而是与劳动贡献相符的公平分配制度能够有效地促进劳动效率和生产效率的提高。

如果讲的是资源配置效率和分配公平的关系，那么，在实行市场经济条件下，实现资源配置效率是市场的功能，而非政府的功能。固然，规范市场秩序，健全市场体系，完善市场机制，需要借助于政府行为，市场运行也需要有政府调控。但是，市场配置资源效率的高低，取决于市场运行机制及其规律，而非取决于政府的理论指导与行政安排。市场经济是竞争经济，是企业追求利润最大化、个人追求市场收入最大化的经济，必然会产生收入差距的扩大。政府的责任，特别是社会主义国家政府的责任，恰恰是应关注和缩小由市场配置资源形成的收入差距的扩大和分配的不公平。而不是把注意力和政策取向的重点放在已不属于政府职能、政府已管不了的资源配置效率上，而将分配公平降于一个兼顾的次要地位。这确实存在政府职能错位问题。

其二，在实行市场经济条件下的收入分配问题上，强调效率优先，并不是我国的创新。西方经济学中的新自由主义学派代表哈耶克、弗里德曼等就是主张效率绝对优先，反对政府干预分配公平。他们是站在大资本的立场上，为资本主义自由市场经济的分配制度辩护的。他们主张效率绝对优先的理由是，市场配置资源的前提是自由经营、自由竞争和生产要素的自由转移。而追求分配公平，通过政府干预再分配，是要使收入分配均等化，这会牺牲自由。自由、平等只有在自由市场经济制度下实现，公平可以通过市场自发形成，主张用"看不见的手"调节经济，认为政府人为地干预分配，实际上是把一部分人的收入转移给另一部分人，这是最大的不公平。他们强调的是机会公平，就是说，谁占有的资本等要素越多，利用效率越高，竞争优势越强，谁获得的市场分配收入便越多，这正是市场配置资源中的公平分配。弗里德曼说："在过去一个世纪里，流行着一种神话，说自由市场资本主义，即我们所说的机会均等，加深了这种不平等，……没有比这更荒谬的说法了。凡是容许自由市场起作用的地方，凡是存在着机会均等的地方，老百姓的生活都能达到过去做梦也不曾想到的水平。""一个社会把平等——即所谓结果的均等——放在自由之上,其结果是既得不到平等,也得不到自由。"① 他们把分配公平,诠释为结果的"均等"即平均。其实,公平不等于均等。弗里德曼断言资本主义自由市场经济的机会均等,使老百姓的生活达到了梦想不到的高水平,是不顾资本主义自由市场经济两极分化的事实的武断说法,如果将"老百姓"一词改为资本家,那倒符合实际情况:

　　值得注意的是,哈耶克、弗里德曼等所强调的效率绝对优先、反对干预分配结果公平的理论主张,并没有得到发达资本主义国家政府的采纳。西方发达国家通过建立比较完善的社会保障制度或"福利制度",通过征收高额累进税、遗产税等,也是要缓解收入分配的不公平。现代资本主义市场经济,已不是新自由主义学派迷恋的以往的自由市场经济,而是在运用政府调节这只"看得见的手",去引导和制约"看不见的手"。

　　不仅如此,西方经济学界反对新自由主义学派在分配关系上片面强调效率优先的大有人在,国家干预学派主张将公平作为优先考虑的目标。如罗尔斯、勒纳及罗宾逊夫人等就主张重视公平、公平优先。并从道义和经济两方面予以说明。认为公平是"天赋权利"。市场竞争中所引起的收入分配的不公平,是对"天赋权利"的侵犯。分配不公平会损害工作热情,降低效率。美国哈佛大学教授罗尔斯(Rawls)认为:分配不公,会损害竞争中处于劣势的人们的工作热情,从而损害效率。追求效率会造成分配的进一步不公平,导致两极分化,引起社会动荡,反过来损害效率。新剑桥学派的罗宾逊(Robinson)夫人认为,追求效率的结果是使分配越来越不平等,反过来阻碍效率和经济增长。这是资本主义社会的症结。她提倡政府干预,实现收入公平。

---

　　① 王冲:《中国最富的 150 万个家庭占有 70% 的财富》,载于《中国青年报》2006 年 10 月 18 日。

主张效率与公平兼顾或并重的，有凯恩斯（Keynes）、萨缪尔森、奥肯（Oken）等人，奥肯强调：平等与效率，双方都有价值，没有先后次序，其中的一方对另一方没有绝对的优先权。

如果说，强调分配关系中的效率优先，只是西方新自由主义学派在资本主义市场经济中关于效率与公平关系的观点，遭到了西方其他学派的反对，而且当代资本主义国家政府也未实行他们的主张。我国作为社会主义国家，更不应追随西方新自由主义的主张。相反，应更加重视社会公平、分配公平。固然，对"公平"含义的理解和说明，不同的阶级，不同的社会制度，不同的历史时期，是存在各自差别的。但从整体上来说，社会主义的公平，已体现于邓小平指出的社会主义本质内容，即通过解放生产力，发展生产力，消灭剥削，消除两极分化，达到共同富裕。而实现社会主义的公平，又必须坚持社会主义经济制度，坚持公有制这一社会主义经济制度的基础。在公有制经济中，人们在生产资料面前人人平等，也只有在公有制基础上，才能实现消灭剥削、消除两极分化，达到共同富裕。

其三，"强调效率优先，兼顾公平"，在实际经济生活中，会产生某些与原先意图不一致的负面效应。在私营、外资企业中，"效率优先"成了利润率优先。"兼顾公平"，成了可以轻视乃至忽视对待雇佣工人的公平。某些企业违反劳动法，严重损害职工权益。如随意延长劳动时间，超额加班加点而不付或少付加班费，压低和拖欠工资，甚至侵犯工人人身自由。而某些地方行政人员也睁一只眼闭一只眼，漠视职工的权益受损，同时又容忍和保护企业主的不正当利益。中国台湾《联合报》2006年8月31日报道："许多台商表示，在广东经营企业，员工没有不超时工作的。如何避免法令规定，各厂商都有一套办法，……劳工主管部门都会睁一只眼闭一只眼。"在他们心目中，"效率优先"，就如某些学者所讲的发展生产优先；"兼顾公平"就是公平与发展生产相比，是次要的事情。某些县乡基层干部，为满足开发商的需要，随意廉价夺取农民的土地。这也可以在借口发展生产第一，公平第二的理念下进行。目前，强调公平、正义，强调社会公平，强调就业和分配公平，强调缩小过大的收入差距，应当成为从中央到地方、到基层、到公私企业的共同理念。需要有效的理论宣传和政策措施，才能改变近些年在我国经济社会中公平、正义、诚信等理念和行为缺失的状况。

其四，效率与公平并重和统一。所谓并重，就是在生产和经济领域，要重视效率，在分配领域要重视公平。与发达国家相比，我国的生产效率还很低，差距很大。据有关资料显示，多年前我国的 GDP 占世界总量的比例很低，而消耗的煤炭占全世界消耗的 31%，消耗的铁矿石占 30%，消耗的钢材占 27%，消耗的水泥占 40% 以上。根据 2004 年的资料，我国创造 1 美元所消耗的能源是美国的 4.3 倍，德国和法国的 7.7 倍，日本的 11.5 倍。有关资料表明：根据对 15 个较发达国家的综合评估，平均每个农业劳动力生产谷物为 25 吨，是我国农业劳动力平均水平的 20 倍。如果计算每个农业劳动力的平均总产出，美国一个农民平均创造的财富，相当于我国 100 个农民的产出。所以，我国重视发展生产，不应片面重视 GDP 和速度，而更应重视效率。当然，通过近 40 年的改革与发展我国的经济总量已成为世界第二大经济体。2015 年，中国 GDP 总量占全球总量的 14.84%。但是，我国的劳动生产率与发达国家相比还是落后的，在生产领域强调效率优先是正确的。但生产重效率，并不需要通过轻视分配公平来实现。

我国作为社会主义国家，绝不能忽视包括分配公平的社会公平。社会主义公平，应是超越资本主义形式公平的更高的、惠及全体劳动人民的公平。既要重视和处理好体现社会主义本质的整体框架的公平，即消灭剥削，消除两极分化，逐步实现共同富裕，也要重视和处理好在多种所有制并存的现实经济中具体分配关系中的公平。不仅要重视国有经济和集体经济中的分配公平，也要重视私营和外资经济中的分配公平，尽管这两种分配公平的内涵是有所区别的。

效率与公平有无矛盾？我国实行公有制为主体、多种所有制共同发展；按劳分配为主体、多种分配方式并存的经济制度在公有制中，真正实行按劳分配，多劳多得，少劳少得，奖勤罚懒，奖优罚劣，既体现了公平，又可以有效促进效率。而效率的提高，使财富增加，劳动收入增加，可在新的更高的收入分配水平上，贯彻按劳分配，从而进一步激励劳动的积极性和创造性，提高生产效率。因此，实行社会主义按劳分配原则，可以把效率与公平统一起来，二者并不存在此消彼长的矛盾，二者的统一，不是人为的，而是客观的、内在的统一。而正确的理论与政策措施，又可以促进和完善这种统一。

在私营和外资企业中，实行按生产要素所有权分配和市场机制分配，存在着劳资矛盾、利润与工资分配份额的矛盾。既然鼓励私有企业的发展，就得认可资本追求利润最大化的效率和合法收入的权利。但不应由此忽视劳动的权利和劳动收入的公平。在这里，资本强势、劳动弱势、资本高收入、劳动低收入的对立是天然存在。从这方面说，不存在效率与公平的内在统一。但就职工的劳动效率与其劳动收入的关系来看，又存在统一关系。凡是尊重职工权益、劳动收入比较合理和公平的企业，职工的劳动效率也高，企业经营得也比较好。而有些企业，不尊重民工权益，工资被压到劳动力价值以下，随意延长劳动时间，没有休息日，还拖欠和无理克扣工资。劳资纠纷不断，挫伤职工劳动积极性与主动性，影响民工的劳动效率与企业生产效率。多年来，珠江三角洲等经济快速发展地区，出现了"民工荒"，在很大程度上，就是资方对待民工不公平的后果。显然，这对企业的效率只能形成负面效应。

在私营、外资企业中，劳资分配关系存在矛盾，效率与公平从整体上说不存在内在的统一关系。但是作为社会主义国家，应该重视维护职工的权益，应该要求分配的相对公平。也就是从理论指导和政策措施层面上要求效率与公平的外在统一。对资方说，应是合法经营，遵守劳动法，获得公平的管理劳动收入和合法的剩余价值收入。对劳方说，他的劳动力作为商品，应获得等价交换的"公平"权利，因而其劳动收入应不低于劳动力的价值。应当看到，近些年来，压低和拖欠民工工资的现象很突出，许多民工的收入达不到劳动力的价值。据 2005 年 3 月 27 日《人民日报》报道，国家统计局对 24 个城市的调查表明，农民工月工资平均 660 元。有的省份农民工中近 25% 的人月工资在 300～500 元之间。这样低水平的收入，达不到工人及其家属维持正常生存所需要的生活资料的价值，即低于劳动力的价值。这种不公平现象，不利于和谐社会的建设。近年来，中央强调更加重视社会公平，并采取了一系列针对性措施，以缓解社会不公平问题，收到了显著的效果。各省市都由政府规定了企业每年的最低工资。这几年来，企业职工的工资有较多增长。如 2013 年深圳市规定最低工资标准为每月 2 130 元。但从根本上实现社会和谐与公平，还任重道远。中央的指导思想和政策措施是很明确的。改革开放的成果，应惠及广大劳动人民。不应使作为党的阶级基础的工人和农民群众成为"弱势群体"。从这方面说，也不应再坚持"效率优先，兼顾公平"的原则。

主张效率与公平并重和统一，就需要同时放弃所谓初次分配注重效率、再分配注重公平的提法。分配显著不公平乃至贫富分化，主要是初次分配形成的。由初次分配不公平造成的收入差距过分扩大，很难通过再分配实现公平，何况我国的社会保障制度还不完善、不健全，覆盖面不普及。缩小收入差距的经济手段很薄弱或欠缺。所谓"再分配注重公平"，只能起有限的作用，不能只靠再分配实现分配公平。

主张效率与公平统一，重视社会公平，并不是要劫富济贫，把矛头指向富人，也不应有仇富心理。富人可以继续富乃至更富，但穷人不要继续再穷或更穷。十六届六中全会的《决定》没有再提效率问题，并不等于忽视和否定效率。它在"完善收入分配制度，规范收入分配秩序"一节中，着重强调"更加重视社会公平"。实现的途径是：通过加强收入分配宏观调节，着力提高低收入者收入水平，扩大中等收入者的比重，调节过高收入，取缔非法收入，实现共同富裕。这里的着眼点是缩小收入差距。其中所讲的"调节过高收入"，并非要取缔或限制过高收入，而只是进行合理调节。调节的手段主要是税收，当代发达资本主义国家，为了调节收入分配差距，也要进行政府调节，如征收高额累进税，有些国家还征收高额遗产税。日本对高收入群的税率，最高达50%。瑞典的国民赋税负担率达49.9%。而瑞典的高赋税收入则用于社会保障和社会福利。如从小学到大学都免交费用；重视教育公平。

当代发达资本主义国家，也在重视缩小收入差距，采取一些有利于社会公平的制度和政策。我国作为社会主义国家，在社会公平问题上应比资本主义国家做得更好。

社会主义的根本任务是发展生产力，根本目的是实现共同富裕。这都需要在包括分配公平的社会公平中实现。社会公平应是社会主义的重要特点，应是社会主义优越于资本主义的一个重要方面。

二、关于效率与公平关系理论争论之我见

针对近些年来我国经济社会生活中出现的新问题和新矛盾，特别是收入差距的过分扩大，党中央多次强调提出应更加重视社会公平。党的十六届五中全会提出"注重社会公平，特别要关注就业机会和分配过程的公平"。现在强调注重和关注社会公平特别是分配公平，显然与此前所主张的"兼顾公平"即把分配公

平放在一个次要地位是不同的。《光明日报》2006 年 8 月 21 日发表多位学者讨论的成果："更加注重公平与强调效率优先并没有本质上的冲突"，笔者认为，这种提法是不准确的。如果在分配关系上继续讲效率优先，那还是主张兼顾公平，这与更加注重社会公平和分配公平是存在"冲突"的。如果讲：生产重视效率或效率优先，分配注重公平，那是正确的。但本来讲的是分配关系中的效率和公平问题，这里强调效率优先，就是一种错位。

公平与效率问题，是国内外学者所关注和长期讨论的一个问题。什么是公平，什么是效率，由于理解的不同，对二者关系的把握与阐述也就互有差异。而且，讲公平与效率的关系，应分清是从什么角度、什么领域讲的。如果从生产和工作领域来讲，强调效率，讲效率优先，是不容置疑的。从企业层面说，应重视劳动效率、管理效率、生产效率、资源利用效率、企业整体效率。任何工作岗位都应重视提高工作效率。特别是作为发展中国家的我国，生产力还相对落后，与发达国家相比，生产效率差距很大。因此，在我国发展生产力是根本任务的当前，重视和强调效率是天经地义的。从资源配置层面讲，要强调资源配置效率。我国由传统计划经济转向社会主义市场经济，就是由传统指令性计划配置资源转向由市场机制配置资源。实践证明，由市场在资源配置中起基础性作用，比起由指令性计划配置资源来，效率会更高一些。但不能迷信市场万能，那种完全自发的、不受约束的市场，会导致经济的周期性震荡，造成资源浪费。需要将政府调节和市场调节统一起来。由"看得见的手"引导"看不见的手"，才能发挥和提高市场配置资源的效率。

社会生活的各方面都存在效率问题。有些方面的效率高低与公平并无关系。从近年来讨论公平与效率的关系的角度看，这里的效率是指经济效率，是从社会经济角度考察公平与效率的关系。经济效率的高低会表现为经济效益和生产效率的高低。但其内涵又不完全相同。经济效益侧重于投入与产出的关系。低投入、高产出就是高效益，可以不涉及速度，发展生产应以经济效益为中心，而不应片面追求高速度。要改变高速度、低效益的发展路径。劳动生产率侧重于劳动耗费和产量的关系，同量劳动生产的产量越多，表明劳动生产率越高。而经济效率，既包含经济效益和劳动生产率的内涵，也与速度和质量相关。提高经济效益，要求降低耗费、提高质量、增加数量、加快速度。

　　然而，当我们从收入分配的角度来考察公平与效率的关系时，作为社会主义国家，就应强调和重视社会公平和分配公平。社会主义最大的社会公平，是消灭剥削，消除两极分化，逐步实现共同富裕。从长远发展趋势来看，提高生产效率，有利于实现社会主义的这种公平。但讲分配关系中的效率是指什么？一般来讲，分配自身不存在效率高低问题。人们常讲的是分配公平不公平，合理不合理，并不讲分配效率是高还是低。从分配角度考察的公平与效率的关系，不是指分配公平与分配效率的关系，而是指分配公平与不公平会影响到劳动效率、生产效率的高低。分配中既不存在分配自身的效率优先于分配公平的问题，也不存在劳动效率优先于分配公平问题。恰恰相反，分配公平合理有利于促进劳动和生产效率的提高，而分配不公，会挫伤人们的劳动积极性和创造性，不利于效率的提高。而且，在分配关系上讲效率优先，兼顾公平，实际上就是轻公平，把公平放在一个次要的地位。这样，所谓效率优先也会落空。

　　过去曾讲"兼顾效率与公平"，这里的"兼顾"是同等看待的意思，没有优先与次要的区别，在理论与逻辑上还说得过去，但有个问题没有表明，二者究竟是对立的关系人为地去"兼顾"呢，还是统一的关系顺其自然而"兼顾"？

　　怎样正确把握分配关系中的公平与效率问题，事实上胡锦涛总书记已经做出了回答。据新华社报道，胡锦涛同志于2006年6月22日在美国耶鲁大学的演讲中，特别提出我国要"实现物质和精神、民主和法制、公平和效率、活力和秩序的有机统一"。

显然，中央强调提出的更加重视社会公平和分配过程公平，公平与效率的有机统一，同原来流行的"效率优先，兼顾公平"是不能并存的。

有人坚持"效率优先、兼顾公平"的提法，概括起来其理由主要是三条：一是认为强调效率优先就是强调发展生产力，发展生产力就要强调效率；二是认为只有重视效率优先，把"蛋糕"做大，才能解决分配不公平问题；三是认为强调分配公平而不强调效率，是要退回到平均主义的分配体制中去。这三条理由都难以成立。

首先，认为放弃"效率优先，兼顾公平"的提法违背发展生产力是根本任务的道理，是放弃发展生产要重视效率的原则，放弃生产的首要地位和决定作用的规定性。这种认识是一种误解。为了更好更快地发展生产力，就需要调动广大劳动者包括科技和管理人员的劳动积极性和创造性，为此，就需要完善分配制度，改革分配体制，更加重视社会公平和分配公平。应当明确：放弃分配关系中的"效率优先，兼顾公平"的原有提法，并不是放弃发展生产和经济建设中重视效率的原则。大家知道，生产与分配、消费相比，生产是第一位的，先有生产，才能有分配和消费，而且生产具有决定作用；生产什么才能分配和消费什么，生产多少才能分配和消费多少；再者，生产方式决定着分配方式。社会主义生产方式决定了社会主义的个人收入分配方式是按劳分配。但是，我们不能从这一马克思主义的科学原理中引申出这样一个提法：生产优先，兼顾分配与消费。这在理论逻辑上是讲不通的，也不符合社会经济生活实际。因为生产的目的就是通过分配进行消费，是服从于消费需要的，分配是中间环节。生产的首要地位和决定作用，并不导致分配和消费的"兼顾"地位，它们之间是相互统一的关系。处理好分配关系和消费关系，对于促进生产发展也具有重要的作用。同理，不能用重视生产效率，把分配公平放在一个"兼顾"地位。

其次，认为只有强调"效率优先，兼顾公平"才会把"蛋糕"做大，以解决分配不公平问题。这种认识既缺乏逻辑上的必然因果关系，也无充分的实际例证，只是一种抽象的推理。也许在某一发展阶段，"蛋糕"做大了，有利于收入差距缩小。但从历史与现实来看，并不必然存在这种关系。英国产业革命后，发展了机器大工业，劳动生产率和经济效益大幅提高，财富总量迅速增长，但雇佣工人的劳动条件和生活状况并没有随之改善。劳动时间反而延长，剥削程度同时提高。"蛋糕"做大并未带来分配的公平。这一情况在《资本论》中有丰富的说明。

根据查尔斯·K.威尔伯（Charle K.Wilber）主编的《发达与不发达问题的政治经济学》（中国社会科学出版社 1984 年版）提供的资料说明："在经济迅速增长的十年中，伴随而来的是许多发展中国家收入分配的更大不均，而这个问题在农村地区更为严重"。同时书中还讲：世界银行的麦克纳马拉（McNamara）远在 1973 年就指出："尽管发展中国家的 GDP 有了十年的空前增加，可是它们人口中最贫困的部分，只得到较少的好处……它们正处于绝对意义上的贫困。"

从我国的实际情况来看，并不是随着经济增长、"蛋糕"做大，收入分配便趋向公平。收入分配不公平分两个层次：一是在微观层次上的不公平。比如，某些工人工资收入偏低，没有随着经济增长而增长，而另一些人的收入偏高，并不断膨胀。二是在宏观层次上的不公平。从全社会看，有收入差距过大的趋势。我国改革开放以来，经济快速增长，"蛋糕"做大了好多倍，而恰恰这时收入差距过大、分配不公的问题凸显出来。中外资料都表明：经济发展、"蛋糕"做大，并未带来分配公平，或不公平的缩小，反而不公平的差距扩大了。需要采取有效措施，加强和完善宏观调节，制定相应的方针政策，更加重视社会公平和分配公平，才能缓解收入差距过分扩大的趋势。党中央关于公平与效率的新提法和一系列相应的政策措施，正是为了解决这一问题。

最后，认为强调更加重视分配过程公平，就是要退回到平均主义分配的旧体制去，这完全是一种误解。搞平均主义，多劳不多得，少劳不少得，少劳者占有多劳者的一部分劳动成果，这是明显的分配不公平。搞平均主义，既无公平也无效率。这是马克思主义一贯反对的小资产阶级的平均主义分配观。

更加重视分配过程的公平，并不需要倒过来提出什么"公平优先，兼顾效率"。这种提法在理论逻辑上也是不通的。只要做到分配公平，自然会有利于促进效率。重视公平，不能轻视效率，二者本来就不存在谁优先、谁兼顾的问题。

有的学者将公平与效率的关系概括为"市场管效率、政府管公平"。本来，实行市场经济，就是要通过市场提高资源配置效率，而市场调节经济，就会自发地导致收入差距的扩大，所以政府应通过宏观调控重视分配公平。从这个意义上说，确实存在市场管效率，政府管公平问题。但是，我们讲分配关系中的公平与效率问题，并不是专指也不是侧重指资源配置效率，而是侧重指劳动效率、管理效率、生产效率、企业对资源的利用效率等。分配公与不公，一般说来，与市场配置资源效率无直接内在联系。除非出现对工人待遇不公的特殊情况，工人起来罢工，或是如近年来，南方一些地方出现的"民工荒"。工厂不能开工，人力资源不能利用，非人力资源也会闲置，资源配置效率自然也就谈不上了。

公平与效率是否存在此消彼长的对立关系？能否统一和怎样统一？应当肯定，在社会主义公有制经济中，实行按劳分配，公平与效率可以实现内在的有机统一。只要真正贯彻实行按劳分配，多劳多得，少劳少得，奖勤罚懒，奖优罚劣，劳动收入既会拉开差距，又不会出现收入差距过大，而且会直接促进效率的提高。而效率的提高反过来又会提高按劳分配收入，二者相互促进，有机统一。

在外资企业和私营企业中，公平和效率的关系既存在对立面，又存在统一面。一般来说，私有制企业主追求的是高利润率。利润率的高低代表企业效率的高低。企业主的素质和管理水平参差不齐，有的科学管理、遵守劳动法；但有些企业主为了提高利润率，容易采取一些损害工人权益的措施，诸如延长劳动时间、过度加班而不按规定支付加班费、压低和拖欠工资，还搞一些有损工人人格尊严和人身自由的不合法的规定等。2006 年 9 月 1 日，上海劳动保障监察部门曝光 22 家"抠门"企业，这些企业支付给劳动者的工资低于该市的最低工资标准，而且差额较大。此外，2006 年 1 ~ 8 月，上海有关部门收到不付最低工资的举报投诉 647 件，查处支付工资低于最低工资标准案件 907 件。作为发达城市的上海还如此，一些边远和落后地区的情况可想而知。这类企业，因损害劳动者的合法权益，自然会挫伤其劳动积极性和劳动效率。需要通过政府和其他有关单位进行引导和监督，制定相关的章法，保证劳动者的合法权益不受侵害，并获得"公平"的劳动环境和工资收入，同时要求和引导业主遵守劳动法，正确处理在收入分配方面的公平与效率的关系，以提高劳动者的认同感，从而提高劳动效率。需要通过相关的政策措施和体制建设，以实现公平和效率外在的相对统一。

三、把提高效率与促进社会公平结合起来

（一）调整对效率与公平关系的理论认识是落实科学发展观的要求

党的十七大报告中提出了我国摆脱贫困、加快实现现代化、巩固和发展社会主义的十大"宝贵经验"，其中"把提高效率同促进社会公平结合起来"是宝贵经验之一。正确认识和处理好效率和公平的关系问题，是党中央和全国人民所关注的一个重要的

理论和实际问题。它是中国特色社会主义理论体系中有关怎样发展社会主义经济、怎样正确对待和处理人民群众自身利益的原则性问题。

我国是社会主义国家，而且是具有十多亿人口的发展中大国，根本任务是解放生产力和发展生产力。而发展生产力应做到低投入高产出，提高劳动生产率和经济效益，也就是要提高生产效率。提高效率是增加社会财富的有效途径。而财富的增加，为提高收入分配提供了物质基础。也就是人们常说的把蛋糕做大了，每个人所分到的一份才能增大。但是，能否实现这个理念或关系，取决于收入分配制度是否公平合理。我们看到，无论是资本主义国家还是社会主义国家，都存在这样的事实：生产力快速发展了，社会财富大幅度增加了，但随之出现了财富向比例较小的家庭集中、贫富差距扩大的趋势。资本主义国家，无论蛋糕做得多大，也不能消灭剥削和贫富分化的现象。而我国作为社会主义国家，要防止两极分化，缓解和消除近些年来收入差距不断和过于扩大的趋势，要使我国改革和发展的成果惠及广大人民。社会主义国家应当做到也能够做到这一点。这就需要有正确的、科学的理论指导，并采取有效的政策措施。在理论指导和发展方针上，强调更加重视社会公平，重视分配公平是其必要的一环。在十七大报告中，关于效率与公平关系的论述，应当看作是对这几年来我国学界对这一问题不断争论的总结。它体现了马克思主义的科学观点，也是落实科学发展观和构建社会主义和谐社会的必然要求。

十七大报告既提出"把提高效率同促进社会公平结合起来"，又指出"初次分配和再分配都要处理好效率和公平的关系，再分配更加注重公平"。显然，这是对流行多年的"效率优先，兼顾公平""初次分配注重效率，再分配注重公平"提法的重要调整。笔者认为，对这种调整是必要的、正确的。笔者一直不认同流行多年的"优先"与"兼顾"的提法。在笔者发表的论著中，始终主张效率与公平并重和统一，坚持生产重效率，分配重公平的观点。

笔者之所以不认同关于"效率优先，兼顾公平"的提法，是出于下述理论和实际的思考：

第一，发展生产，发展经济，应重视效率，这是天经地义的事情。但不能因为重视效率就忽视或轻视社会公平、分配公平。特别是我国作为社会主义国家，社会主义的本质是要求消除两极分化和逐步实现共同富裕。而要实现这一要求，要以实现社会公平、分配公平为必要条件。公平正义是人类美好的追求，更应是社会主义的本质体现。

第二，重视效率，不一定要强调效率优先。正如同我国现在强调"更加重视社会公平"，并不需要提出"公平优先"的原则。而且，如果讲"优先"，首先要弄清优先于什么，对谁优先。如果讲发展经济应使效率优先于片面追求速度、产值或GDP，那是可以的。而原来讲"效率优先"，是指优先于公平，把公平放在一个"兼顾"一下的次要地位。也就是说，把"效率优先"不是放在生产领域、经济领域，而是放在了分配领域，结果使其成为我国社会主义分配只重效率而不重公平，甚至借口效率优先损害公平的潜规则，这不符合社会主义的本质要求。

第三，在分配领域强调效率优先于公平，不重视公平，必然会弱化对收入差距不合理扩大趋势的关注，淡化对弱势群体民生问题的关注与解决，使我国改革和发展的成果不能惠及广大劳动群众，不符合科学发展观和构建社会主义和谐社会的要求。

第四，强调效率优先于公平，有利于资本而不利于劳动。主张效率优先、淡化分配公平的理论思想，是西方新自由主义学派如哈耶克、弗里德曼等人的主张。他们所强调的效率只是市场配置资源的效率，所重视的实质上是资本的效率。他们所讲的公平，实质上是资本获取利润的公平。因此，他们只强调机会公平而反对政府干预分配公平。按照他们的理论见解，资本越大，资本效率越高，利润总量越大。这种通过"机会公平"取得的高额利润收入被认为是公平的。如果政府对此进行干预，通过缩小收入差距实现结果的公平即收入分配的公平，被认为是会损害公平的分配均等化。他们主张收入分配应完全由市场决定。然而，这种理论思想，既受到重视分配公平的西方学者的否定，也没有被西方有关政府采纳。

第五，强调效率优先于公平，会给我国实际经济生活中带来某些不利于劳动者特别是弱势群体的负面效应。在外资和私营企业主那里，效率优先就是利润率优先，既然效率重于和优先于公平，他们就会漠视甚至有的严重侵犯职工应有的权益，甚至剥夺工人人身自由。受雇工人既失去了劳动和收入的公平权利，也失去对公平诉求的权利。某些地方官员和开发商联手低价强取农民土地，中饱私囊，使成千上万农民失去生活所系的土地。效率优先被扭曲为开发商利益优先，漠视和侵犯农民的公平经济权益。当然，不应把这种霸权现象简单归咎于"优先"、"兼顾"的提法。但由于可以通过各自的理解乃至错解，它成为被利用于损害弱势群体权益的理论支持和借口。

第六，我们讲效率，重视效率，既包括资源配置的宏观经济效率，也包括经济单位的微观经济效率，如劳动效率、管理效率、科技效率、资源利用效率等。应重视资源配置效率，而提高资源配置效率主要靠市场机制作用，提高经济单位的效率就需要通过分配公平来促进。平均主义的分配，既失去公平，也损害效率。收入悬殊的不公平分配，职工得不到公平合理的与其贡献相适应的报酬，也会损害其劳动和工作的积极性、主动性和创造性，从而损害经济效率。轻视、漠视分配公平，会使"效率优先"转向反面。

第七，过去将"效率优先，兼顾公平"具体阐述为"初次分配注重效率"、"再分配注重公平"。然而，收入差距不断扩大的趋势和贫富分化的出现，正是初次分配不公平的结果，靠再分配是无法扭转这种趋势真正实现分配公平的。对广大低收入的困难群体来说，通过再分配所得到的弥补只能是杯水车薪，难以从根本上解决问题。因此，初次分配就应重视公平，以公平促进效率，以效率带动公平。再分配也存在效率与公平的关系问题，但其主要功能是关注弱势群体，更加注重社会公平。十七大报告提出："初次分配和再分配都要处理好效率和公平的关系，再分配更加注重公平"，是一种科学的理论指导，符合中国特色社会主义实际情况和需要。

（二）结合我国实际情况，理性理解对效率与公平关系认识的调整

怎样认识和处理好经济发展中的效率和公平关系问题，是改革开放以来为人们所关注的事情，是在放弃"以阶级斗争为纲"，提出以经济建设为中心条件下才受到重视的理论和实际问题。

在那个强调算政治账不算经济账，宁要贫穷的社会主义，不要富裕的资本主义，并大批"唯生产力论"的"以阶级斗争为纲"的年代，是不讲经济效益、经济效率的。党的十一届三中全会以来，中央提出社会主义的根本任务是发展生产力，根本目标是实现共同富裕，贫穷不是社会主义，要以经济建设为中心，于是经济学界展开了对"经济效果"的讨论，后来又讲"经济效益"。中央文件也提出发展要"以经济效益为中心"。

在新的历史时期，发展社会主义经济，需要解决和处理好历史积累下来的两个问题：一是改变过去在生产上不讲经济效率和效益，以政治冲击经济的经济发展方式；二是要改变在分配上不讲贡献大小，报酬一致，从而多干少干、干好干坏一个样的平均主义倾向。也就是说，要正确认识和重视效率与公平及其关系问题。然而理论界和领导层对这一问题的认识是有个发展过程的。中央文件的有关理论指导也经历了具有曲折和几经变化的特点。

而这种变化又是与我国发展与改革实践中不同阶段的具体情况和特点相联系的。

1987年10月党的十三大报告提出："我们的分配政策，既要有利于善于经营的企业和诚实劳动的个人先富起来，合理拉开收入差距，又要防止贫富悬殊，坚持共同富裕的方向，在促进效率提高的前提下体现社会公平。"当时针对改革前的平均主义倾向和共同贫穷现象，提出通过诚实劳动与合法经营让一部分人先富起来，需要拉开合理的收入差距。但又要以共同富裕为目标，防止贫富分化。这一分配政策既体现了重视效率，又体现了重视公平。以合理的收入差距和公平分配促进效率，又在效率的提高中体现公平。

1992年党的十四大报告中提出：在分配制度上"兼顾效率与公平"。两者兼顾等于两者并重，无孰重孰轻之别。它继续强调"防止两极分化，逐步实现共同富裕"。与十三大报告相比，在表面提法上虽有不同，但其内涵精神是一致的。

但在1993年11月党的十四届三中全会通过的有关决定中，对效率与公平关系的提法，做了根本性的改变：个人收入分配要"体现效率优先，兼顾公平的原则"。没有再提"防止贫富悬殊"或"防止两极分化"。确立这一分配"原则"的社会经济历史背景是：我国出台实行和推进社会主义市场经济体制的具体政策措施，通过了《中共中央关于建立社会主义市场经济体制若干问题的决定》。由计划经济转向市场经济，就是要让市场在资源配置中起基础性或决定性作用，也就是要提高资源配置效率。市场经济是竞争经济，竞争就会优胜劣汰，就会出现经济利益上的分化。因此，中外有些学者容易据此主张：实行市场经济应强调机会公平而不应强调分配结果的公平，应强调效率优先。因此，提出"效率优先，兼顾公平"的原则也是有其时代背景和历史特点的，不少学者将其理解为是针对平均主义分配的。其实，此前有关效率与公平并重的提法，已经否定平均主义了。新的提法原是想反映社会主义市场经济体制下收入分配特点的，这一提法流行了10多年。1997年的十五大报告和2002年的十六大报告，再到十六届三中全会，都一再重申这一"原则"。十六大报告还将其具体化为"初次分配重视效率"，"再分配注重公平"。

随着我国社会主义经济实践的发展，收入差距扩大的趋势日益凸显。理论界对究竟该怎样认识和对待分配关系中的效率与公平的关系，进行了热烈的讨论，提出了多种不同的见解，不少学者从各自角度主张调整"效率优先，兼顾公平"的原则。

值得注意的是：2001年9月，中共中央印发了《公民道德建设实施纲要》。其中提出"坚持注重效率与维护公平相协调，要把效率与公平的统一作为社会主义道德建设的重要目标。在全社会形成注重效率、维护公平的价值观念，把效率与公平结合起来。"这里所强调的是效率与公平的"协调"、"统一"和"结合"，不再讲"优先"与"兼顾"。这与流行的效率优先、兼顾公平的提法显然是相左的，出现了同一时期不同中央文件关于分配原则相互矛盾的特殊情况，但是多数人并未注意到这个问题。

但真正从理论认识和指导思想上实现对"优先"与"兼顾"原则的调整，是从十六届四中全会开始的。中央对此的调整既是从我国社会经济发展的实际情况出发，又是依据以人为本的科学发展观和构建社会主义和谐社会的理论认识和客观要求提出的。

2004年召开的十六届四中全会强调提出：要注重社会公平，合理调整国民收入分配格局，切实采取有力措施解决地区之间和部分社会成员之间收入差距过大的问题，逐步实现全体人民的共同富裕，不再提"效率优先"，单独强调社会公平和分配公平。2005年党的十六届五中全会又强调提出："注重社会公平，特别要关注就业机会和分配过程的公平"，"努力化解地区之间和部分社会成员之间收入差距扩大的趋势"，又是专门强调公平问题。2006年5月26日，中共中央政治局召开会议，专门研究改革收入分配制度和规范收入分配秩序问题。会议强调"在经济发展的基础上，更加注重社会公平"。2006 年党的十六届六中全会，再次强调："在经济发展的基础上，更加重视社会公平。"

以上三次中央全会和政治局会议都强调在分配制度中要注重社会公平或"更加注重社会公平"，而没有说明怎样认识和对待效率和公平的关系。

2006 年 4 月 21 日胡锦涛总书记在美国耶鲁大学的讲话中提及公平和效率的统一问题。他提出：我国"要实现物质和精神、民主和法制、公平和效率、活力和秩序的有机统一。"讲公平和效率的统一，就不存在谁"优先"谁"兼顾"的问题。

尽管中央在分配关系上的指导思想已如此明确，但理论界在效率与公平关系上的争论，直到十七大以前一直没有停止过。有些学者依然强调应坚持"效率优先，兼顾公平"的原则。有的提出：强调公平是要退回到计划经济的平均主义去，把分配公平理解为搞平均主义。有的学者还尖锐批驳主张改变"效率优先，兼顾公平"提法的意见，说这种意见是与其否定改革、否定市场经济、否定邓小平理论相联系的。有的说："更加重视公平"与"效率优先"并无根本矛盾。在此问题上持不同见解乃至争论不休的各方，都在期待党的十七大报告对效率与公平关系的明确说明。现在，十七大报告明确提出"把提高效率同促进社会公平结合起来"。"初次分配和再分配都要处理好效率和公平的关系，再分配更加注重公平"。并且指出"合理的收入分配制度是社会公平的重要体现。"

笔者认为，十七大报告中关于效率与公平关系的新提法，在理论上是科学的，在实践上是符合现实实际的。理论界对此问题的认识与讨论，应统一到十七大报告的理论认识上来。要知道这不是一个纯理论问题，而是涉及广大劳动群众的切身利益问题，也是我国社会主义本质能否具体实现的问题，同时是落实科学发展观、构建社会主义和谐社会内容的重要组成部分。

研究和把握十七大报告中关于效率与公平关系的新提法，一定要联系我国当前的经济现实状况，特别是收入分配差距不断扩大的趋势和弱势群体的民生问题，十七大报告对效率与公平问题理论认识的调整，既不是仅仅从纯理论的推导中得出的，也不是仅仅因为接纳了有关讨论中的某一派意见，更主要的是从对我国现实经济发展中出现的问题特别是贫富差距过大会影响社会稳定，并影响改革与发展顺利进行考虑的。怎样正确认识和对待这种情况和问题，又与十六大以来的理论创新的指导思想相联系，即以人为本，科学发展观，全面、协调、可持续发展，构建社会主义和谐社会，高举中国特色社会主义旗帜等。用这种新的理论理念审视经济发展和收入分配中凸显的问题，就会做出新的理论思考和政策选择，就会强调更加重视社会公平。

（三）深化收入分配制度改革，扭转收入差距过大趋势

毋庸置疑，我国改革开放以来，国民经济快速发展，社会财富大幅增长，人民生活水平总体上得到了提高。但同时随之出现了收入分配不公平、贫富差距悬殊、财产向少数人群集中的不符合社会主义本质要求的情况。十七大报告中突出地显示出关注民生、关心困难群体的特点。它反复指出："部分低收入群众生活比较困难"，"城市贫困人口和低收入人口还有相当数量"，"完善面向所有困难群众的就业援助制度，及时帮助零就业家庭解决就业困难"，"整顿分配秩序，逐步扭转收入分配差距扩大趋势"。为此，十七大报告专门设一节强调"加快推进以改善民生为重点的社会建设"，并提出"深化收入分配制度改革，增加城乡居民收入"。

为了更好地理解和把握十七大报告中提出的有关扭转收入分配差距扩大趋势，更加重视分配公平、深化分配制度改革、效率与公平相结合的经济理论和政策措施，有必要用具体资料表明我国当时收入分配差距不断扩大、贫富悬殊的实际情况。这正是中央强调更加注重公平、调整原有的有关理论指导和政策选择的现

实依据。

我们在前面讲贫富分化时，着重引用了一些个人收入和财富集中的资料，这里所引用的是多方面的收入差距情况，是 2007年党的十七大前的有关资料。

收入差距不断扩大的趋势，表现在多个方面。无论城乡收入差距、行业收入差距、个人收入差距都在不断过分扩大。从城乡收入差距看：据《人民政协报》2007 年 9 月 14 日报道，农业部常务副部长尹成杰在 2007 年 9 月 13 日的发布会上讲：城乡居民收入增长的相对差距和绝对差距在继续扩大。2004 年和 2005 年城乡居民收入比分别为 3.21∶1 和 3.22∶1，2006 年扩大到 3.28∶1。绝对额的收入差距达到 8 172.5 元。

从行业收入差距看：据《光明日报》2007 年 9 月 23 日摘登的资料，2005 年全国 19 个行业门类中在岗职工工资最高的是信息传输、计算机服务和软件业，平均工资收入达到 40 558 元。收入最低的是农林牧渔业，平均工资收入为 8 309 元，与 2003 年与 2004 年相比，差距逐年扩大。

从地区收入差距看：据《光明日报》2007 年 9 月 23 日摘登的资料，2005 年东部地区城镇居民人均可支配收入为 12 884 元，中部地区为 8 690 元，西部地区为 9 633 元。农村居民人均纯收入东部地区为 5 123 元，中部地区为 2 815 元，西部地区为 2 509元，也比往年的差距扩大。

从不同省市 2006 年的最低工资标准来看：据《人民日报》2007 年 10 月 4 日报道，广东的五档最低工资标准中，第一档为780 元，第五档为 450 元。甘肃的四档最低工资标准中，第一档为 430 元，第四档为 320 元。上海与北京只设一档最低工资标准，分别为 750 元和 640 元。①

---

① 朱剑红：《城市社会经济全面协调发展》，载于《人民日报》2007 年 10 月4 日。

再从国际通用的基尼系数来看：有关统计资料显示：我国基尼系数在不断扩大。1985 年为 0.24，1995 年为 4.34，2000 年上升为 4.58。据世界银行测算，我国基尼系数 2004 年达到了 0.469，既超过了印度、印度尼西亚等发展中国家，也超过了美、英、德等发达国家，并超过了俄罗斯。

从财富的分布与集中情况来看：根据国家统计局 2002 年对城镇居民家庭抽样调查：10% 的最低收入家庭的财产总额，仅占全部城镇居民财产的 1.4%，而 10% 的富裕家庭财产总额所占比重达 45%。5 年来更为扩大。据《中国青年报》2006 年 10 月 18 日报道，中国内地 0.4% 的家庭占有全国财产的 70%，估计是夸大了差距。如果将 0.4% 的家庭改为 10%，是可信的。[1] 这些年，私人财富飞快增长。几年前我国首富个人拥有财富为 100 多亿元，现在已增至 1 000 亿元以上。

从个人收入差距看：据《中国证券报》2007 年 4 月 27 日的报道披露，公布 2006 年年报的 1 254 家上市公司中，高管个人平均年薪为 16.28 万元，比上年增长近 18%。某公司常务副总经理年薪高达 1 710 万元以上。而我们知道，前几年有些农民工的工资只有 300 多元，有的六七百元。《人民日报》2005 年 3 月 27 日报道，国家统计局对 24 个城市的调查表明，农民工平均月工资为 660 元。浙、苏、闽、粤四省农民工的工资停留在 10 年前的水平。[2] 另据《人民日报》2006 年 10 月 21 日报道：国家统计局专项调查显示，农民工工作环境和生活条件普遍较差，劳动强度大，生活开销大，社会保障低，技能培训少。平均每周工作 6.29 天，平均每天工作近 9 小时，半数以上的农民工月收入在 800 元以下，其中月收入在 500 元以下的占近 20%。

---

① 王冲：《中国最富的 150 万个家庭占有 70% 的财富》，载于《中国青年报》2006 年 10 月 18 日。

② 姬业成：《农民工工资不能原地踏步》，载于《人民日报》2005 年 3 月 27 日。

　　尽管我国各省市规定了最低工资线，但不少地方许多工人的收入低于最低工资。据《人民日报》2006 年 6 月 22 日报道：河北省四成企业的工资比当地最低工资还低。754 家非公企业中，达不到当地最低工资的占 51%。而工人劳动时间长，"有的职工甚至每天工作 12 小时。""76% 的职工在节假日加班未享受到国家规定的加班工资"。

　　我国农村还有 2 000 多万人温饱问题没有解决，城市也有 2 000 多万失业、下岗贫困人员，对这部分困难群体，应给予特别的关注。

　　十七大报告指出："合理的收入分配制度是社会公平的重要体现"。"实现社会公平正义是中国共产党人的一贯主张，是发展中国特色社会主义的重大任务"。为此，就需要深入分配制度改革，处理好效率和公平的关系。

　　从上述收入分配制度差距扩大趋势的具体资料中可以看出，缩小和扭转收入差距扩大的途径应是什么。第一，十七大报告指出：应"提高劳动报酬在初次分配中的比重"。目前，我国资本收入在 GDP 中所占比重偏高，且呈上升趋势。某些富豪在短时期内拥有的资本迅速达到百亿元、千亿元，而劳动收入所占比重偏低，我国工资占 GDP 的比重，30 多年来呈下降趋势。1989 年所占比重为 16%，而 2003 年下降为 12%，比发达国家工资占 GDP 的比重低得多。

　　第二，不同劳动者的劳动收入差距很大。十七大报告提出：应"着力提高低收入者的收入"。由北京市劳动保障局编辑出版的《2007 年北京市劳动力市场指导价位与企业人工成本状况》一书提供的资料表明：中式烹调师月工资低位数是 12 587 元，高位数是 67 565 元，企业管理者平均年薪为 25 万元，而一般工人的工资则低得多。北京市 2006 年 7 月实行的最低月工资标准为 640 元，这还是提高后的标准。2006 年北京市的年平均工资为 36 097 元，但有 60.7% 的职工达不到这个平均数，较高的平均工资是由人数占少数的高收入层的权数拉起的。① 如果从全国来看，我国 2002 ~ 2004 年的三年中，职工工资低于当地社会平均工资的人数占 81.8%。

第三，要"逐步提高扶贫标准和最低工资标准"。最低工资标准已多次调整，但目前还显得偏低。过低的工资，连满足劳动力的正常需要都达不到，特别是要关注解决私营和外资企业中压低、克扣、拖欠职工工资的行为。据《人民日报》2007 年 1 月 26 日报道："广西向拖欠农民工工资亮出问责利剑"，出台相关政策，以彻底解决拖欠工资行为。只要采取有效政策措施，就可以解决问题。

第四，"打破经营垄断，创造机会公平"。垄断行业存在垄断性收入，这些行业的工资远远高于一般行业的工资水平，其高收入并不是来源于经营管理水平高，生产效率高，而只是靠垄断地位取得的。这种收入分配上的不公平，来自机会的不公平。我们重视公平，既要重视机会公平，也要重视分配结果的公平，二者是相互联系和相互促进的关系。机会不公平会导致分配结果的不公平；同样，收入分配的不公平会导致机会的不公平。比如，教育机会不公平，受教育程度不同，就业机会也就不同，收入分配也难以公平。反过来，收入分配不公平，穷人的孩子上不起学，受教育的机会就不可能公平。

第五，"调节过高收入，取缔非法收入"。十七大报告强调更加重视分配公平、社会公平，主张效率与公平结合，并不是要否定收入差距。合理的收入差距是必要的，实行按劳分配，应保持与劳动贡献差距相一致的收入差距，才有助于鼓励提高劳动者的劳动积极性和创造性。同样，按非劳动生产要素所有权分配，保持与企业经营管理水平和资本效率差距相一致的私营和外资企

---

① 田莉莉：《2006 年北京 6 成职工工资低于平均数 36 097 元》，载于《北京日报》2007 年 3 月 28 日。

业的收入差距，有利于发挥和提高资源利用效率。只要是合法收入，不管多高，都应依法保护。但是，"过高的收入"，即使都是合法取得的，也应通过累进税予以调节。连资本主义国家的高额收入都实行高额累进税，我国作为社会主义国家，通过税收对高额收入予以调节，扩大转移支付，缩小收入过大差距，更是合法和合理的。至于"非法收入"，要坚决取缔。贪污受贿、制假售假、搞黄赌毒等，属于违法行为，要依法处置。

对深化分配制度改革，缩小过大的收入差距，实现分配公平，应有以下的共识：

第一，强调分配公平、社会公平，缩小差距，绝不是要回到平均主义分配去，不能把平均主义看作公平，将二者混淆。平均主义是干得少的、差的，无偿占有干得多、干得好的人所创造的一部分财富，是极不公平的。合理的收入差距是必要的。

第二，强调分配公平，不是要"劫富济贫"，更不是什么"仇富"、"向富人开枪"、"向智者开枪"。它并不限制高收入的继续增长，富人可以继续富乃至更富，但穷人不能继续穷乃至更穷。应使改革与发展的成果惠及广大人民。

第三，深化分配制度改革，实现分配公平，重在提高低收入者的收入水平。同时，逐步扩大中等收入者的比重，调节过高收入，扩大就业，建立农民增收长效机制，促进走向共同富裕。应改变金字塔形的收入分配模型，即少数高收入层的富人居于塔尖，多数低收入群体居于塔底。应形成橄榄形的收入模型，即中间大——中等收入者占较大比重，两头小——高收入者和低收入者都占较小的比重。

近几年来，中央在逐渐出台一系列关注民生、为弱势群体解困纾难的政策措施，这正是强调公平正义、调整对效率与公平关系的理论指导，"把提高效率与促进社会公平结合起来"，贯彻落实科学发展观的结果。随着我国经济社会的进一步发展和十七大报告精神的贯彻落实，我国将会出现经济社会繁荣昌盛、人民的生活福利水平普遍提高的新局面。

四、关于效率与公平关系的不同
解读和观点的评析

关于效率与公平的关系问题，是中外学者长期关注和议论的理论与实际问题。中共中央有关文件中的提法也变更过几次。在我国改革开放获得巨大成就、经济总量快速增长的情况下，出现了收入差距过分扩大的趋势。党和政府将保障和改善民生提到一个更高的地位，强调社会主义公平正义，关注弱势群体利益，致力于走共同富裕的道路，让改革与发展的成果惠及广大人民群众。在此社会历史背景下，中共中央调整了宣传多年的"效率优先，兼顾公平"的原则性提法。在党的十七大报告中提出：合理的收入分配制度是社会公平的重要体现。"初次分配和再分配都要处理好效率和公平的关系，再分配更加注重公平。"十七大报告的这一新的原则性提法，总的来说，统一了思想认识：要重视作为社会公平重要内容的分配公平，要缩小和消除贫富分化的现象，要逐步实现作为社会主义本质要求的共同富裕。

但是，从新闻媒体报道和学界发表的论著来看，在怎样处理好效率与公平的关系问题上，在怎样准确理解和把握中共中央文件的有关提法上，在怎样评析中共中央有关提法的演变上，依然存在理论认识上的差异。

（一）怎样准确把握中央有关提法的演变与内涵问题

有学者提出，"改革开放之初，基于中国落后的经济发展现实，我们提出了'效率优先原则'，强调发展才是硬道理。要把'蛋糕'做大，因为落后就要挨打。在改革进入中期，党中央提出了'效率优先，兼顾公平'的发展新思路，力求实现效率与

公平的优化结合。"① 并依据在十八大报告中，提及公平达 20 多处，又提出了三个公平即权利公平、机会公平、规则公平，提出为"把公平正义放在首要的突出的位置"，"不妨倡导公平优先，兼顾效率"。

首先，上述论述没有准确理解和把握中共中央文件中关于效率与公平提法的演变史实。

讨论效率与公平问题，应区分两个不同的层次：其一是分配领域中的效率与公平关系；其二是经济社会整体领域中的效率与公平的关系。改革开放以来的一个长时期中，中共中央文件中的有关论述和理论界的讨论，主要是从第一个层次即分配领域层次上着眼的。后来拓宽了领域，特别是中共十八大报告更为明确地拓宽了效率与公平关系的范围，既着眼于从分配领域的层次上处理好效率与公平的关系，也着眼于从整个经济社会的发展上处理好二者的关系。

党的十七大以前关于效率与公平的提法和讨论，主要是从分配领域来讲的。"改革开放之初……提出了'效率优先'原则"，并不符合历史事实，作者也没有提供出处。"改革开放之初"的源头是 1978 年 12 月十一届三中全会，全会提出党的工作着重点转移到社会主义现代化建设上来，对经济管理体制进行改革，认真执行按劳分配原则，克服平均主义，"城乡人民生活必须在生产发展的基础上逐步改善"。这里没有提出效率与公平概念及其关系，但可以认知，实行按劳分配、克服平均主义，是体现社会主义效率与公平关系统一的。在生产发展的基础上改善人民生活，就是把做大"蛋糕"和分好"蛋糕"统一起来。

最先明确提出分配关系中的效率和公平关系原则的中共中央文件是 1987 年十三大报告："我们的分配政策，既要合理拉开收入差距，又要防止贫富悬殊，坚持共同富裕的方向，在促进效率

---

① 邹广文：《不妨"公平优先，兼顾效率"》，载于《人民论坛》2013 年第 1 期。

提高的前提下体现社会公平"。这一分配原则是将重视效率与重视公平统一起来。"合理拉开收入差距",多劳多得,奖优罚劣,反对平均主义,有利于提高效率,把蛋糕做大。"防止贫富悬殊,坚持共同富裕的方向",就是防止两极分化,坚持走社会主义共同富裕的道路,体现了作为社会公平重要内容的分配公平。

1992年十四大报告提出:在分配制度上,"兼顾效率与公平"。这一提法与十三大的提法无实质性的区别。兼顾二者,就是二者统一与并重,不存在孰轻孰重的问题。如果说,十三大关于"在促进效率提高的前提下"一词容易被误解为"效率优先"的话,十四大报告的提法就把这一可能的误解也消除了。

由此可见,断言"改革开放之初""提出了效率优先原则"而不提公平是没有根据的。1993年以前,中共中央文件中没有提出效率优先的分配原则,而且,既然讲的是分配领域中效率与公平的关系,不可能只提"效率优先",不提"公平"概念。

其次,该观点认为:"在进入改革中期,党中央提出了'效率优先,兼顾公平'的新思路,力求实现效率与公平的优化结合"。我们知道,1993年11月,党的十四届三中全会提出个人收入分配要"体现效率优先,兼顾公平的原则",改变了此前效率与公平统一和结合的提法。把"优先"与"兼顾"理解为"效率与公平的优化结合"是不准确的。所谓"效率优先",就是效率优先于公平,重于公平。"兼顾公平"就是附带地兼顾一下而已,是重效率,不重公平,把分配公平放在一个次要地位。这一思路在十六大报告中做了更明确的说明:"坚持效率优先,兼顾公平","初次分配注重效率,发挥市场的作用……再分配注重公平,加强政府对收入分配的调节职能,调节差距过大的收入"。就是说,政府在初次分配中只注重效率,不注重或不管公平。要通过市场发挥提高效率和调节初次分配收入的作用。由于市场调节初次分配收入会形成收入"差距过大"的情况,可由政府通过再分配发挥调节职能。

从上述"效率优先，兼顾公平"的具体说明来看，这并不是其所解读的"力求实现效率与公平的优化结合"。该文没有注意到，在出现收入分配差距过大、贫富分化的趋势日益显著、社会矛盾随之凸显的情况下，不少学者提出应调整或放弃收入分配关系中"效率优先，兼顾公平"的原则性提法。2004 年 9 月，十六届四中全会的决定中，放弃了此前宣传多年"优先、兼顾"的这一提法，强调指出：要"注重社会公平，合理调整国民收入分配格局，切实采取有力措施解决地区之间和部分社会成员收入差距过大的问题，逐步实现全体人民共同富裕"。

2005 年 2 月 19 日，胡锦涛同志在中共中央举办的省部级主要领导干部提高构建社会主义和谐社会能力专题研讨班的讲话中指出："在促进发展的同时，把维护社会公平放在更加突出的位置，逐步建立起以权利公平、机会公平、规则公平、分配公平为主要内容的社会公平保障体系"。同年 10 月，中共十六届五中全会再次强调"注重社会公平，特别要关注就业机会和分配过程的公平"。

不再提"效率优先"，强调关注社会公平，还没有解决效率与公平究竟是怎样的关系问题。应当明确两点：第一，中共中央文件中只是放弃了分配关系中效率优先于公平的原则。如果是生产和经济领域，强调重视效率，让效率优先于产值，优先于 GDP 是完全正确的。第二，放弃分配关系中的"效率优先"，不是说可以不讲效率，不重视效率，而是放弃重效率，轻公平，初次分配只注重效率，不注重或不管公平的原有思路。

处理社会主义分配关系中效率与公平关系的"新思路"是什么？胡锦涛同志在 2006 年 6 月 22 日在美国耶鲁大学的演讲中提出"公平和效率的有机统一"。

十七大报告指出："合理的收入分配制度是社会公平的重要体现"。"初次分配和再分配都要处理好效率和公平的关系，再分配更加注重公平"。怎样处理好效率与公平的关系呢？有的学者沿用"效率优先，兼顾公平"的思路来解读十七大提出的处理好二者的关系，是一种误解。十七大的新提法的本意是，无论初次分配还是再分配，都要既重视效率，又重视公平，而再分配则"更加重视公平"。十七大报告中总结我国改革与发展的十大经验中，"把提高效率同促进公平结合起来"作为其中的一条。这表明：效率与公平的关系，不再是"优先"与"兼顾"的关系，而是提高效率与促进公平相结合的关系。

因此，必须客观、准确地把握效率与公平关系理论的演变，正确解读，对"优先"与"兼顾"不能将中央文件放弃的"优先、兼顾"原则，当做"效率与公平优化结合的新思路"。并不是转向重公平，轻效率，主张公平优先于效率。目前，公平与效率关系的指导思想是两者的结合与统一，是两者的并重。由于前一个时期，重效率，轻公平，经济快速增长了，我国的经济总量已占世界第二位，蛋糕确实做大了，但由于没有同时致力于分配公平，出现了居民收入差距过大、贫富分化的趋势，表明没有分好蛋糕。正因为如此，近些年来，强调社会公平和分配公平。按理说，社会主义制度下，生产重效率，分配重公平，天经地义。分配公平，有利于促进劳动效率、生产效率和管理效率、科技效率的提高，把蛋糕做大。而效率的提高，蛋糕做大做好，可以分得更多更好。而增大分配的份额，有利于实现更高层次的公平。在效率与公平关系的讨论中，有的强调生产决定分配，所以重在做大蛋糕；有的强调分配公平，否则，蛋糕做大了，产生贫富两极分化，为了消除两极分化，实现共同富裕，应重在分好蛋糕。其实，应全面认识这个问题。从经济运行过程来看，先生产、后分配与消费；生产什么，生产多少，才能分配和消费什么，分配和消费多少。但从生产与分配和消费的内在关系来看，生产是服从于消费需要的，不是为生产而生产。生产的成果是要通过分配满足人民物质文化生活的需要，而分配与消费就有个公平与不公平的问题。不能用先生产、后分配的过程得出重生产效率，轻分配公平的认识。而且，先生产，后分配的顺序，不能决定和回答分配公平或不公平的问题。反过来，也不能因为生产服从于消费需要，服从于社会主义共同富裕的目的，就重公平，轻效率，改提"公平优先，兼顾效率"。要知道，普遍贫穷的公平不是社会主义。有的学者提出，鉴于目前收入差距过分扩大，出现贫富分化，公平与效率关系的天平，应向公平倾斜。这个意见是合理的，也是目前大力强调和推进惠民政策的根据之一。但是，这只能是阶段性的政策倾斜。从社会主义经济社会发展的整体过程考察，效率和公平并重与统一，蛋糕做大和分好，应是社会主义本质所要求的长期的根本原则。

因此，提出"公平优先，兼顾效率"的主张是不正确的。同样，个别学者目前还坚守"效率优先，兼顾公平"的观点也是有悖于科学理论和实际情况的。

（二）分配公平能靠市场化改革实现吗

缩小和消除目前收入差距过分扩大、已出现的贫富分化现象，需要进行什么样的改革，采取什么样的政策措施？有人主张"以市场化改革推进分配公平"，[①] 这值得商榷。首先，它与中共中央提出的进行分配制度改革的思路相背离，也不符合经济实际。十七大报告中提出：要"整顿分配秩序，逐步扭转收入分配差距扩大的趋势"。为此，需要"深化收入分配制度改革，增加城乡居民收入"。而改革分配制度，实现社会公平的路径是什么？十七大报告中指出：初次分配和再分配都要处理好效率和公平的关系，再分配更加注重公平。逐步提高居民收入在国民收入分配中的比重，提高劳动报酬在初次分配中的比重，着力提高低收入者的收入，逐步提高扶贫标准和最低工资标准，建立企业职工工资正常增长机制和支付保障机制。同时，要扩大转移支付，强化

---

① 周人杰：《以市场化改革推进分配公平》，载于《人民日报》2013年1月21日。

税收调节，打破经营垄断，创造机会公平。可以看出，上述一系列的改革措施，并不是"市场化"的行为，也不可能由"市场化"来实现。十八大报告提出："共同富裕是中国特色社会主义的根本原则，要坚持社会主义基本经济制度和分配制度，调整国民收入分配格局，加大再分配调节力度，着力解决收入分配差距较大问题，使发展成果更多更公平惠及全体人民"。并指出：要通过改革与发展，"推动经济更有效率、更加公平"。这表明，解决收入分配不公、收入差距扩大问题，首先要坚持社会主义的根本原则和社会主义经济制度。坚持社会主义共同富裕的根本原则，可以防止和消除两极分化。反过来说，贫富分化是偏离共同富裕的社会主义根本原则的。怎样坚持和实现共同富裕的原则？从根本上说，要靠十八大指出的"坚持社会主义基本经济制度和分配制度"。我国宪法对"社会主义经济制度"和"社会主义初级阶段的基本经济制度"分别做了规定："中华人民共和国社会主义经济制度的基础是生产资料的社会主义公有制，即全民所有制和劳动群众集体所有制。社会主义公有制消灭了人剥削人的制度，实行各尽所能、按劳分配的原则"。实行社会主义公有制和按劳分配，是不会产生全社会的两极分化的。邓小平指出："社会主义原则，第一是发展生产，第二是共同致富。……正因为如此，所以我们的政策是不使社会导致两极分化"。① 宪法又做了社会主义初级阶段基本经济制度的规定："公有制为主体，多种所有制经济共同发展"。公有制为主体，就是既不搞单一的公有制，又不搞私有化。如果离开社会主义经济制度和根本原则，包括公有制、按劳分配和共同富裕，依靠"市场化改革"推进分配公平是不现实的。

其次，中共十八大报告指出，全面建成小康社会，进一步改革与发展，要"推动经济更有效率，更加公平"。这又涉及效率

---

① 《邓小平文选》第3卷，人民出版社1993年版，第172页。

与公平的关系。同样是效率与公平并重，而且加了"更"字，是二者更重。

主张"以市场化推进分配公平"的观点认为，"提低、限高、扩中"的收入分配改革，"要从'更加公平的市场'上着力，只有培育市场公平，才能更好地鼓励各类企业平等竞争，为'收入倍增'打下坚实的基础。"又说："推进收入分配体制改革中，杠杆的支点选取至关重要。这个支点在很大程度上，是公平的市场……只有大力推进市场化改革，让自由竞争激发效率，重塑公平，改革方能牵一发而动全身，收入差距才能逐步缩小。"[1]显然，以市场化推进分配公平的观点看来，推进收入分配体制改革，重塑公平，只有靠市场化的自由竞争，市场化才能激发效率与公平，实现"收入倍增计划"，缩小收入差距。

我国实行社会主义市场经济，要让市场在资源配置中起决定性作用。企业之间要展开竞争，竞争可以促进效率的提高，优化资源配置，激发企业活力，打破垄断。但是，市场不同情弱者，不怜悯眼泪。市场竞争，优胜劣汰，会产生分化，不会自发地形成社会公平，更不会自发地形成居民收入分配的公平，消除贫富分化。西方发达资本主义国家，是充分发展的市场经济制度，但没有实现分配公平和社会公平，随着经济的发展和财富的增加，贫富分化反而更加扩大了。美国总统奥巴马在2012年的"国情咨文"中也提出，经济不平等现象正在危及中产阶级与"美国的价值"。根据当时美国的统计，1%的美国富人占有国民收入的1/5和社会财富的1/3。根据《纽约时报》2011年底的调查，认为美国的经济不平等现象严重，1%最富的美国人的税后收入自1979年以来增加了两倍，而80%的美国人同期收入只增长了1/3。美国企业主管的收入与普通工人的收入差距，由以前的30倍增加到300倍。

2012年，德国联邦劳工和社会事务部提交的德国第四次贫

---

① 周人杰：《以市场化改革推动分配公平》，载于《人民日报》2013年1月21日。

富报告《德国生活状况》表明，2007～2012年，德国私人净资产总额增加1.4万亿欧元，但财富更趋不均，2008年，德国最富有的10%的人口拥有德国净资产的53%，这一比例比10年前增加了8%，最不富裕的50%的家庭财产总和占德国私人资产的比例仅为1%，比1998年下降了4%。

西方学者认为，市场经济承认分配的不公平。在市场配置资源的运行中，既会促进效率的提高，又会产生分配的不公平。诺贝尔经济学奖获得者萨缪尔森也讲："市场并不一定产生一种被认为是社会公正或平等的收入分配。一个完全自由放任的市场经济可能产生不可接受的、极大的、在收入与消费上的不平等。"① 又说：即使具备有效率的完全市场竞争的理想条件，"我们没有理由认为……收入能被公平地加以分配。结果将是，收入和财富上存在着巨大的不平等，而这种不平等会长期在一代代人中存在下去。"② 马克思主义政治经济学的常识也告诉我们：在私有制商品经济、市场经济中，价值规律的自发作用，既可促进生产力的发展，实现资源配置，还会造成贫富两极分化。传统的观点认为，社会主义社会中的商品经济不会产生两极分化，那是以单一的公有制和计划经济为前提的。我国的实践证明，在多种所有制并存和实行市场经济的条件下，即使公有制单位也会出现收入差距扩大的情况。可见，无论从马克思主义经济学或西方经济学来看，还是从市场经济国家的经济运行和发展的实际过程来看，靠市场化实现分配公平是不现实的，是没有理论和实际根据的。

缩小收入分配过大差距，实现分配公平，需要根据十八大精神，制定相应的制度和政策措施，提出收入分配的具体方案。十八大报告指出："必须维护社会公平正义。公平正义是中国特色社会主义的内在要求。……加紧建设对保障社会公平正义具有重

---

① ② ［美］萨缪尔森、诺德豪斯：《经济学》，北京经济学院出版社1996年版，第77、544页。

大作用的制度"。要建立"社会公平保障体系"。这里讲的是全社会的公平正义，当然也包括分配领域的公平正义。这要通过加紧建立"具有重大作用的制度"和"保障体系"来实现。至于缩小收入分配差距的制度和政策措施，前面根据十七大和十八大的报告已做了说明，总之，要采取具体措施，"把保障和改善民生放在更加突出的地位"。要使"中等收入群体持续扩大，扶贫对象大幅减少。社会保障全民覆盖"，"全面建成小康社会"。所有这一切，都不是市场化行为，而是政府与社会行为。

（三）怎样评价"效率优先，兼顾公平"的理论和实践

从 1993 年十四届三中全会起，到十五大、十六大报告，再到十六届三中全会，"效率优先，兼顾公平"的原则宣传了十多年。直到 2004 年 9 月十六届四中全会才放弃这一原则，转而强调注重社会公平，解决收入差距过大的问题，实现共同富裕。现在的问题是，怎样评价"优先，兼顾"的分配关系原则，学界存在不同的看法。目前依然有个别学者主张这一原则，但已不为学界认同，因为它有悖于当前的理论与实践。本书最后将会讨论这一问题。个别学者将"优先，兼顾"原则理解为二者的优化结合与统一，是一种误解，前面已做过评析。值得讨论的是另外三种不同的见解和评价：一种见解是，当时提出"优先，兼顾"的原则，是针对平均主义的，是必要的，后来出现了收入差距过分扩大的趋势，因此，中共中央对此提法进行了调整。另一种见解是，我国作为社会主义国家，应重视分配公平。社会主义要防止贫富分化，实现共同富裕，这需要通过分配公平来实现。"效率优先，兼顾公平"，初次分配重效率不重公平，不符合社会主义本质要求，因此，提出和宣传这一原则，是对社会主义根本原则的偏离。还有一种观点是，认为自改革开放以来，中共中央一直科学地把握公平与效率的关系，努力实现公平与效率的统一。它把改革开放以来有关效率与公平关系的不同提法及其演变，都

纳入"公平与效率统一"的框架中，认为各种提法都有利于效率和公平的提高，促进了经济的发展。

先讨论第一种见解。"效率优先，兼顾公平"，究竟是在什么背景下提出的？是针对什么的？不少学者认为是针对计划经济时期形成的平均主义的。这未必符合实际，需要从历史背景、理论观点和经济实践进行评析。

首先，从理论指导和经济历程的发展过程来看，1978 年十一届三中全会就明确提出了"克服平均主义"的改革任务。当时，克服平均主义的主要途径是"认真执行按劳分配原则"。1987 年，改革开放已走过近 10 年的时光，当时的分配状况已与完全的计划经济时期不同了。市场调节发挥着日益增大的作用。分配关系呈现出两种不公平现象：其一是，在工资收入由国家直接调控的部门，平均主义的不公平现象依然存在；其二是，新出现了一种分配不公现象，即收入分配"体脑倒挂"，教育、科技卫生部门的脑力劳动者的收入低于生产和服务部门一般体力劳动者的收入；国有经济内部不同行业之间的个人收入出现差距不合理拉大的分配不公；国有经济职工收入低于个体、私营经济收入。根据当时北京市统计局对各个行业的调查，建筑业、饮食业和服务业职工的人均月收入为 217 元，而国家机关、大中小学教师人均月收入为 133 元。某些行业单项比较，收入差距也很突出。如当时出租汽车司机的收入高于公共汽车司机的两倍左右。

平均主义和收入差距畸形扩大、"体脑倒挂"，都是分配不公，既无效率，又无公平。可以判断，1987 年十三大报告提出"在促进效率提高的前提下体现社会公平"，是既针对平均主义，又针对分配不公平的。报告中提出的"我们的分配政策，既要有利于善于经营的企业和诚实劳动的人先富起来，合理拉开收入差距"，显然是针对平均主义分配的；而"又要防止贫富悬殊，坚持共同富裕的方向"，显然是针对新出现的分配不公的。1992年十四大报告关于"兼顾效率与公平"的提法也是既针对平均主义，又针对收入差距畸形扩大的分配不公平的。重视效率，就是要通过各种调节手段，"鼓励先进、促进效率"。而分配公平也是鼓励先进，促进效率的重要手段。重视公平，就是要"合理拉开收入差距，又防止两极分化，逐步实现共同富裕"。可以说，合理拉开收入差距，是效率与公平的联结点。

其次，从理论逻辑来看，1993 年 11 月在十四届三中全会上提出"效率优先，兼顾公平"，固然也会打破平均主义，但很难说是主要针对平均主义的。第一，此前中央文件中的有关提法已经一再否定了平均主义，不需要换个提法来否定。难道是因为用"兼顾效率与公平"否定平均主义的力度不够，需要新出台"优先，兼顾"的新原则吗？第二，不能用重效率、轻公平，初次分配只重效率不注重或不管公平来否定平均主义！因为那是用贫富分化的更大的不公平来否定平均主义的不公平。第三，强调效率和公平并重，就可以完全否定平均主义，因为效率与公平并重，是与既无公平又无效率的平均主义相对立的。

再次，从经济发展的实际情况看，随着改革开放以来我国多种所有制经济发展和分配关系的变化，"体脑倒挂"的分配不公平，形成了新的收入分配不公平。20 世纪 90 年代初期，我国已呈现出收入分配差距扩大的趋势。根据中国社会科学院经济研究所收入分配课题组的调查，1995 年的基尼系数已达 0.45。可以推断，1993 年已达 0.4 以上，进入分配不公平的警戒线。显然，提出"效率优先、兼顾公平"的背景和取向，已经不再是主要指向平均主义。

提出"优先，兼顾"这一原则的中央文件，是十四届三中全会通过的《中共中央关于建立社会主义市场经济体制若干问题的决定》。其中提出：个人收入分配制度，"体现效率优先，兼顾公平的原则。劳动者的劳动报酬要引入竞争机制"。这里没有再接着强调"防止贫富悬殊"、"防止两极分化"。提倡个人劳动报酬引入竞争机制，就是指劳动报酬要由市场供求机制、竞争机制调节。按照市场经济的运行机制，市场起资源配置的作用，市场配置资源的效率高于计划配置。按照西方的市场经济理论与实践，劳动力资源与其他要素资源，都要由与供求机制、竞争机制相结合的价格机制来配置。就是说，个人劳动报酬要由市场形成的劳动力价格来调节，而市场调节劳动报酬的结果是会产生分配不公平的。这种不公平可通过政府主导的再分配来调节。有的学者将其称作"市场管效率，政府管公平"。西方有一派经济学者强调机会公平，不赞同政府干预的分配公平。认为实行市场经济，就是效率优先于分配公平。而且认为，通过市场自由配置资源和机会公平形成的资本—利润、土地—地租、劳动—工资，是合理的、公平的。我国也有学者持此观点。所以，可以认为，十四届三中全会提出"效率优先，兼顾公平"的原则，主要是在"建立社会主义市场经济体制"的背景下提出的，是参照了西方市场经济理论和国内外某些学派的观点提出的。笔者认为，我们是建立社会主义市场经济体制，不能照搬西方市场经济的理论与实践。按劳分配为主体，不可能主要通过由市场调节劳动报酬来实现。私营外资企业按要素所有权分配，要通过市场调节实现，劳动报酬不能脱离市场调节作用，但也应受到政府的宏观调控，如规定最低工资线，治理拖欠和克扣工资，要求遵守劳动法，保障职工的合法权益，缩小贫富分化。至于整个社会要消除两极分化、实现共同富裕，更不能依靠市场自由竞争和市场调节来实现。

再讨论第三种见解。有的学者发表文章认为，我国改革开放30多年来，一切改革的实践与理论，都是一直坚持公平与效率的统一。认为：改革开放以来，我们党一直"科学地把握公平与效率的关系，努力使二者相互促进。30多年来，我国经济社会政策发展变化的历史和人民生活水平普遍提高的事实充分证明了

这一点"。① 认为农村联产承包责任制、扩大企业自主权、发展
个体经营等，都是"既提高了效率，也增进了公平"。对于中共
中央文件中关于效率与公平关系的提法演变，认为都是"公平与
效率的统一"的不同提法和适时调整。认为 1993 年提出"效率
优先，兼顾公平"，"有力推动了经济社会发展"。随着经济社会
的发展和收入差距的扩大，十六大报告"针对这种情况"，又提
出"初次分配注重效率，发挥市场的作用……再分配注重公
平"。认为十六大的这一提法是"针对收入差距扩大"提出的新
的效率与公平的统一论。这里存在理解上的偏差。十六大的这一
提法，实际上是对"优先、兼顾"的进一步阐述。其本意是初
次分配只注重效率，可不注重或不管分配公平。分配公平由再分
配去调整。重效率、不重公平的思路更突出了。这一原则不是针
对收入差距扩大，也无助于缩小收入差距。要知道，我国收入差
距过大并导致贫富分化，正是由初次分配不公平形成的。我国的
再分配机制——主要是社会保障制度和转移支付制度，还不健全
和完善，不可能通过再分配实现分配公平。把中央后来强调的
"更加注重公平"，十七大报告提出的"初次分配和再分配都要
处理好效率和公平的关系，再分配更加注重公平"（该文引文错
为"初次分配和再分配都要注意公平"），看做是"优先、兼
顾"、"初次分配注重效率，再分配注重公平"的连接与延伸，
是原有效率与公平相统一的提法的新发展。其实，讲公平与效率
的统一和结合，是指二者并重，并无"优先"、"兼顾"之分。
十七大讲初次分配和再分配都要处理好效率和公平的关系，是指
"把提高效率同促进社会公平结合起来"，既重视效率，又重视
公平。讲"再分配更加注重公平"，表明初次分配也要重视公
平，再分配则要"更加注重"。十八大讲"推动经济更有效率，
更加公平"，两者都加一"更"字，更表明是对"优先，兼顾"

---

① 赵周贤：《坚持公平与效率的统一》，载于《光明日报》2012 年 9 月 14 日。

即重效率、不重公平的放弃，并无连接和延续的关系。

最后，讨论第二种见解。这种见解认为"优先、兼顾"的提法本身存在着理论上的偏误。但不同学者在具体阐述上又存在非本质性的差异。有的学者出于某种考虑或理解，认为整体上说"优先、兼顾"的原则是错误的，但在一定的历史时期有其积极意义。而有的则认为，从总体上说，这一原则是偏离社会主义本质要求的。前者如有的学者从其论文的标题看，是认为"优先、兼顾"的提法是错误的，是要说明"错在哪里"？但其内容是先讲：在特定的"时代背景下，'效率优先、兼顾公平'的提法具有一定的历史合理性和积极的现实意义，"并阐述了其历史意义和现实意义是什么，接着提出：这一提法自身包含着一些明显的局限和负面效应，并用主要的篇幅论述了这种局限性和负面效应的表现。诸如：同以人为本的基本理论相抵触；与和谐社会建设格格不入；政府重要职能错位；不利于经济社会制度的建设；不利于公正合理的社会结构的形成；等等。总之，提出一系列不赞同和否定"效率优先，兼顾公平"提法的理由。①

有的学者直接质疑"优先，兼顾"提法的科学性。笔者持这种见解。理由是：

第一，分配方式由生产方式决定，作为生产方式基础的所有制关系决定分配关系，社会主义生产资料公有制是与一切私有制相比最公平的所有制，它所决定的分配关系，应是比一切剥削制度下的分配关系更公平的，社会主义要消灭剥削、消除两极分化，就体现和要求分配公平，而且，社会主义要求通过按劳分配或按劳分配为主体的分配公平实现共同富裕。如果重效率、轻公平，使效率优先于公平，公平处于次要地位，乃至初次分配只注重效率，不注重或不管公平，就会出现收入差距过分扩大，形成

---

① 吴忠民：《"效率优先、兼顾公平"究竟错在哪里》，载于《北京工业大学学报》（社科版）2007 年第 1 期。

两极分化现象，偏离共同富裕的根本目的。

第二，重效率、轻公平，初次分配只重效率，不讲公平，会导致效率与公平双缺失。因为分配不公，不利于调动劳动和生产的积极性，不利于劳动效率、生产效率和管理效率的提高。效率的高低，与产量和 GDP 的多少不能划等号。可以是高投入、高污染、低质量、低效益的产量和 GDP 的粗放型经济增长，也可以是相反的高效益、高质量的节约型增长。这就反映了效率的差别。离开分配公平，单强调效率，效率未必会提高，但忽视公平和初次分配不讲公平，必然会助长收入差距扩大，助长贫富分化的不公平。

第三，强调"效率优先，兼顾公平"，宣传初次分配只注重效率，忽视公平，会有利于资本，而不利于劳动。对私营、外资企业来说，效率高低，表现为利润率高低，重效率，变成重利润率。轻视和不讲分配公平，会转变成压低、拖欠、克扣工人工资和侵犯工人权益的实际行为，助长资本利润和劳动工资的对立。地方官员为引进外资，同样重资本利益，轻劳动利益。发达资本主义国家所不允许的某些严重侵犯职工权益的行为，在我国私营、外资企业大量存在。

第四，社会主义的公平、正义，是社会主义的本质属性。讲以人为本，讲保障和改善民生，讲一切以人民的利益为出发点和落脚点，讲发展与改革的成果惠及广大人民，讲共同富裕是社会主义的根本原则，就必须重视包括分配公平在内的社会公平，并需要通过分配公平和社会公平来实现。如果把分配公平放在一个次要的地位，上述一切都会成为空谈。

第五，社会主义市场经济与资本主义市场经济不能划等号。二者既有市场经济一般性和共同点，又有产生于社会制度不同的根本性的差异点。劳动者的收入不能完全由市场自发调节。资本主义市场经济与两极分化是相伴随的。社会主义市场经济要以公有制为主体和按劳分配为主体，消除两极分化，效率与公平并重，走向共同富裕。

第六，效率与公平的关系，西方国家的学者，存在三种不同的见解：强调效率优先于公平，如新自由主义学派的代表哈耶克、弗里德曼等就持这种观点；另一派学者反对片面强调效率优先，主张将公平作为优先考虑的目标，如罗尔斯、勒纳、罗宾逊夫人等。他们认为，分配不公会损害工作热情，损害效率，导致两极分化。还有一派主张兼顾效率与公平，如萨缪尔森、凯恩斯、奥肯等。萨缪尔森认为，没有政府干预，市场经济自发形成的收入分配可能过分不平等，既要效率又要公平的途径，是通过政府干预来修补市场机制这只"看不见的手"。这讲的是资本主义国家。我国作为社会主义国家，更应重视这一问题。

哈耶克等的效率优先于公平的观点，不仅遭到西方其他学派学者的反对，连西方政府也没有采纳他们的主张。我国是社会主义国家，不能将西方新自由主义的效率优先于公平的主张，作为处理社会主义分配关系的原则。因此，在笔者自己的论著和所编教材中，始终没有认同和宣传这种观点，而是一直讲效率与公平并重，讲两者的结合与统一。中央后来强调更加注重公平，十七大将效率与公平的结合作为改革开放历程中的宝贵经验之一，就表明已经否定了"优先、兼顾"和初次分配只重效率的历史有效性。

第七章

社会主义初级阶段与
中国特色社会主义

一、社会主义初级阶段与中国特色
社会主义的联系与区别

　　社会主义初级阶段与中国特色社会主义是什么关系？从当前的理论阐述来看，容易认为两者的内涵是一致的。社会主义初级阶段的经济特点，也是中国特色社会主义的特点。如国有经济为主导，公有制为主体，多种所有制经济共同发展；按劳分配为主体，多种分配方式并存；作为社会主义初级阶段经济体制改革的目标模式——社会主义市场经济，也是中国特色社会主义重要内容。社会主义初级阶段所取得的重大成就和存在的问题，如进行改革开放以及改革开放近40年来生产力快速发展，经济总量跃居世界第二位，而且将会赶上和超过美国，广大人民的物质文化生活水平有了显著的提高，但同时又出现了贫富分化等与社会主义基本原则——共同富裕不相符合的现象。同样是中国特色社会主义的成就和问题。但是，理论界应注意一个问题：如果把社会主义初级阶段与中国特色社会主义的内涵看成是相同的，那么，当我们在21世纪中叶走出经历百年的社会主义初级阶段后，将先后进入社会主义中级阶段和高级阶段，那时的社会主义还有没有或讲不讲中国特色。笔者认为，依然要走中国特色社会主义道路，建立更加发展和走向成熟的中国特色社会主义制度。还有个问题：有的学者曾经提出，社会主义初级阶段，就是回到新民主主义社会制度或过渡时期，被当时负责意识形态工作的胡乔木同志否定了。其理由是我们已经进入社会主义几十年了，怎么能退回到新民主主义或过渡时期呢？但是，这个问题依然在一些人的思考中存在。因为根据多种所有制经济和多种分配方式并存与发展的实际情况，怎样说明现阶段的"基本经济制度"与新民主主义或过渡时期的根本差别，好像从中央文件到理论界著作还没有对此问题有过明确的有说服力的释疑解惑的回答。这个问题还涉及到另外一个相关的问题：我国现在发展多种所有制经济，中央文件提出，既不搞单一的公有制，又不搞私有化。而 20 世纪 50 年代的社会主义改造，是要消灭一切私有制经济，"让资本主义绝种"，建立"一大二公"的单一的公有制。如果既肯定"三大改造"建立单一的公有制是正确的，又肯定改革开放后不搞单一的公有制，鼓励、支持和引导非公有制经济发展，也是正确的。前后两种相反的改革举措都肯定是必要的、正确的，难道不存在理论上的自相矛盾？马克思主义理论是科学的理论，面对过去和现在有关社会主义事业中的理论与实践的是非，不应回避问题或绕着问题走。具有真实性和科学的宣传才是有说服力的。另外，实行中国特色社会主义，构建和发展中国特色社会主义理论，也需要有马克思主义的科学理论的共识。多年来，在中国特色社会主义理论特别在中国特色社会主义经济理论和经济制度问题上，存在着许多认识上的重大分歧，存在着否定、误解、错解、曲解等种种流弊。有人用中国特色社会主义否定所谓"传统社会主义"即马克思主义的科学社会主义。有人用当代马克思主义否定所谓"传统马克思主义"，制造理论混乱。本章面对上述种种问题和难题，试图按不唯上、不唯书、不唯风的态度，提出自己的独立见解。

提出社会主义初级阶段理论，是从我国生产力发展的实际状况和经济社会发展的现实水平出发的，也是从总结我国改革开放前偏离生产关系一定要适合生产力发展的状况的规律、搞"左"的一套，造成重大损失的经验教训而提出的。我国曾做过许多超越阶段的不正确的事情，单从人为地拔高生产关系说：从1956年宣布建立了社会主义制度起，刚两年，1958年又刮共产风。中央《关于在农村建立人民公社问题的决议》中提出："看来，共产主义在我国的实现，已经不是什么遥远将来的事情了，我们应该积极地运用'人民公社'的形式，探索到一条过渡到共产主义的具体途径。"于是，在发展生产力和生产关系方面，"左"的一套膨胀起来，搞揠苗助长式的超阶段发展，给国家和人民造成了很大的损失。

党的十一届三中全会后，重新认识社会主义。提出了两个创新性理论：一个是我国处于社会主义初级阶段；另一个是走中国特色社会主义道路，建立中国特色社会主义制度。这两个问题的内容有所交叉，但又是有所区别的两个独立的理论规定。社会主义初级阶段的最根本的特点，表现在社会主义初级阶段的基本经济制度上，即公有制为主体，多种所有制共同发展。实行按劳分配为主体，多种分配方式并存的分配制度。这也是中国特色社会主义的重要经济内容。中国特色社会主义的经济基础是中国特色社会主义经济制度。这与社会主义初级阶段的基本经济制度相重合。但两者又是不同的。社会主义初级阶段是特指我国整个社会主义历史时期中一个特定的起始阶段。它在逐步发展中会依次上升到中级阶段和高级阶段。各个阶段都有自己的特色。因此，中国特色社会主义，并不限于社会主义初级阶段。社会主义是不断发展成熟的过程，到中级阶段和高级阶段，也会有中国自己的特色，只不过特色的具体特点会有所不同罢了。因此，不能把社会主义初级的中国特色社会主义内容，放大到中国特色社会主义的各个阶段。公有制与私有制并存，按劳分配与按要素所有权分配并存，中央文件明确说明，这是社会主义初级阶段的特点。其实，提出社会主义初级阶段理论，其本意就是改变公有制一统天下，给个体、私营、外资经济发展提供理论依据与国情依据。可以初步推断，经过百年社会主义阶段进入中级阶段后，公有制经济特别是国有经济将会有更大更活、更高效率和效益的发展，在国民经济中的比重可以达到80%左右。而进入高级阶段后，非公有制经济基本上退出历史舞台，也许还会有占比很小的部分余留。

二、新民主主义制度、过渡时期、单一公有制的社会主义与中国特色社会主义的继承与发展关系

中国特色社会主义是从单一公有制的社会主义发展而来的。单一公有制的社会主义是否由新民主主义过渡而来？消灭一切私有制经济的"三大改造"是否跨越了新民主主义？是否完全必要和合理？我国否定中国特色社会主义是新民主主义的见解，但有无补新民主主义课的因素？这是需要实事求是地从理论上予以说明的问题。弄清这些问题有利于更好地认识和评析中国特色社会主义的客观必然性和必要性及其理论与实践意义。

1949年中华人民共和国成立后，通过完成土地改革，消灭了我国几千年的封建制度。通过"三大改造"即对农业、手工业和资本主义工商业的改造，建立了单一公有制的社会主义制度。我国是在半殖民地半封建制度的社会基础上建立起社会主义制度的。旧中国的生产力十分落后，这是帝国主义、封建主义和官僚资本主义"三座大山"压迫和剥削的结果。社会主义制度的建立，促进了经济社会的发展。

　　怎样评价我国社会主义改造的胜利？是否超越了毛泽东提出的新民主主义理论和制度？学界有不同的认识。

　　毛泽东的新民主主义理论，是马克思主义理论与中国实际相结合的理论成果。按照新民主主义理论，从中国实际出发，新中国成立后，不急于建立社会主义制度，而是先建立新民主主义制度，待条件成熟后，再向社会主义转变。毛泽东在《论联合政府》中明确指出：在新民主主义制度下，要"能够自由发展那些不是'操纵国民生计'而是有益于国民生计的私人资本主义经济，保障一切正当的私有财产"。"中国的经济，必须是由国家经营、私人经营和合作社经营"。现在的中国"不是多了一个本国的资本主义，相反地，我们资本主义是太少了"。并批评有人"一口否认中国应该让资本主义有一个必要的发展，而说什么一下就可以到达社会主义社会"。[①] 在《中国革命和中国共产党》一文中毛泽东指出："在中国革命胜利之后，因为肃清了资本主义发展道路上的障碍物，资本主义经济在中国社会中会有一个相当程度的发展，是可以想象得到的，……资本主义会有一个相当程度的发展，这是经济落后的中国在民主革命胜利之后不可避免的结果。"中国革命的全部结果是：一方面有资本主义因素的发展；另一方面有社会主义因素的发展，社会主义因素，在经济上"是民主共和国的国营经济和劳动人民的合作经济"。[②]

　　新中国成立前夕，由中国人民政治协商会议通过的"共同纲领"中提出："中华人民共和国为新民主主义即人民民主主义的国家"。它"保护工人、农民、小资产阶级和民族资产阶级的经济利益及其私有财产，发展新民主主义的人民经济"，新民主主义的经济成分是：社会主义性质的国营经济、半社会主义经济性质的合作社经济、私人资本主义经济、农民和手工业者的个体经

---

　　① 《毛泽东选集》第 3 卷，人民出版社 1991 年版，第 1058、1060 页。
　　② 《毛泽东选集》第 3 卷，人民出版社 1991 年版，第 650 页。

济、国家资本与私人资本合作的国家资本主义经济。由共产党领导、四个阶级组成"人民民主统一战线的政权"，这一规定在中华人民共和国的国旗中做了标志性反映，其原意是：大星星代表中国共产党，四个小星星分别代表工人阶级、农民阶级、城市小资产阶级和民族资产阶级。显然，作为中华人民共和国国旗所反映的政权组织，绝不是短时期的事情。

如果新民主主义制度在我国实行 20 年或 30 年，经济社会有了较大的发展，再向社会主义制度转变，即由新民主主义过渡到社会主义，我国经济社会发展中的曲折会少一些，成绩也会更大一些。然而，新中国刚经历 3 年恢复时期，到 1952 年，毛泽东主席在中央书记处的一次会议上就提出了向社会主义过渡的问题。他说：什么叫过渡时期，过渡时期的步骤是走向社会主义。类似过桥，走一步算是过了一年，两步两年，三步三年，十年到十五年走完了。在十年到十五年或者更多一些的时间内，基本上完成国家工业化及对农业、手工业、资本主义工商业的社会主义改造。① 1953 年 6 月 15 日，毛泽东在中共中央政治局会议上讲话时又提出：党在过渡时期的总路线和总任务，是要在十年到十五年或者更多一些时期内，基本上完成国家工业化和对农业、手工业、资本主义工商业的社会主义改造。并在讲话中批评了刘少奇等提出"确立新民主主义社会秩序"的观点，并批评了"确保私有财产"的口号。提出"逐步过渡到社会主义，这比较好。所谓逐步者，共分十五年，一年又有十二月。走得太快，'左'了；不走，太'右'了。要反'左'反'右'，最后，全部过渡完"。② 同年 8 月，毛泽东对过渡时期总路线做了较完整的表述："从中华人民共和国成立，到社会主义改造基本完成，这是一个

---

① 逄先知、金冲及：《毛泽东传 1949～1976》（上），中央文献出版社 2003 年版，第 249 页。

② 《毛泽东文集》第 5 卷，人民出版社 1997 年版，第 81～82 页。

过渡时期。党在过渡时期的总路线和总任务，是要在一个相当长的历史时期内，基本上实现工业化和对农业、手工业、资本主义工商业的社会主义改造。"在审阅中央宣传部起草的关于过渡时期总路线的宣传提纲时，毛泽东在原表述后面增加了两句话："这种总路线是照耀着我们各项工作的灯塔，各项工作离开它，就要犯右倾或'左'倾的错误。"在"三大改造"的实践中，进程较快，只用了 3 年时间，到 1956 年就宣布基本建立了社会主义制度。从中华人民共和国建立到社会主义制度建立，总共用了 7 年时间。

　　怎样评价这段历史，涉及对中国特色社会主义理论与实践的评价。改革开放以来，我国走中国特色社会主义道路，实行中国特色社会主义制度，即公有制为主体，多种所有制经济共同发展的基本经济制度，中央文件指出，我国既不搞单一的公有制，又不搞私有化。而"三大改造"是要将农业、手工业和资本主义工商业的私有制，改造成为单一的社会主义公有制，消灭一切私有制经济。这两种具体道路和制度是否完全一致和统一？当然，从根本上说，都是走社会主义道路，建立社会主义制度，都以马克思主义的科学社会主义为指导。但总不能说，"三大改造"消灭私有制，搞单一的公有制，与中国特色社会主义实行公有制为主体，允许和鼓励私营经济、个体经济、外资经济多种私有制经济共同发展，是完全一致的事情。现在的有关著作中，既肯定过渡时期总路线的完全正确的必要，又肯定中国特色社会主义道路和制度的完全正确和必要。笔者觉得这种理论观点，没有也不能解决问题。如果肯定中国特色社会主义是根据中国生产力落后的国情，不搞单一的公有制是必要的和正确的，就不能又肯定"三大改造"搞单一的公有制也是完全必要的，合理的。应重视"三大改造"完成后的 1956 年 12 月 7 日，毛泽东在与民主建国会和工商联合会负责人的谈话。面对"三大改造"后经济生活中出现的诸多实际问题，毛泽东提出："上海的地下工厂同合营企业也是对立物，因为有社会需要，就发展起来。要使它成为地上，合法化，可以雇工。……最好开私营工厂，同地上的作对，还可以开夫妻店，请工也可以。这叫新经济政策。我怀疑俄国新经济政策结束得早了，……只要社会需要，地下工厂还可以增加，可以开私营大厂，订个协议，十年、二十年不没收，华侨投资的，二十年、一百年不要没收。……可以搞国营，也可以搞私营，可以消灭了资本主义，又搞资本主义。""急于国有化，不利于生产。"① 这个谈话说明急于全面消灭个体经济和资本主义经济，并不完全符合我国经济发展和人民的需要。所以有必要消灭了资本主义又搞资本主义。但毛泽东同志的这个谋划在改革开放前没有也不可能实现，在"左"风日烈的形势下，"斗私批修""跑步进入共产主义"，宣传"私有制是万恶之源"，连集市贸易、庭院经济也作为资本主义看待。毛泽东同志的"可以开私营大厂"的设想，由改革开放后的中国特色社会主义实现了。

还需要进一步探讨：其一，关于工业化问题。过渡时期总路线的内容被概括为"一化三改"。工业化是主体，"三改"是两翼。事实上，工业化的任务到现在还未完成。当时要将工业化与"三改"过程同步完成，显然是不符合实际的。没有认识到工业化的长远性与艰巨性。其二，关于新民主主义制度与过渡时期的关系问题。现在理论界将两者统一为一回事，值得研究。过渡时期有个社会制度的起点和终点的问题。其终点是建立起社会主义制度，这个一般是明确的。我国过渡时期社会制度的起点是什么？过渡时期总路线中并未提及。曾有种表述：从新民主主义过渡到社会主义，后来还提过"从资本主义过渡到社会主义"。然而旧中国不是资本主义社会，是在"三座大山"压迫下的半殖民地半封建社会。"三大改造"时，我国只有13万工商户。私营工商业职工只有250万人（工业160万，商业90万）。不存在主

---

① 《毛泽东文集》第 7 卷，人民出版社 1995 年版，第 170 ~ 171 页。

导全国的资本主义制度。因此，将过渡时期的起点确定为资本主义制度，不符合历史和经济实际。可否称作从新民主主义到社会主义的过渡时期？新中国成立初期，还要进行土地改革，以消灭封建主义制度；还在继续进行解放战争，消灭官僚资本主义和旧政权；还要剿匪反霸等。以完成民主革命任务，也就是说还没有完成新民主主义制度的建设。因此，过渡时期的始点不可能是还没有建立的新民主主义制度，变成了过渡始点不明确的过渡。于是将过渡时期与新民主主义统一在一起。笔者认为，从理论逻辑和实际情况看，这是难以成立的。固然，新民主主义制度不是人类历史上的一个独立社会经济制度，带有过渡的性质。但它应是一个具有相对独立性的历史阶段。它与马克思主义所讲的转向社会主义的过渡时期不具有相同的含义。否则，只讲过渡时期就好了，没有必要提新民主主义了。将新民主主义与过渡时期的含义相等同，会使新民主主义理论失去其原有的重大意义。其三，1952～1953年过渡时期总路线的提出，是否超越了新民主主义制度？新民主主义理论是主张新中国成立后，要实行新民主主义制度，既大力发展社会主义公有制经济，又让民族资本主义经济有一个较大的发展。这是一个相当长的历史阶段，待条件成熟后，再由新民主主义过渡到社会主义。过渡时期的起点应是新民主主义制度。但事实上新民主主义社会制度并没有有效建立起来。因为在过渡时期总路线中，已没有新民主主义制度存在和发展的余地了。过渡时期，是"从中华人民共和国成立"开始的，也就是从1949年10月1日起，就开始向社会主义过渡了。开始过渡的起点，既不是并不存在的资本主义制度，也不是还未建立的新民主主义制度，是没有社会制度起点的过渡。进一步来看，如果将过渡时期表述为从资本主义到社会主义的过渡时期，撇开我国并不是资本主义社会制度不说，这个表述与马克思所讲的和苏联曾实行的从资本主义到社会主义的过渡时期是一回事了。把要消灭的一切私有制，"让资本主义绝种"的过渡时期，称作新民主主义制度，显然在理论上和实践上都讲不通。因此，过早地提出过渡时期总路线，事实上超越了新民主主义制度。这既有因客观条件向有利于党的事业方向变化、革命与建设事业顺利推进的原因，更有主观认识上在有利条件下急于求成的原因。

　　研究中国特色社会主义经济理论体系，有必要把与新民主主义理论和制度有关，也与曾实行多年的单一公有制的社会主义制度有关的理论是非辨别清楚。在改革开放前期，开始发展多种所有制经济，有的学者提出我国处于新民主主义时期或过渡时期，被中央负责主持意识形态工作的领导否定了。因为我国实行"三大改造"后，已建立了社会主义制度，而且进行了长久的社会主义建设事业，怎么能退回到社会主义制度建立前的过渡时期或新民主主义制度呢？当然，这样否定也是有道理的，但是，马克思主义的导师们认为，过渡时期结束、社会主义制度建成后，就是要消灭一切私有制，与传统所有制决裂。我国提出社会主义初级阶段理论，实行中国特色社会主义，鼓励、支持和引导多种非公有制经济发展，是否可以认为，这既是根据我国的国情实际对马克思主义的发展，又是在一定意义上具有弥补新民主主义的因素呢？笔者认为，根据事实说话，是可以这样讲的，这样，才有利于更好地认识我国社会主义初级阶段和中国特色社会主义历史渊源和理论衔接。

三、不要把非公有制经济"是社会主义市场经济的重要组成部分"错解为"是社会主义经济的重要组成部分"

　　1987年党的十五大报告提出："非公有制经济是社会主义市场经济的重要组成部分"，引起了理论界的热烈讨论和争鸣。不少学者认为，十五大报告表明，非公有制经济的地位由体制外转入体制内，成为"社会主义经济的重要组成部分"。他们实际上是把"社会主义市场经济"概念，混同于"社会主义经济"。是把私营经济、个体经济等私有制经济，认定为社会主义经济了。从马克思主义的科学社会主义，到毛泽东、邓小平及其他中央领导和中央文件，一直都是把社会主义国家的公有制经济确定为社会主义经济，一切私有制经济是非社会主义经济。

笔者认同非公有制经济是社会主义市场经济的重要组成部分，而且是较早提出这一观点的。并且曾在几家刊物发表过这一观点。例如，1983 年，笔者在北京市刊物《阵地》（现改为《前线》）第 6 期发表《关于建立社会主义市场经济体制问题》一文，其中就讲："社会主义市场经济既然是从通过市场调节实现资源配置的角度讲的，那么，这种市场，不管是哪种经济成分参与的，都一样起资源配置的作用。市场机制与市场体系是统一的，不能区分小商品经济市场机制或是资本主义的市场机制，或是社会主义的市场机制。由于以公有制为主体，主要是由公有制参与实行资源配置的市场，同样调节私有制经济。反过来，私有制经济参与的市场，也调节公有制经济。从这个意义上讲，社会主义市场经济体制，是由公有制为主体的多种经济成分共同构成的。"同时说明："当然，从市场经济的主体来看，依然有公有制经济与私有制经济或社会主义经济与非社会主义经济的差别。"在同年的其他刊物上，笔者还提出狭义社会主义市场经济与广义社会主义市场经济之分。狭义市场经济，是指市场经济与社会主义经济制度相结合；广义市场经济是指市场经济与公有制为主体的多种所有制经济相结合。可以认为，十五大报告前，讲社会主义市场经济，一般是从狭义上界定的。但笔者没有拘守狭义的界定，1983 年就提出了与 1997 年十五大报告相一致的广义的社会主义市场经济界定。但笔者当时就提出了不要把社会主义市场经济与社会主义经济相混同，不要把非公有制经济说成是社会主义经济。

然而，当十五大报告提出"非公有制经济是社会主义市场经济的组成部分"后，理论界几乎是"一边倒"地将其解读为非公有制经济是社会主义经济的组成部分，把私有制经济说成是社会主义经济，谁不这样看，就是"左"的一套，是坚持"一大二公"的传统社会主义，就是否定社会主义市场经济。他们不去分析和解释为什么说非公有制经济是社会主义市场经济的重要组成部分，而只是强调我国的社会主义经济就是社会主义市场经济，因而非公有制经济也是社会主义经济。应当明确，社会主义经济是经济制度范畴，而市场经济是经济体制和经济运行机制概念。我国存在多种所有制经济共同发展，就是允许在公有制（社会主义经济）为主体的条件下，让资本主义性质的私营经济、外资经济和小私有制的个体经济等非公有制经济（非社会主义经济）共同发展。这里存在着社会主义经济与非社会主义经济的对立与统一。因此，在社会主义市场经济中，依然是这两类经济的对立与统一。资本主义性质的私营经济、外资经济怎么成为社会主义市场经济呢？某种经济成分的性质由什么决定呢？确认非公有制经济是社会主义经济的学者应当做出说明，根据什么认为私有制经济也是社会主义经济呢？其社会主义性质表现在何处呢？我们可说，社会主义经济是市场经济，但社会主义经济不等于市场经济。正如可以说人是动物，但两者不能划等号一样。

十五大报告还提出："公有制为主体多种所有制经济共同发展，是社会主义初级阶段的一项基本经济制度"。不少学者将"社会主义经济制度"或"社会主义基本经济制度"同"社会主义初级阶段的基本经济制度"等同起来，认为非公有制经济也是社会主义经济制度的构成部分。这个问题，将在下面一节中进行讨论，这里想说明一点，当时对十五大报告的解读，突出宣传非公有制经济是社会主义经济的组成部分，是社会主义经济制度的构成部分，成为学界的主流观点。认为这是十五大在改革与发展理论上的创新与发展，因而会被不少读者认同。宣传这种观点的有些是著名的经济学家，特别是还有一位很有社会理论影响的经济学界的老前辈于光远先生，他起了带头作用。1998 年，他在山东《发展论坛》第 1 期发表《重要的理论贡献——关于十五大报告的问答》一文。其中这样讲："十五大报告比 1982 年通过的宪法——这个宪法也是现行的宪法——又前进了一步。因为那个宪法中所规定的社会主义基本经济制度没有写进非公有制经济，而十五大报告，这句话中所讲的多种所有制经济中当然也包括非公有制经济。在党的文件中把非公有制经济的存在和发展列入社会主义基本经济制度的范围的确是第一次"。"报告中还有说得更明确的地方，例如：非公有制经济是我国社会主义市场经济的重要组成部分。这一句话可以看作是对社会主义基本经济制度所作的规定中非公制经济地位的一个进一步论述。"

四、不能用中国特色社会主义"摒弃"　　所谓"传统社会主义"

我们的有关讨论是以肯定社会主义阶段存在公有制为主体，多种所有制共同发展为前提的。有些学者主张坚持中国特色社会主义，就"应当摒弃"所谓"传统社会主义"。"传统社会主义，"实际上是马克思主义的科学社会主义。笔者不赞同把非公有制经定断为社会主义经济和社会主义经济制度的构成部分，就被说成是否定中国特色社会主义，否定非公有制经济的作用。对笔者的观点进行批评：要警惕右，便主要是防止"左"；宣称笔者把私有制经济排除在社会主义经济之外，"就是倒退到传统的社会主义经济理论上去"；是"追求所有制结构的'一大二公三纯'"；是"忽略了公有制改革的实践"；"是应该坚持有中国特色的社会主义呢，还是应该坚持传统的社会主义经济"；"必须摒弃传统的社会主义经济"……一大堆政治帽子，但笔者反驳对方的论文是用心平气和的摆事实讲道理的语气表述的，连"曲解"宪法、"曲解"十五大报告的文字都没有写，因为"有理不在高言"，政治帽子压不住真理。这种批评是把非公有制经济的社会性质同其在社会主义初级阶段的地位和作用混同起来，是错解中国特色社会主义理论的内容。这里概括地讲一下笔者对用中国特色社会主义否定和摒弃所谓"传统社会主义"的理论辩驳。

（一）非公有制经济的地位、作用及其性质问题

新中国建立时，从旧中国继承下来的是十分落后的生产力水平。我国的社会经济落后于西方发达国家100多年。1950年，我国人均国民收入只有31美元，只及美国的1.7%，英国的4.5%。经过三年国民经济恢复时期的1952年，人均国民收入也只达到42美元，为美国的2.3%，英国的5%。从中国的社会经济实际情况出发，根据毛泽东的新民主主义理论，新中国需要消灭的，是官僚资本主义经济和封建主义经济以及如日本等为侵略和掠夺中国而建立的帝国主义经济，而不是消灭一切私有制经济。民族资本主义经济和城乡个体经济，在旧中国曾长期受到严重压抑和束缚，没有获得应有的发展，还有很大的发展潜力。新中国建立后，理应在较长时期内实行新民主主义经济，让资本主义经济成分和个体经济成分同国有经济和集体经济共同发展。然而我国过早地、急于消灭一切私有制经济，急于"让资本主义绝种"，追求单一的公有制经济，实践证明，这不利于我国社会生产力的发展和人民生活水平的提高。

改革开放以来，确认我国还处于社会主义初级阶段。从我国的实际社会经济状况出发，实行公有制为主体、多种所有制经济共同发展的方针和制度。也就是让私营经济、外资企业和个体经济这些私有制经济与公有制经济共同发展。党的十五大报告进一步提出："非公有制经济是社会主义市场经济的重要组成部分"；

"公有制为主体，多种所有制经济共同发展，是我国社会主义初级阶段的一项基本经济制度"。这既是邓小平有中国特色社会主义理论的运用与实践，也是对运用与实践成效的新的概括。改革开放以来，我国社会主义经济的发展，获得了举世瞩目的成就。这些成就中包括有非公有制经济的重大贡献。非公有制经济在发展我国社会生产力、发展社会主义市场经济、开拓国内外市场、促进国有企业改革、增加国家税收和经济实力、增加社会就业、方便人民生活和提高人民生活水平、繁荣社会经济等方面，起着重要的作用。这已是不争的事实。

非公有制经济在整个社会经济中所发挥的显著作用，赋予它在我国社会主义初级阶段中的重要地位。非公有制经济已是我国国民经济中的重要组成部分；是我国现实社会主义社会所有制结构的重要构成部分；是我国社会主义市场经济的重要组成部分，并且是市场经济的先导；也是我国社会主义初级阶段基本经济制度的构成部分；是"有中国特色社会主义的经济"的组成部分。当然，我国是社会主义国家，非公有制经济的地位和作用，是在公有制为主体的前提下实现的。

但是，不应将非公有制经济的重要地位和作用，与其自身的社会经济性质混淆起来。不应由此推断出一切非公有制经济与公有制经济一样，都是"社会主义经济"。经济成分的社会性质是由其自身的内部经济关系的特点决定的。讲非公有制经济是非社会主义经济，这是从其客观规定性着眼的，丝毫不存在轻视和贬抑的意思。从我国现实情况看，一个文明的、有活力的和高效益的私人资本主义企业，要胜过一个管理混乱、亏损严重、效益低下的社会主义国有企业。要记住列宁在实行新经济政策时期曾提出的一个批评："直到现在还常爱这样议论：'资本主义是祸害，社会主义是幸福'。但这种议论是不对的。""有可能通过私人资本主义……来促进社会主义"。资本主义不是社会主义，但可利用来促进社会主义。外资和私营企业等资本主义性质的经济和小私有制经济，不是社会主义经济，但可促进社会主义经济的发展。个体经济存在于多个不同的社会，并不存在"资"与"社"的特定社会性质。因此，硬对非公有制经济包括私人资本主义经济赋予其"社会主义经济"的规定性，既无必要，也不科学。

（二）"社会主义经济"与"社会主义市场经济"的关系问题

我国既然实行多种所有制经济共同发展，并由社会主义计划经济转向社会主义市场经济，不言而喻，非公有制经济事实上成为社会主义市场经济的组成部分。这是因为，市场和市场经济是统一的，不可能按照多种所有制分割为多种市场和市场经济，如国有市场经济、外资市场经济、私营市场经济、个体市场经济等。在统一的国内市场上，多种所有制经济在市场交易中，互为条件、相互补充、相互交错、按共同的市场规律办事。市场机制和市场规律是不问和不管姓公姓私、姓"社"姓"资"的。再者，我国实行市场经济，是让市场在资源配置中起决定性作用。无论哪一种所有制经济参与的市场，都对其他所有制经济起资源配置作用。市场供求机制、竞争机制、价格机制，对各种经济成分是作用相同、不分彼此的。基于这种认识，笔者在1993年的北京《阵地》杂志第4期、《中国工商管理研究》1993年第8期、《太原日报》1994年4月11日的论文中，一再阐述"社会主义市场经济机制是由公有制为主体的多种所有制经济共同构成的。""非公有制经济的市场行为，也纳入了社会主义市场经济范畴之中"。

肯定非公有制经济是"社会主义市场经济"的组成部分，不等于肯定非公有制经济是"社会主义经济"的组成部分。"社会主义经济"同"社会主义市场经济"是既有联系又有区别的两个不同的概念。说是有联系，因为社会主义市场经济是社会主义经济与市场经济的接轨。有社会主义经济，才会有社会主义市场经济，否则只能是资本主义市场经济。说两者是有区别的不同概念：首先，社会主义经济，是指社会主义关系下的经济，即具有社会主义性质的经济。它是属于社会经济制度的范畴。"社会主义经济"，是对应于"资本主义经济""封建主义经济"等的特定范畴。正如同非资本主义性质的经济是非资本主义经济一样，非社会主义性质的经济是非社会主义经济。邓小平明确指出："外资是资本主义经济"。私营企业同样具有资本主义性质。"资本主义经济"怎么能同时也是"社会主义经济"呢？至于"社会主义市场经济"，则是经济体制和经济运行机制范畴。这里的主词是"市场经济"，主词前的"社会主义"，是一个定断词。"市场经济"自身并不具有特定的社会性质。社会主义经济可以选择和实行市场经济、与市场经济相结合，但市场经济不等于社会主义经济。因而非公有制经济是我国市场经济的重要组成部分，不等于是"社会主义经济"的重要组成部分。其次，邓小平同志和中央有关文献，既讲"公有制为主体"，又讲"社会主义经济为主体"。显然，两个提法的内涵是一样的。也就是把公有制定断为社会主义经济，非公有制经济自然看作是非社会主义经济。有人说，两个提法的含义不同，但不同在哪里？没有任何说明。如果真的不同，岂非有两个"主体"了？一个是"公有制经济"，另一个是与公有制不同的"社会主义经济"。其实，邓小平和中央文献强调"社会主义经济为主体"，就意味着还有非社会主义经济作为非主体而存在。这个非社会主义经济难道不就是非公有制经济，而还会有什么别的经济？如果像有的学者那样，认为公有、私有都是社会主义经济，那还能提"社会主义经济为主体"吗？那非主体又在哪里呢？

　　有人说："主体"与非主体是指公有制在"社会主义经济"中为主体。非公有制经济在"社会主义经济"中为主体。这是不正确的。这是一种主观的、先验的论断，即先验地把公有、私有都定断为社会主义经济。本来，讲公有制为主体，是指公有制在国民经济中而非在社会主义经济中为主体。是用以说明公有制和私有制在国民经济中的定位和比重关系。衡量的方法，可以是看二者在社会总产值或国内生产总值中所占比重，也可以是看二者在社会总资产中所占比重，还需考察二者在新增加值中所占比重。公有制为主体，就是要让公有制在这些比重关系中占优势。如果把主体与非主体解释为二者在"社会主义经济"中为主体与非主体，则完全违备了常理。那样一来，邓小平和中央文献中一再强调坚持的"社会主义经济为主体"，还能继续坚持吗？难道能够讲社会主义经济是在"社会主义经济"中为主体、非社会主义经济是在"社会主义经济"中为非主体吗？显然是说不通的。

（三）究竟什么是"社会主义经济"

什么是"社会主义经济"？这本来是一个常识性的问题，现在竟然有人提出了重大争论。有必要进一步阐述一下：有人一再批评认为公有制是社会主义经济、非公有制经济是非社会主义经济的见解是"把社会主义经济等同于公有制经济"的"等同论"，是"坚持应摒弃的传统社会主义经济理论"，是"放弃邓小平理论，放弃邓小平关于有中国特色的社会主义经济理论"，"还有什么社会主义可言"。

学术争论应放在学术范围之内，应摆事实、讲道理、以理服人，不能以大帽子压人和吓人。

"社会主义经济"，是马克思主义和科学社会主义的一个基本概念。它的内涵是什么，在毛泽东著作、邓小平理论和有关中央文献以及某些经济学典籍中都有过明确的说明。这些说明，与马克思的科学社会主义理论是一脉相承的，是继承、坚持和发展的关系。

讲公有制是社会主义经济，并不等于说"社会主义经济只是公有制"，别无其他。公有制是社会主义经济的基础，在这个基础上所确立的"社会主义经济"体系，还包括按劳分配、劳动者是主人、消灭剥削、实现共同富裕等。因此，"社会主义经济"的内涵不只是公有制。但由于公有制是社会主义经济的基础，具有决定性作用，因而讲公有制经济是社会主义经济，也是顺理成章的。

毛泽东在七届二中全会的报告中指出：新中国的"国营经济是社会主义性质的，合作社经济是半社会主义性质的"，私营企业是"私人资本主义"，国家和私人合作的经济是"国家资本主义经济"，另外是个体经济。由于个体经济不具有特定的社会性质，所以毛泽东没有给它定性。显然，毛泽东不认为资本主义性质的私营企业是社会主义经济，也不认为个体经济是社会主义经济。1954 年，毛泽东就修改我国宪法草案的说明中更为明确地指出：国家所有制和集体所有制是"社会主义的经济成分"，而个体劳动者所有制和资本家所有制则是"非社会主义的经济成分。"① 刘少奇在 1949 年 6 月写的《关于新中国的经济建设方针》中指出："国营经济是社会主义性质的经济，国家资本主义经济是十分接近于社会主义的经济，合作社经济是在各种不同程度上带有社会主义性质的经济。私人资本主义经济则是资本主义发展趋势的基础。"在 1954 年的《宪法草案报告》中，刘少奇同样特别说明：国家所有制和劳动群众集体所有制，是"社会主义经济成分"，而个体劳动者所有制和资本家所有制，是"非社会主义的经济成分"。周恩来同样把公有制经济定断为社会主义经济，也指出："向社会主义的过渡时期，也就是社会主义经济成分在国民经济比重中逐步增长的时期"。② 显然，这个"社会主义经济成分"是不包括非公有制经济的。

有人把毛泽东等同志的上述观点，斥之为应当"摒弃的传统社会主义经济"观点。将其与改革开放以来邓小平理论和有中国

---

① 顾生龙：《毛泽东经济年谱》，中共中央党校出版社 1993 年版。
② 《周恩来经济文选》，中央文献出版社 1993 年版，第 153 页。

特色社会主义的经济对立起来。以下是有关改革开放以来的有关论述。

在邓小平的论著中，始终将公有制经济称作社会主义经济，而将非公有制经济视作非社会主义经济。在 1979 年 11 月 26 日与外宾的谈话中，他明确指出"外资是资本主义经济"。显然，"资本主义经济"不能纳入"社会主义经济"概念中。正如同"社会主义经济"不能纳入"资本主义经济"概念中一样。因为这是两个内涵上完全不同的概念。1984 年 6 月，邓小平在论述"一个国家两种制度"时说："允许一些外资进入，这是作为社会主义经济的补充"。就是说，外资虽不是社会主义经济，但可作为"社会主义经济的补充"发挥其作用。紧接着在 6 月 30 日同日本客人谈"建设有中国特色的社会主义"时，又说："我们欢迎外资……这些会不会冲击我们的社会主义？我看不会的，因为我国是以社会主义经济为主体的。社会主义的经济基础很大，吸引几百亿、上千亿外资，冲击不了这个基础。"从这段话中可以清楚地看出：第一，"社会主义经济为主体"是指公有制为主体，外资不属于"社会主义经济"。如果外资也是社会主义，就不存在会不会"冲击社会主义"的问题了。第二，外资不属于"社会主义的经济基础"。否则就不会提出外资"冲击不了这个基础"的论述了。1985 年 8 月 28 日，邓小平在与外宾的谈话中又说"发展一点个体经济，……欢迎中外合资合作，甚至欢迎外国独资到中国办工厂，这些都是对社会主义经济的补充"。这里加了一个"个体经济"，就是说，无论个体经济还是外资经济，都不是社会主义经济，但可以弥补社会主义经济的不足。

邓小平同志给予高度赞扬和完全肯定的 1984 年通过的中共中央《关于经济体制改革的决定》，对于"社会主义经济"所包括的经济成分，作了明确的说明："全民所有制经济是我国社会主义经济的主导力量"，"集体所有制经济是社会主义经济的重要组成部分"。而非公有制经济如个体经济，"是社会主义经济必要的有益的补充"，"是从属于社会主义经济的"。也就是说，全民所有制经济和集体经济是社会主义经济，而非公有制经济只是从属于社会主义经济，而其自身是非社会主义经济。

1987 年党的十三大报告中指出："社会主义经济是公有制基础上的有计划的商品经济。这是我们党对社会主义经济作出的科学概括，是对马克思主义的重大发展。"这里阐述的"社会主义经济"，既坚持和强调了马克思主义科学社会主义的一个基本原理，即社会主义经济要建立在"公有制基础上"，又突破了把社会主义经济同商品经济对立起来的传统社会主义理论，将社会主义公有制经济与商品经济统一起来。

十三大报告还对私营经济的社会性质作了说明，指出"私营经济是存在雇佣劳动关系的经济成分"，在马克思的著作中，雇佣劳动关系就是资本主义关系。外资作为资本主义经济，如十三大报告所说："是我国社会主义经济必要的和有益的补充"。这些论述同样表明，非公有制经济是非社会主义经济。

1989 年《中共中央关于加强党的建设的通知》中指出："私营企业主同工人之间实际上存在着剥削与被剥削的关系"。试问，存在剥削关系的私营企业，也能是"社会主义经济"？

江泽民同志在国庆 40 周年的讲话中同样提到："在我国现阶段，发展从属于社会主义经济的个体经济、私营经济"，是"对社会主义经济的有益的、必要的补充"。讲非公有制经济"从属于社会主义经济"，是对社会主义经济的补充，同样等于肯定非公有制经济是非社会主义经济。

有人说，讲"非公有制经济是社会主义经济的补充"，就表明非公有制属于社会主义经济。这种说法是错误的。按此逻辑，过去讲非公有制经济是"公有制经济的补充"，非公有制就成为公有制了，显然是悖理的。

再看一下改革开放以来经济理论界的某些著作中有关"社会主义经济"的界定与说明。

由社会科学出版社出版，马洪、孙尚清任主编、周叔莲任副主编的《经济与管理大辞典》中，对"社会主义经济"这一词条是这样界定的："社会主义经济指社会主义全民所有制和集体所有制经济。……它同资本主义经济具有根本不同的性质，是以生产资料公有制为基础的、没有剥削的经济，劳动群众当家做主，在人们自觉计划下发展国民经济和实行按劳分配"。这里排除了非公有制经济是社会主义经济的组成部分的见解。

由经济管理出版社出版的马洪、孙尚清主编的《经济社会管理知识全书》中，有"社会主义社会的多种经济形式"一条，其中讲道："中国现阶段社会主义社会的所有制形式包括两大类：社会主义所有制形式和非社会主义所有制形式。社会主义所有制形式包括全民所有制形式、社会主义劳动群众集体所有制形式……非社会主义所有制形式包括个体所有制形式、私人资本主义经济形式……"这段论述同样表明，非公有制经济是非社会主义所有制形式，也可以说是非社会主义经济。

再看 1999 年高等教育出版社出版的由张维达教授主编的《政治经济学》教材。这是教育部"九五"规划的高校重点教材，是"面向 21 世纪课程教材"，是通过了专家鉴定的。该教材在"中国社会主义初级阶段的基本经济制度"一章中，对"社会主义经济"提出了明确的界定："要把社会主义经济和社会主义市场经济区分开来。社会主义经济指公有制经济，不包括非公有制经济。"

有些学术论著中提到"利用资本主义还包括在国内适当发展资本主义经济，作为社会主义经济的有益的补充。在我国社会主义初级阶段，资本主义不能完全根除，剥削现象还会长期存在"。[1] 这种见解是符合实际情况的。存在剥削现象的资本主义，

---

① 方生：《对外经济开放若干问题之我见》，载于《我的经济观》江苏人民出版社 1991 年版。

能成为社会主义经济吗？既然说，资本主义经济只是用来作为"社会主义经济的有益的补充"，它自身就不是社会主义经济。

有些学者的观点置马克思主义科学社会主义理论于不顾，置邓小平理论和中央有关文献的说明于不顾，甚至置自己过去的见解于不顾，硬说"社会主义经济"不仅包括公有制经济，也包括各种私有制经济，并将这种观点加之于有中国特色的社会主义经济理论、社会主义市场经济理论。并批判不赞成把私有制经济包括资本主义经济统统作为"社会主义经济的重要组成部分"的科学认识，诬之为是什么"追求'一大二公三纯'的传统社会主义所有制结构"，是"倒退"到"应当摒弃的传统社会主义经济理论"，是"忽略了公有制改革的实践"，还提到"要警惕右但主要是防止'左'"，"必须坚持有中国特色的社会主义经济"等。这种非学术性的政治化评论，不利于百家争鸣和学术讨论的展开，不利于经济科学的繁荣，应当避免。

（四）"社会主义经济"与"中国特色社会主义经济"的关系问题

我国正在建设中国特色社会主义，实行社会主义初级阶段中国特色社会主义制度。自然，我国的社会主义经济也是中国特色社会主义经济。这已是既定的和不争的事实，也是我们讨论问题的既定前提，不存在谁坚持谁否定的问题，只存在理解的正确与否的问题。但是有两个有关的理论是非问题应当弄清。第一，无论讲中国特色社会主义，或中国特色社会主义制度，或中国特色社会主义经济，都包括两方面的内容：一是社会主义的共性或一般；二是所具有的中国的特性或特色。缺少其中哪一方面，就不存在中国特色社会主义及其制度或经济。第二，要把从宏观层次考察的中国特色社会主义或其经济，同从中观层次和微观层次考察的社会主义制度和社会主义经济区分开来。建设中国特色社会主义，强调中国特色社会主义理论、中国特色社会主义道路和中国特色社会主义制度，是从宏观层次着眼的。所谓中国特色社会主义，是指要从中国实际出发，不照搬外国的模式，也不搞本本主义，"走自己的路"，建设适合于中国国情的社会主义。但既然是属于社会主义，就必须具有社会主义的本质特点，要有社会主义的共性。从经济方面说，"社会主义经济"和"社会主义经济制度"，应具有统一的内涵，即具有共性。它的适用性应涵盖社会主义的不同阶段，甚至涵盖不同的社会主义国家。无论是我国社会主义初级阶段、中级阶段还是高级阶段，都有共同的决定我国社会主义性质的"社会主义经济"或"社会主义经济制度"存在，它具有共同的内涵或规定性。那就是前面已说明的公有制以及以此为基础的社会主义经济关系体系。我国在改革开放以前，就存在以公有制为基础的社会主义经济或社会主义经济制度，在改革开放、实行社会主义市场经济的今天，也同样存在。只不过在社会主义初级阶段它还不成熟和不够发展罢了。世界上任何其他社会主义国家，也必然存在以公有制为基础的"社会主义经济"和经济制度。这是共性，也是基本原理。否则就不是马克思主义的科学社会主义，也谈不上中国特色社会主义。另一方面，也要强调说明，既然我们从事建设的是初级阶段的中国特色社会主义，我们就不应像过去那样追求单一的公有制经济，搞"一大二公三纯"的社会主义。公有制或社会主义经济，只能是"主体"，而不能和不应是全体。要从"三条有利于"的标准出发，允许和鼓励非公有制经济包括资本主义经济共同发展，允许按劳分配和按要素所有权分配多种分配方式并存。允许一定的剥削关系存在等。这些私有经济成分从总体上和性质上说是非社会主义经济，但它们从属于社会主义，是中国特色社会主义应有之义。中国特色社会主义经济，既要有以公有制为基础的社会主义经济为主体，又要有以私有制为基础的非公有制经济为非主体。这是共性和特色的统一。"特色"不是特在私有制经济、存在剥削关系的资本主义经济也变成社会主义经济，而是特在允许非公有制经济即非社会主义经济同作为主体的公有制经济即社会主义经济共同发展。从这个意义上说，非公有制经济也属于"中国特色社会主义经济"的范围和内容。

不应把"中国特色社会主义"同"社会主义"完全和绝对地等同起来。"社会主义"是个世界性的全局性的范畴，所有社会主义国家及其发展的不同阶段，都具有"社会主义"的共同点即其共性。而"中国特色"是从中国范围来讲的，而且是从中国的社会主义初级阶段来讲的。况且，"中国特色"也不是凝固不变的。现在讲的"中国特色"，是社会主义初级阶段的特色。到中级阶段和高级阶段，会根据未来的具体情况出现新的特色。初级阶段的某些特色到了高级阶段也会发生变化。

同样，"中国特色社会主义制度"，也不能完全和绝对地等同于"社会主义制度"。应将从宏观、中观和微观考察的不同角度区别开来。比如，从宏观角度考察，中国特色社会主义制度包括"一国两制"。邓小平指出："我们的社会主义制度是有中国特色的社会主义制度，这个特色，很重要的一个内容就是对中国香港、中国澳门、中国台湾问题的处理，就是'一国两制'"。就是说，从宏观层次看，其实行的资本主义制度，也属于中国特色社会主义制度的内容。但从中观层次和微观层次看，这三个地区及其经济成分实行的是资本主义制度，不是社会主义制度。中国特色社会主义制度的"特色"，是特在允许它们的资本主义制度同大陆的社会主义制度并存和共同发展，而不会是特在它们的资本主义制度也成为社会主义制度。并且，其他社会主义国家的"社会主义制度"和某个社会主义国家的整个社会主义时期，并不一定都要划出某些省市来搞资本主义制度。可见，不能把中国的当前特色社会主义制度中的非社会主义因素，纳入社会主义制度范畴。

同理，中国特色社会主义经济，也不能等同于"社会主义经济"。从宏观层次看，中国特色社会主义经济涵盖非公有制经济，这是现阶段的中国特色。但从微观层次看，私有制经济不是社会主义经济。外资企业是资本主义经济，它们也不要求甚至会拒绝将其定性为中国社会主义经济。国内千百万私营企业，素质参差不齐。少部分私营企业素质高，经营管理水平高、效益高，且扶危济困、回报社会、奉公守法、尊重职工权益。可以说带有不同程度的社会主义因素。但相当多的私营企业素质不高，严重损害职工权益，甚至搞假冒伪劣、坑蒙拐骗，采取了资本主义原始积累的方法。从私营企业的内部关系来看，它具有资本主义性质。所以从总体上说，私营企业是非社会主义经济。至于个体经济，并不具有特定的社会经济性质。它可以从属于占主体地位的经济，既不是资本主义经济，也不是社会主义经济，只是小商品经济。

十五大报告中提到的"有中国特色社会主义的经济"，其内涵既包括社会主义初级阶段的多种所有制经济，也包括经济体制和经济运行，还包括经济发展途径。它并不是从微观层次诠释"社会主义经济"的内涵。

有人用我国发展非公有制经济的必要性作为非公有制经济是社会主义经济的论据。这在理论逻辑上不能成立。各种经济成分的社会性质是客观存在。不管你要消灭它还是发展它，都不会改变它的客观性质。在"左"的时期，曾把个体经济也当作资本主义要斩尽杀绝。现在也不要倒过来，把个体经济乃至资本主义经济都说成是社会主义经济。有人批评说，不赞同非公有制经济是社会主义经济，就是将"非公有制经济同社会主义、同社会主义经济完全对立起来"。就是"认为，要搞社会主义，要发展社会主义经济，无须发展非公有制经济，甚至要加以消灭"。这样的批评是无的放矢，离开了理论是非和严肃的学术讨论规则。即使从总结历史教训的角度说，过早地消灭私有制经济，也不是由于没有把私有制经济作为社会主义经济看待，其失误恰恰在于过早地消灭了一切非社会主义经济包括私人资本主义经济和个体经济，搞单一的社会主义经济。

认为非公有制经济也是社会主义经济的另一个论据是："在实行计划经济的条件下，社会主义经济必然等同于公有制经济……承认社会主义经济是市场经济，就不能把社会主义经济完全等同于公有制经济，而把非公有制经济排除在外"。这个立论也不能成立。为什么在计划经济下，非公有制经济是非社会主义经济，而一实行市场经济，就变成社会主义经济了呢？难道某种所有制经济的性质，不是由其内部的经济关系决定，而是根据党的方针政策的变化而不断变更吗？

主张非公有制经济是社会主义经济的另一个论据是："以社会主义公有制为主体的'主体论'本身，是对社会主义经济等同于公有制经济的'等同论'的否定"。这个论据就更难理解了。公有制为主体，怎么能否定公有制是社会主义经济而非公有制是非社会主义经济的基本理论原理呢？前面讲过，公有制为主体，就是社会主义经济为主体，非公有制经济即非社会主义经济为非主体。连论者自己不是也讲过非公有制经济只是"社会主义经济的补充"吗？怎么现在又提出了"否定"论呢？恰恰相反，如果公有制私有制都是社会主义经济，实际上就否定了公有制的主体地位。既然都是社会主义经济，还有什么必要区分"主体"与非主体呢？强调"公有制为主体"，正因为公有制是社会主义经济。有了社会主义经济为主体，才有社会主义社会和社会主义国家。如果公有制这个主体丧失了，社会主义经济制度也就不存在了，也就不是社会主义国家了。

论者的再一个论据是：要"重新认识社会主义经济这一政治经济学基本概念本身，不能再像过去那样把社会主义经济完全等同于公有制经济，而要把它看成是以公有制经济为主体、非公有制经济为非主体的多元化经济。……是邓小平理论的重要组成部分"。这不是论证，也没有论据，只是一个没有任何论据和论证的难以成立的主观论断。更不能将其强加于邓小平理论。邓小平一贯强调公有制是社会主义经济，从来没有讲过各种私有制经济也是社会主义经济。从邓小平理论体系中绝对推导不出这样的论断来。

论者提出的另一个论据是："追求'一大二公三纯'的传统社会主义所有制结构，因其不利于社会生产力的发展，必然要被改革开放以来出现的新的公有制经济形式所代替。"作者接着论证了"新的公有制经济形式"：混合所有制经济、股份制经济、股份合作制经济。应当明确股份制等混合所有制经济，并不是一种独立的所有制形式，而是私人资本和公有资本共同构建的一种不同的所有制的实现形式。股份制中的私资、外资，依然是资本主义经济，而公有资本依然是社会主义经济，不能把股份制中的私人资本充公，变成公有制。因此，把股份制等混合所有制称作新公有制是不正确的，怎么能把其中的私资、外资看作公有制呢？这与"混合所有制"概念本身也是相矛盾的。本来两种观点争论的焦点是私资、外资等非公经济是不是社会主义经济，对方坚持是，笔者说不是，只有公有制经济才是社会主义经济。现在对方又转换了概念，声称私资、外资等私有制经济是"新公有制经济形式"，自然是社会主义经济。

令人惊异的是论者最后竟把分歧的关节点落在了"社会主义经济"与"社会主义性质的经济"这样概念的理解上。对方观点认为把二者看作是两个不同的概念。后来，对方不得不承认个体经济是"小私有制经济"，"资本主义经济还是资本主义经济……虽然它具有某些社会主义的特征，但毕竟不是社会主义性质的经济"，在我国的基本制度中，"公有制经济是社会主义性质的经济，非公有制经济则不是社会主义性质的经济，它原来是什么性质还是什么性质"。对方称："我的看法是，如果这里所说的社会主义经济，指的是社会主义性质的经济，那我认为，不能把资本主义经济看作是社会主义经济。如果指的是有中国特色的社会主义经济，那我认为，资本主义经济同其他非公有制经济一样，是有中国特色社会主义经济的重要组成部分"。①② 笔者始终认为：社会主义经济，是具有社会主义性质的经济。非公有制经济不具有社会主义性质，是非社会主义经济，但构成"有中国特色社会主义的经济"的组成部分。论者手中有两种"社会主义经济"，一种是专指社会主义性质的经济；另一种是还包括不具有社会主义性质的社会主义经济。对方认为，"社会主义经济"，可以包括非社会主义性质的社会主义经济。资本主义经济、个体经济等作为非社会主义性质的社会主义经济可以是社会主义经济的重要组成部分。这种观点站不住脚。所谓社会主义经济，就是专指社会主义性质的经济。这也是前引马克思主义、毛泽东思想和邓小平理论中所肯定了的。天下哪有不具有社会主义性质的"社会主义经济"呢？哪有资本主义经济是不具有社会主义性质的"社会主义经济"的理论呢？这是制造概念混乱。

（五）"社会主义初级阶段的基本经济制度"和"社会主义经济制度"的关系及其基础问题

经济制度是经济关系的总和，包括所有制度、分配制度、交换制度和其他制度等。我国社会主义初级阶段，存在公有制为主体的多种所有制和以按劳分配为主体的多种分配制度，存在多种不同的经济关系。因此，初级阶段的基本经济制度是混合型的。单从所有制关系讲，社会主义初级阶段的基本经济制度是"公有制为主体、多种所有制经济共同发展。"这是十五大报告和宪法中规定了的。但是，不能把"社会主义初级阶段的基本经济制度"混同于"社会主义经济制度"。初级阶段的基本经济制度也

---

①　方生：《有中国特色社会主义经济理论的若干认识问题》，载于《中共中央党校学报》2000 年第 2 期。

②　方生：《非公有制经济究竟是什么性质》，载于《山西发展导报》2000 年 3 月 26 日。

是"一般"与"特殊"、"共性"与"特性"的统一。即既有适用于社会主义各个阶段的乃至一切社会主义国家都存在的具有一般规定性或共性的"社会主义经济制度",诸如公有制、按劳分配、消灭剥削、消除两极分化、共同富裕等。又有反映社会主义初级阶段特色的包括私有制经济在内的多种所有制经济的存在。因此,"社会主义初级阶段的基本经济制度"=作为主体的社会主义经济制度+作为非主体的私有经济制度(资本主义私有制+个体小私有制)。因此,私有制经济是社会主义初级阶段基本经济制度的构成部分,但不是"社会主义经济制度"的构成部分。有人说,到社会主义高级阶段也是多种所有制共同发展。如果是作为个人观点,可以各抒己见。但从邓小平理论和中央有关文献来看,是定位在初级阶段的。如十三大报告指出:"以公有制为主体发展多种所有制经济,以致允许私营经济的存在和发展,都是由社会主义初级阶段生产力的实际状况所决定的"。十五大报告中讲的"有中国特色社会主义的经济",也是特指"社会主义初级阶段"的。如果私有制与公有制共同发展的格局在社会主义高级阶段一样存在,那在"基本经济制度"前面加上"社会主义初级阶段"这一定断词就是多余的了。至于"社会主义经济制度",在我国实行传统计划经济体制时期已经存在,无论处于社会主义初级阶段、中级阶段还是高级阶段,都一样存在。在其他社会主义国家,无论过去或现在,无论实行何种经济体制,也都存在。只是在社会主义发展的不同历史阶段,社会主义经济制度有着发展程度和成熟、完善程度的差别罢了。

在十五大报告中,在宪法和其他中央文献中,"社会主义初级阶段的基本经济制度"和"社会主义经济制度"是作为两个概念分别提出和运用的。在十五大报告中,提出"社会主义初级阶段的基本经济制度"的下面,紧接着讲,我国之所以实行公有制为主体,是因为"我国是社会主义国家,必须坚持公有制作为社会主义经济制度的基础。"在宪法中,也是作为两个有区别的概念相继提出的。在 1999 年经过修改的我国宪法中，除沿用以往宪法中规定的我国"社会主义经济制度的基础是生产资料的社会主义公有制"外，又在后面加上了"社会主义初级阶段的基本经济制度"的内容。这就表明，两个概念是不能相互取代或合二为一的。它们各有其独立存在的意义。硬把两个概念混同起来，主张非公有制经济也是"社会主义经济制度"的内容，是不符合十五大精神和宪法规定的。

论者知晓其观点与宪法规定是相矛盾的，宪法明确规定中华人民共和国社会主义经济制度的基础是生产资料公有制，为了避开这个矛盾，他竟费尽心机改变宪法关于"基础"的本意。可以清楚地看出，在有关文献中，凡讲公有制是"基础"时，只能使用"社会主义经济制度"或"社会主义制度"概念。而讲"主体"和"共同发展"时，则使用"社会主义初级阶段的基本经济制度"概念。公有制是"社会主义经济制度"的基础，这是马克思主义科学社会主义的一个基本原理，也是一个常识性的道理。但有人竟将此也斥之为应当摒弃的传统社会主义理论。他主张包括资本主义在内的一切非公有制经济也是"社会主义经济制度"的基础。他把宪法中明确规定的"基础"任意解释为"主体"。然而，"基础"同"主体"是含义不同、不容倒换的两个概念。二者是回答不同问题的。"社会主义经济制度"的"基础"只能是公有制，不包括私有制。主张私有制也是社会主义经济制度的基础的观点，是完全悖理的。所谓公有制是基础，是指公有制在社会主义经济体系即社会主义经济关系总和中起着决定性的基础作用。有了公有制，才有按劳分配、劳动者是主人、消灭剥削、共同富裕等，总之才有社会主义制度。私有制无法起这样的"基础"作用，难道能说，没有私有制就没有社会主义经济关系，就没有社会主义制度吗？

"主体"回答的问题与"基础"完全不同。"主体"与非主体，是指公有制与非公有制在国民经济中的比重问题。如果说，强调"公有制是基础",是在社会主义经济体系内部从纵向关系上确定公有制的地位的话,那么公有制是"主体"则是从公有制和私有制的横向关系上确定公有制的地位的。"基础"是指公有制是社会主义大厦的根基。而"主体"是指公有制资产在社会总资产和新增加值中占优势。

关于"基础"问题,邓小平同志也反复强调过。他说"社会主义的经济是以公有制为基础的","我们的社会主义制度是以公有制为基础的"。邓小平肯定的十三大报告中也说:我国当前"以生产资料公有制为基础的社会主义经济制度"已经建立。江泽民在建党 78 周年座谈会上也讲:我国的国有资产,"是我国社会主义制度的重要经济基础"。如果国有资产被掏空,"我们的社会主义制度就会失去经济基础"。从这些权威性的、大量的、系统的有关"基础"的论述中,无论如何引不出私有制也是"社会主义经济制度"的基础的论断来。而且可以进一步看出,凡讲公有制是基础的地方,都只与"社会主义制度"、"社会主义经济制度"、"社会主义经济"相联系。因为这里讲的不是"社会主义初级阶段基本经济制度"的基础。如果要讲"社会主义初级阶段基本经济制度的基础"的话,那么,可以认为,除了作为主体的公有制外,现存的一切非公有制经济也是其基础。归根到底,还是需要把"社会主义经济制度"同"社会主义初级阶段的基本经济制度"两个概念区别开来。

第八章

充分发挥国有经济的主导作用、深化国有经济改革

一、国有经济的重要地位和作用

（一）应分清社会主义国家和资本主义国家国有经济的不同性质和作用

在 2016 年 7 月 4 日召开的全国国有企业改革座谈会上，传达了习近平总书记的重要指示："国有企业是壮大国家综合实力、保障人民共同利益的重要力量，必须理直气壮做强做优做大，不断增强活力、影响力、抗风险能力，实现国有资产保值增值。"[①]搞社会主义和共产主义，必须建立和发展作为公有制重要形式的国有经济，这是从马克思主义经典作家到毛泽东、邓小平，以及历届中央领导和文件坚持的基本原理。以国有经济为主导的公有制经济，是社会主义经济制度的基础，这是写入我国宪法中的社会主义基本原则。

[①] 习近平：理直气壮做强做优做大国有企业，http：//cpc. people. com. cn/n1/2016/0705/c64094 – 28523802. html.

　　然而，长期以来，国内存在着这样一种观点，即否定国有经济的社会主义性质及其重要地位和作用，主张用民营经济（私有制经济）取代国有经济，批判、否定国有企业为社会主义国家的标志和党的执政基础，反对将国有化和社会主义等同起来，认为这种"基础论"站不住脚。其主要理论和事实依据是：第一，苏联垮台时，一统天下的国有经济没有支持苏共继续执政；第二，20世纪70年代初，一些发达资本主义国家国有经济比重都比较高，但没有人说它们是搞社会主义；第三，恩格斯在《反杜林论》中批评有人把俾斯麦的国有化看作是社会主义，这是冒牌社会主义。但有的学者据此否定我国国有经济的社会主义性质，认为任何国有化都是冒牌社会主义。甚至有人诬称：搞国家社会主义的国有经济来源于希特勒。

　　应当明确：我国是以马克思主义为指导的社会主义国家。中国特色社会主义是科学社会主义的继承与发展，必须区分资本主义国家的国有经济同社会主义国家的国有经济社会性质的差别。资本主义国家以私有制为基础，有无国有经济都不会改变其资本主义制度，其国有经济依然是资本主义，或称为国家垄断资本主义。但社会主义国家的国有经济归全民所有，是社会主义制度的经济基础，当然是社会主义性质的经济。这在马克思和恩格斯的论著中讲得很清楚。

　　马克思和恩格斯在《共产党宣言》中就指出，无产阶级取得政权后要把一切生产工具掌握在国家手中。[①] 这就表明要建立和发展国有经济。马克思在《论土地国有化》一文中指出："生产资料的全国性集中将成为自由平等的生产者的各联合体所构成的社会的全国性基础。"[②] 就是说，生产资料国有化是联合体（社会主义和共产主义）的"全国性"基础。恩格斯在《反杜林

---

① 《马克思恩格斯文集》第2卷，人民出版社2009年版，第52页。
② 《马克思恩格斯文集》第3卷，人民出版社2009年版，第233页。

论》中一方面批评了把资本主义制度下的某些国有化称作社会主义的"冒牌社会主义",另一方面又指出:"无产阶级将取得国家政权并且首先把生产资料变为国家财产"。① 就是说,无产阶级取得政权的国家应首先建立国有经济,才能实行社会主义。恩格斯还指出了为什么资本主义国家的国有经济仍然是资本主义而非社会主义。因为生产资料"无论转化为股份公司,还是转化为国家财产,都没有改变生产力的资本属性……工人仍然是雇佣劳动者、无产者。资本主义关系并没有被消灭,反而被推到了顶点"。② 令人不解的是,有人竟根据资本主义国家的国有经济不是社会主义,以及恩格斯批评"冒牌社会主义"来否定我国的国有经济是社会主义经济。

只要翻看一下,从毛泽东到历届中央领导人的论著和中央有关文献,就可清楚地知道,无论是搞新民主主义还是社会主义,国有经济都是社会主义性质的经济。毛泽东在《新民主主义论》中指出:"无产阶级领导下的新民主主义共和国的国营经济是社会主义的性质,是整个国民经济的领导力量。"③ 新中国建立前夕,全国政协制定的《共同纲领》也讲:在我国新民主主义制度下国营经济为社会主义性质的经济。《中华人民共和国宪法》规定:中华人民共和国的社会主义经济制度的基础是生产资料的社会主义公有制,即全民所有制和劳动群众集体所有制。国有经济,即社会主义全民所有制经济,是国民经济中的主导力量。国家保障国有经济的巩固和发展。我国处于社会主义初级阶段,不搞单一的公有制,实行国有经济为主导、公有制为主体、多种所有制经济共同发展的基本经济制度,要坚持"两个毫不动摇"。这也是写入宪法、党章和中央文件中的基本原理,不认同这些基

---

①② 《马克思恩格斯文集》第 9 卷,人民出版社 2009 年版,第 297 页、第 295 页。

③ 《毛泽东选集》第 2 卷,人民出版社 1991 年版,第 678 页。

本原理并与其相对立的观点是完全站不住脚的。

(二) 国有经济是不是党和政府的执政基础

改革开放以来，否定国有经济、宣扬"国退民进"的私有化思潮颇为盛行。中央和马克思主义学界提出了以国有经济为核心的公有制经济是党和政府的执政基础的论断，以澄清理论是非。1999年，江泽民指出："我国社会主义工业化和现代化建设的一切重要成就，我国具有今天这样比较雄厚的综合国力和重要的国际地位，我国经济能够在激烈的国际竞争中持续稳步发展，都同国有企业发挥的巨大作用分不开。"[1] 2000年，他又指出："没有国有经济为核心的公有制经济，就没有社会主义的经济基础，也就没有我们共产党执政以及整个社会主义上层建筑的经济基础和强大物质手段。这一点各级领导干部特别是高级领导干部必须有清醒的深刻的认识。"[2]

不赞同讲国有经济是党和政府执政基础的观点认为，如果按照这种"基础论"定位，那么，国有经济就只能进、不能退。苏联解体的时候，一统天下的国有经济为什么没有支持苏共继续执政？这种逻辑是不合理的。讲"执政基础"，并不意味着国有经济只能进不能退，而是有进有退，进退有序，进退合理。不能把"国退民进"作为国企改革的方向。要坚持在国有经济为主导、公有制经济为主体的原则下使多种所有制经济共同发展。坚持"两个毫不动摇"、公私共同发展，是在坚持国有经济为主导、公有制为主体的原则下进行的。为什么要强调公有制经济为主体？这是由国有经济的重要地位和作用决定的。第一，公有制经济如宪法所规定是社会主义经济制度的基础。社会主义要消灭剥

---

① 《开创国有企业改革和发展的新局面——热烈祝贺党的十五届四中全会胜利闭幕》，载于《人民日报》1999年9月23日。
② 《江泽民文选》第3卷，人民出版社2006年版，第71页。

削、消除两极分化，走向共同富裕，必须在公有制基础上实现。以私有制为基础的社会，不可能消除贫富分化、实现共同富裕。因此，公有制的兴衰成败关系着社会主义的兴衰成败。第二，以国有经济为核心的公有制是共产党和人民政府执政的基础。如果公有制全盘倒退为私有制，经济基础决定上层建筑，共产党就会失去其执政的经济基础。因此，公有制的兴衰成败，关系到共产党的事业的兴衰成败。正因为如此，习近平一再强调"基础论"。2014 年 8 月 18 日，在中央全面深化改革领导小组会议上，习近平指出："国有企业特别是中央管理企业，在关系国家安全和国民经济命脉的主要行业和关键领域占据支配地位，是国民经济的重要支柱，在我们党执政和我国社会主义国家政权的经济基础中也是起支配作用的，必须搞好。"① 在 2015 年 11 月 23 日中共中央政治局集体学习会上，习近平又强调指出："公有制主体地位不能动摇，国有经济主导作用不能动摇，这是保证我国各族人民共享发展成果的制度性保证，也是巩固党的执政地位、坚持我国社会主义制度的重要保证。"② 可见，否定"基础论"的观点是与马克思主义指导思想和中国特色社会主义理论相悖的。

否定"基础论"的观点还有一个事实根据，是苏联解体时一统天下的国有经济并没有支持苏共继续执政。这个根据在逻辑上也是不合理的。讲国有经济是执政基础，不是说只要有国有经济为基础就能保证共产党及其政权长治久安。如果共产党脱离群众不为劳动人民谋利益，而是以权谋私，又不坚持把发展生产力与发展和完善社会主义生产关系（主要是消灭剥削，消除两极分化，人民当家做主，实现共同富裕）以及发展和完善社会主义上

① 习近平主持召开中共中央政治局会议，http：//news. xinhuanet. com/politics/2014 - 08/29/c_1112288803. htm.
② 习近平：公有制主体地位不能动摇，http：//news. ifeng. com/a/20151125/46376721_0. shtml.

层建筑统一起来，就必然走向失败党的十八大以来，习近平提出"四个全面"的战略布局，正是保证我国长治久安的治国理政方略。他强调，要始终把人民放在心中最高的位置，时刻把人民群众的安危冷暖放在心上，夙夜在公，始终与人民心心相印，与人民同甘共苦，与人民共同奋斗。又提出了新的发展理念，提出了以人民为中心的共享思想。共享什么？笔者认为这是具有丰富内涵的概念。共享改革与发展的成果；共享青山绿水、蓝天白云；共享无害食品；共享教育医疗资源；共享安全生活；共享共同富裕。但所有这一切都要求把国有经济搞好搞活，如果搞私有化，则一切都是背道而驰。

（三）从马克思主义的理论逻辑和社会主义的实践逻辑认识国有经济的地位和作用

马克思主义和中国特色社会主义之所以强调国有经济的重要地位和作用，是有其科学理论和实践逻辑的，决不是为国有而国有，不是什么意识形态偏好。我国的国有经济还存在这样那样的不少问题，需要通过改革和完善管理将其搞好搞活。认为国有经济注定不如私有经济有效率，从中外整体经济发展的历史来看，这一论断并不具有科学性。从马列主义基本原理来说，首先要阐明为什么要搞社会主义。其本意可概括为两方面：其一是要让广大劳动人民摆脱在旧制度下受剥削受压迫的境地，全面自由发展，过上美好幸福的生活，最终实现共同富裕。为此，就需要以公有制取代私有制，这是制度保证。搞国有经济正是服从于这一根本目的的。其二是搞社会主义，是为了更好更快地发展生产力，这既是不断提高人民生活水平、实现共同富裕的物质保证，又是消除旧社会制度中束缚生产力发展的桎梏的需要。就资本主义国家来说，周期性的经济危机破坏着生产力的发展。就旧中国来说，在"三座大山"的压迫下，生产力发展被束缚着，使旧中国处于生产力十分落后的境地。从历史事实来看，以社会主义公有制取代旧制度的私有制，显示出了社会主义公有制有利于生产力发展的优越性。苏联建立了以公有制为基础的社会主义制度后，迅速缩短了沙俄时代与美国经济的巨大差距。在 1921～1933 年资本主义经济大危机年代，苏联经济蓬勃发展。"二战"中还打败了强大的法西斯德国的进攻；"二战"后成为可与美国抗衡的超级大国。而苏联解体、实行私有化后，多年经济停滞不前，国际地位雄风不再，其经济规模占世界的比重大幅下降。旧中国的多种私有制没有促进生产力的快速发展，反而成为生产力发展的障碍。新中国建立了社会主义国有经济以后，显示出了远超私有制经济的优越性。尽管改革开放前有"左"的失误，但经济建设事业和经济发展的成就超过旧中国的一两百年，年均 6% 以上的发展速度也超过了许多私有制的资本主义国家。改革开放前，新中国的经济建设成就主要是靠国有经济的贡献。国有经济也显示了它的效率。1956 年，毛泽东在《论十大关系》中讲："从现在的材料来看，轻工业工厂的建设和积累一般都很快，全部投产以后，四年之内，除了收回本厂的投资以后，还可赚回三个厂、两个厂、一个厂，至少半个厂。"[1]　这表明利润率是很高的。据此分析，如果投产四年就可收回全部投资，表示年均利润率为 25%；如果四年之内还可赚回三个厂，表示年均利润率为 100%。当然这指的是轻工业，重工业的利润率会低些。改革开放以后，出现了不少国企亏损、倒闭，国有资产大量流失情况，需要实事求是地分析其历史和现实原因。为什么有些原来效率很好的国企变得亏损甚至倒闭，是完全可以讲清楚的。但这不是本书的任务。这里重在说明：不能不加分析地得出国有经济必然比私有制经济效率低的论断。从而借此提出以私有制经济取代国有经济，搞"国退民进"的改革方向。

---

[1]　《毛泽东文集》第 7 卷，人民出版社 1999 年版，第 26 页。

二、充分发挥国有经济的主导作用

无论过去建立新民主主义社会，还是在目前的社会主义初级阶段，都强调国有经济的社会主义性质和领导作用。早在民主革命时期，毛泽东在《新民主主义论》中设计新民主主义经济框架时，就明确指出："在无产阶级领导下的新民主主义共和国的国营经济是社会主义的性质，是整个国民经济的领导力量。"在党的七届二中全会上毛泽东进一步强调："国营经济成为整个国民经济的领导成分。这一部分经济，是社会主义性质的经济，……谁要是忽视或轻视了这一点，谁就要犯右倾机会主义的错误。"基于这一认识，在共和国成立前夜召开的第一届全国政协通过的建国大纲《共同纲领》中，第二十八条明确规定："国营经济为社会主义性质的经济。……凡属国有的资源和企业，均为全体人民的公共财产，为人民共和国发展生产、繁荣经济的主要物质基础和整个社会经济的领导力量。"按照《共同纲领》的要求，新中国成立后，从过渡时期到社会主义建设时期 40 多年来，公有制经济（包括国有和集体）不断壮大，成为社会主义坚实的物质基础。在改革开放过程中，依然要或者更需要强调公有制的主体地位和国有企业的主导作用。这一点，已写入作为国家根本大法的宪法中。江泽民同志在关于深化国有企业改革的讲话中进一步强调："我国经济体制改革的目标是建立社会主义市场经济体制，而不是搞资本主义市场经济，重要的是要使国有经济和整个公有制经济在市场竞争中不断壮大，始终保持公有制经济在国民经济中的主体地位，充分发挥国有经济的主导作用。如果失去公有制经济的主体地位和国有经济的主导作用，也就不可能建设有中国特色的社会主义。所以，搞好国有企业特别是大中型企业，既是关系到整个国民经济发展的重大经济问题，也是关系到社会主义制度命运的重大政治问题。"以后的中央领导和中央文件同时强调国有经济的重要地位和主导作用。若在改革开放中，放弃公有制经济或国有经济，便背离了改革目标，改革就不会成功。但如果公有制经济特别是国有经济搞不好，也难以坚持其"主体"和"主导"的地位。坚持与搞好是互为条件和相互促进的关系。

有些人包括某些党政干部常把"主体"与"主导"相混淆，有的讲"以公有制为主导"，或者称"以国有经济为主体"。两种讲法都不对。

第一，公有制为主体，从范围来说，包括国有经济和集体经济等，而不能仅理解为是国有经济占主体。从"量"的角度来看，国有经济和集体经济所构成的公有制经济在社会总资产和新增加值中要占优势。原则上讲，通过提高公有制经济的效率，在产值上和吸纳的劳动力上也应占优势。

第二，国有经济为"主导"，首先要明确，不是要使之成为主体，因而在量上就不必一定要使国有经济在资产和产值以及吸纳的劳动力方面均占绝对优势或成为主体。应指出的是，在衡量国有经济的比重时，不仅要计算独立国有企业的资产份额，也要计算国有经济在其他经济成分中的投股、参股份额。其次，在"质"上，国有经济不仅要在全社会，而且在公有制中也要占据重要部门和关键行业，起到引导、导向的作用，成为引导其他经济成分健康发展、促进国民经济快速、高效、协调运行，保持社会稳定的主导力量。国有经济还应起走社会主义道路的"领头羊"的作用，在扶危济困、精准扶贫、优化环境、共享发展等方面起引领作用。因而，国有经济为"主导"，关键体现在"质"上或作用上，至于它的份额是否占50%以上，或是已下降到30%都不是根本性的问题。当然，为了真正起到"主导"作用，也必须保持一定的份额。份额过低，也难以有效地起"主导"作用。

第三，不能因为国有经济在向市场经济体制改革过程中存在这样或那样的问题和多重困难而否定它在国民经济的主导地位。问题在于要弄清国有企业的困难所在及困难形成的原因，然后对症下药，通过深化改革和转换经济增长方式，将国有企业搞活搞好，使其能更好地充分发挥自己的主导作用。

正确地把握国有企业的历史地位，科学地认识国有企业在过去、现在乃至将来在国民经济发展中的主导作用，是坚定深化国有企业改革，搞好搞活国有企业信心和决心的基本前提。

要正确地认识国有经济在历史上的重要和主导的作用。改革启动前的 30 年间，国有工业企业在资产和产值上占全国工业企业的 80% 以上，是国家财政收入的主要来源，特别是国有大中型企业，一直是我国经济发展的支柱，是先进技术和设备的代表，在工业化进程中起主导作用，是实现国民经济发展计划的主要力量。它们分布在国民经济基础部门、关键产业以及直接与人民生活相联系的消费品生产部门，为社会主义现代化建设、满足人民生活、保证社会经济稳定、引导国民经济发展，发挥了重要作用。

国有企业尽管存在这样或那样的问题，并且是改革的主要对象，但是，它在改革开放过程中，起过并继续起着重要的作用。它是改革成本的主要承担者。它承担了高税收等重负，为其他经济成分的产生和发展提供了前期的基础设施和发展得较好的市场空间。在调节国民经济运行、保障国家经济安全和应对国际危机和不测事件等方面起了重要作用。

要充分地认识国有企业特别是国有大中型企业在社会主义市场经济中的主导作用。第一，国有经济在市场经济中仍将涉及关系到国计民生的一些大型公益事业，一些投资大、周期长、收益慢的基础设施和新兴产业部门，成为这些产业和部门的主体和主导。第二，国有经济是维护市场经济有序运行、克服市场波动、实现政府宏观调控目标的主导力量。第三，国有经济在实现国民经济结构调整、产业优化和地区经济平衡等方面，将发挥不可替代的主导作用。许多国家的经验表明，单纯依靠市场机制调节，实现经济结构的转换、产业结构优化，特别是在区域间经济大体平衡是难以达到目的的。尤其是对于结构不合理、地区间经济发展不平衡的中国经济来说，必须充分利用国有经济在结构转换过程中的骨干和导向作用。

当然，保证和实现国有经济在国民经济发展和社会主义市场经济运行中的主导作用，其最基本的前提条件是要搞好搞活国有经济特别是国有大中型企业。目前国有企业存在着许多问题和面临着多方面的困难，必须调动全社会的整体力量，坚定信心和决心，将国有企业的改革推向深入。

搞活搞好国有企业，思路千条万条，归纳起来，主要是五条。一是落实企业自主权，同时形成约束监督机制；二是落实企业的自主钱，使其能够自负盈亏，自我发展；三是加强和完善企业管理，提高质量和效益；四是适应市场经济的新体制和混合所有制改革，将企业搞好搞活，扩大其影响力和控制力，总体上做优做强做大国有企业；五是搞好、优化国企管理体制，充分发挥工人群众的主人翁地位和作用，激励其主动性、创造性。这几方面的问题解决得越好，国有企业的主导作用便发挥得越好。

三、从理论和实践的结合上搞好混合所有制经济改革

我国对国有企业的改革经过了长期的探索，先后出台了多种改革举措。从开始的扩大企业的自主权、放权让利；到"利改税"、"拨改贷"；到所有权与经营权两权分离、企业承包制；到"抓大放小"、建立现代企业制度；产权清晰、责权明确、政企分开、管理科学；到对国企实行战略性改组；鼓励兼并、规范破产、下岗分流、减员增效；到建立"归属清晰、责权明确、保护严格、流转顺畅"的现代产权制度；到实行公司制改革、完善法人治理结

构；到建立股份制改革，作为公有制的主要实现形式；到建立公私资本相互参股的混合所有制经济，即基本经济制度的重要实现形式。

党的十八届三中全会通过的《中共中央关于全面深化改革若干重大问题的决定》（以下简称《决定》）提出："积极发展混合所有制经济。""国有资本、集体资本、非公有资本等交叉持股、相互融合的混合所有制经济，是基本经济制度的重要实现形式，有利于国有资本放大功能、保值增值、提高竞争力，有利于各种所有制资本取长补短、相互促进、共同发展。允许更多国有经济和其他所有制经济发展成为混合所有制经济。"[①]

发展混合所有制经济，既是老问题，又是新问题。说它是老问题，因为建立和发展作为混合所有制经济主要形式的股份制经济，在我国已经实行多年了。股份制的性质及其与所有制的关系，在学界也曾进行过广泛的讨论与争鸣。现在也存在不同的见解。说它是新问题，因为十八届三中全会的《决定》再次提出"积极发展混合所有制经济"，不仅是在力度上提高了，着力于"更多"地发展，而且提出的角度与过去并不完全相同。过去讲实行股份制或混合所有制经济，是从公有制主要是国有制经济的实现形式着眼的。而十八届三中全会再次提出这一问题，则是从"基本经济制度的重要实现形式"着眼的。"基本经济制度"是指公有制为主体，多种所有制经济共同发展的基本经济制度。由于非公有制经济很多是中小型企业，而且小型企业占更大比重。据统计，截止到 2013 年底，我国私营企业达到 1 253.86 万户，从业人员 1.25 亿人。众多小型非公有制经济，不能以股份制作为其"主要实现形式"。因此，股份制作为基本经济制度的混合所有制经济，只能成为"重要实现形式"，而不提"主要实现形式"。所以，十八届三中全会从新的角度提出混合所有制经济，既是首先为了更好地发展公有制经济，同时也是为了更好地发展

---

① 《中共中央关于全面深化改革若干重大问题的决定》，人民出版社 2013 年版。

非公有制经济。

（一）首先需要从理论上明确混合所有制的经济性质

所有制和所有制的实现形式是不同的问题。这里所讲的"形式"，是指其存在形式，而非实现形式。私有制和公有制又各有多种具体存在形式。就私有制来说，有个体经济、奴隶制经济、封建制经济、资本主义经济，它们是私有制的存在形式。私有制也可以有不同的实现形式。如封建主义所有制，都是地主占有土地，其经营形式也就是实现形式可以有多种：或是雇佣多位"长工"来耕种，或是采取劳役地租、实物地租或货币地租的形式来经营，还可以采取实物收入分成形式。资本主义所有制的实现形式，经历了自有自营的业主制形式、合伙制形式、股份制形式等。

公有制经济也有多种存在形式。如原始社会公有制、社会主义公有制等。公有制又可以有多种具体存在形式，如社会主义公有制，可以有国家所有制、集体所有制或其他合作制经济。社会主义公有制的实现形式也有多种，可以是国有国营的形式，也可以是所有权与经营权两权分离的形式。两权分离的形式又可以分为国家所有、企业自主经营，以及承包制、租赁制、股份制等。分清所有制的存在形式和所有制的实现形式，才能更好地认识和把握股份制或混合所有制的性质及作用。

我国对股份制和混合所有制的认识，对所有制和所有制的实现形式关系的认识，经历了不断探索的曲折过程。先是对股份制的认识有个思想解放的过程。新中国成立后，消除了旧政权时代的股份制经济。改革开放前和初期依然认为股份制是资本主义的东西。在改革开放推进中要不要和可不可以实行股份制，产生过意见的对立和争论。笔者20世纪80年代初发表过认同股份制的讲话和文章。

改革开放以来，党中央的有关文件中提出要探寻公有制的有效实现形式。党的十四届三中全会通过的《中共中央关于建立社会主义市场经济体制若干问题的决定》提出："国有企业实行公司制，是建立现代企业制度的有益探索。规范的公司，能够有效地实现出资者所有权与企业法人财产权的分离，有利于政企分开、转换经营机制，企业摆脱对行政关系的依赖，国家解除对企业承担的无限责任；也有利于筹集资金、分散风险。"① 同时提出，公司可以有不同的类型，如独资公司、有限责任公司或股份有限公司。上市的股份有限公司只能是少数。十四届三中全会的决定还提出"混合所有的经济"概念。"随着产权的流动和重组，财产混合所有的经济单位越来越多，将会形成新的财产所有结构。"② 1997 年，党的十五大报告明确提出股份制是公有制的一种实现形式。"公有制实现形式可以而且应当多样化……要努力寻找能够极大促进生产力发展的公有制实现形式。股份制是现代企业的一种资本组织形式……资本主义可以用，社会主义也可以用"。③ 1999 年，党的十五届四中全会提出要发展股份制这种混合所有制经济。"国有大中型企业尤其是优势企业，宜于实行股份制的，要通过规范上市、中外合资和企业相互参股等形式，改为股份制企业，发展混合所有制经济……"④ 以后的中央文件中，进一步提高了股份制、混合所有制经济在公有制主要是国有企业改革中的地位和作用。2002 年，党的十六大报告提出："除极少数必须由国家独资经营的企业外，积极推行股份制，发展混合所有制经济。"⑤ 2003 年，党的十六届三中全会提出：要"大力发展国有资本、集体资本和非公有资本等参股的混合所有制经济……使股份制成为公有制的主要实现形式"。⑥

从以上中央文件的说明中可以看出两点：一是对于股份制和混合所有制改革思路的提出、认识和实行，是经历了一个不断深化和提高的过程，股份制大门越开越大；二是以上一系列关于股

---

① ② ③ ④ 《中共十三届四中全会以来历次全国代表大会中央全会重要文献选编》，中央文献出版社 2002 年版。

⑤ ⑥ 《十六大以来党和国家重要文献选编》上册，人民出版社 2005 年版。

份制和混合所有制的理论认识和推行，主要是从改革和搞活公有制经济主要是国有经济的角度着眼的。

中央决定实行股份制后，反对搞股份制的声音逐渐退出了论坛，但股份制的性质问题又从另一个方面出现认识分歧了。有的学者认为，在我国一切股份制都是公有制。私有资本和公有资本参股的股份制是社会主义公有制性质，完全由私人资本建立的股份公司也是社会主义公有性质。有的学者甚至提出资本主义国家股份制也是社会主义公有制。这种观点显然是不对的，笔者写过多篇论文进行辨析。另外，有的学者认为，国有企业实行股份制是走向私有化的途径。如果将国有股转让给私人资本，国有制则变为私有制了。有的学者辩驳说：将国有股和企业卖掉，即使卖给私人，只是资本形式的转换，是将国有经济的实物形式转换为货币形式了，还是国家所有！这种辩驳是没有说服力的。公有制还是私有制，是从企业或经济单位的所有制来看的，不能从国家的财政收入来判断公有制。任何国家都有财政收入，美国的财政收入很大，并不意味着其公有制规模很大。

肯定地说，我国实行股份制，并不是为了便于通过出卖国有股实行私有化。

关于我国股份制的性质问题，曾有过"姓公""姓私"的争论。其实，股份制作为现代企业的一种资本组织形式，本身并不具有特定的社会经济性质。它的性质取决于股份资本是私有还是公有。党的十五大报告正确地回答了这个问题："不能笼统地说股份制是公有还是私有，关键看控股权掌握在谁手中。国家和集体控股，具有明显的公有性，有利于扩大公有资本的支配范围，增强公有制的主体作用。"① 这里只讲"具有明显的公有性"，没有讲就是公有制。因为入股的私人资本，仍

---

① 《中共十三届四中全会以来历次全国代表大会中央全会重要文献选编》，中央文献出版社2002年版。

属私有，不能充公。反过来，如果由私人资本控股，就具有明显的私有性，不能说就是私有制，因为公有资本依然"姓公"，不能变私。

2003 年 10 月 14 日，党的十六届三中全会提出"使股份制成为公有制的主要形式"。① 不少学者、高级官员和媒体对这一新提法的解读与宣传，出现了偏误。

《光明日报》的记者在该报 2003 年 10 月 27 日的《公有制经济发展的新动力》一文中讲："党的十六届三中全会突破了把公有制主要实现形式定位于国有经济和集体经济的传统观点，强调'股份制成为公有制的主要实现形式'，这意味着……已经完全摆脱了计划经济条件下对公有制的理解，为公有制经济的实现形式开辟了新的道路。"② 这是把国有经济和集体经济看做是计划经济时代公有制的实现形式，现在要予以突破，让股份制取代国有经济和集体经济，成为公有制的主要实现形式。这种宣传是将公有制自身的存在形式混同于公有制的实现形式了。《深圳特区报》2003 年 11 月 10 日发表了深圳市原市委书记厉有为的《公有制主体地位越走越宽》一文，认为提出使股份制成为公有制的主要实现形式，就是由以往的"全民所有制（或称国家所有制）和集体所有制的实现形式，发展到股份制为主的实现形式。"③

《经济日报》2003 年 10 月 13 日，在十六届三中全会开幕前夕掌握先机提早发表了中央党校邓小平理论研究中心的《混合经济究竟姓什么》一文。文中讲："传统的国有制经济、集体（合作）所有制经济……肯定是公有制的实现形式。""我们认为以股份制、股份合作制等为载体的混合所有制经济理所当然应该姓

---

① 《十六大以来党和国家重要文献选编》上册，人民出版社 2005 年版。
② 张玉玲：《公有制经济发展的新动力》，载于《光明日报》2003 年 10 月 27 日。
③ 厉有为：《公有制主体地位越走越宽》，载于《深圳特区报》2003 年 11 月 10 日。

'公'……并成为公有制的主要实现形式。"① 还有其他地方报刊同样宣传这种观点。他们都把公有制的存在形式混同于公有制的实现形式，错认为过去将国有经济和集体经济作为公有制的实现形式，现在要转变理论认识，要将股份制作为公有制的主要实现形式。这完全错解了中央文件的精神实质。

必须明确，股份制从来就不是一种独立的所有制形式，而是一种企业组织方式。它既不改变入股资本的原有性质，也不改变所有制的存在形式。

（二）弄清发展混合所有制的目的

有的论著中将混合所有制经济简称混合经济。应当将这两个概念区分开来。因为在西方经济学中已有区别于混合所有制经济的混合经济的概念。萨缪尔森和诺德豪斯（Nordhaus）所著的《经济学》中，专门阐述了混合经济的含义："现代社会的经济制度，没有一个是其中的一种纯粹形式。相反，所有的社会都带有市场和命令的混合经济。从来没有一个100%的市场经济（尽管19世纪的英国很接近于此）。在今天的美国，大多数经济决策是在市场上作出的。但是，政府在修正市场的功能方面起到了重要作用；政府制定管制经济生活的法律和规则，提供教育和安全服务，管制污染和企业。"②

西方经济学中，还有一种更广义的混合经济概念。既指社会经济由"国家机构和私人机构都实行一定程度的经济控制"，又指资本主义国家政府工业与私营工业并存的情况。"即便是在以自由经营的美国，也能找到政府经营和直接控制的多种不同形

---

① 中央党校邓小平理论研究中心；《混合经济究竟姓什么》，载于《经济日报》2003年10月13日。
② ［美］萨缪尔森、诺德豪斯：《经济学》第14版，北京经济学院出版社1996年版。

式。"① 我国实行公有制为主体、多种所有制经济共同发展的经济制度，也可称为混合经济。我国提出的混合所有制经济，专指不同所有制经济特别是公有制与私有制在生产与流通等经营过程内部的混合。

我们还需要弄清混合所有制经济"是公有制的主要实现形式"同"是基本经济制度的重要实现形式"的关系与区别。十八届三中全会《决定》中是讲"基本经济制度的重要实现形式"，这里所讲的"基本经济制度"，是"社会主义初级阶段基本经济制度"的简称。既包括作为主体的公有制经济，也包括非主体的多种非公有制经济。有的论著中对这个问题理解和阐述得不准确。如有的论文中讲："混合所有制是社会主义市场经济的主要实现形式。"又讲"混合所有制是社会主义基本经济制度的重要实现形式。"② 市场经济讲不讲实现形式问题，好像没有人提出过。中央文件中历来所讲的是"公有制的实现形式"或"基本经济制度的实现形式"。这是社会制度性范畴，而市场经济是经济体制性范畴，不能将两者混同。

另外，不能把"社会主义初级阶段的基本经济制度"混同于"社会主义基本经济制度"。社会主义基本经济制度只以公有制为基础，不包括私有制经济；而社会主义初级阶段的基本经济制度则除公有制为主体外，还包括多种私有制经济。中央文件中讲"基本经济制度"，就是专讲社会主义初级阶段的基本经济制度。在我国宪法中，社会主义经济制度和社会主义初级阶段的基本经济制度，是作为两个独立的概念论述的。如果把十八届三中全会《决定》中讲的"混合所有制经济是基本经济制度的重要实现形式"解读为社会主义基本经济制度的重要实现形式，就等

---

① ［美］格林沃尔德：《现代经济词典》，商务印书馆1981年版。

② 高明华等：《关于发展混合所有制经济的若干问题》，载于《政治经济学评论》2014年第4期。

于说是公有制的重要实现形式，这退回到以前的提法了，而且由原来的"主要实现形式"退为"重要实现形式"了。

发展多种所有制经济和混合所有制经济，要遵循既定的目的。既有直接的具体目的，又有总的战略性目的。更为重要的是不能偏离作为指导思想的战略性目的。由于提出要使混合所有制成为基本经济制度的实现形式，即既是公有制的"主要实现形式"，又是非公有制的"重要实现形式"。而且提出"鼓励非公有制企业参与国有企业改革，鼓励发展非公有资本控股的混合所有制企业"，要"废除对非公有制经济各种形式的不合理规定，消除各种隐性壁垒"，显示出强调"更多"发展混合所有制经济向非公有制经济倾斜的政策，容易使一些学者和实际工作者忽视或忘记发展多种所有制经济和混合所有制经济的根本目的，甚至将其错解为"国退民进"、削弱和销蚀国有制经济的改革部署，从而引起人们担忧，是不是会发生新一轮国有经济大量流失、化公为私的流弊。

发展混合所有制经济同发展多种所有制经济的根本目的是相同的。需要首先弄清发展多种所有制经济同发展混合所有制的关系与区别。

公有制为主体，多种所有制经济共同发展，是不同所有制经济各自作为市场经济主体独立发展，是不同所有制经济在各自体制外的发展。而实行混合所有制，是不同所有制主要是公有制与非公有制在同一体制内的共同发展。

多种所有制经济在体制外的共同发展和体制内的共同发展，都服从于共同的目的。这与我国的国情是相联系的。我国是在生产力落后的半殖民地、半封建制度的基础上建立社会主义制度的。这一国情决定了我国不能实行单一的公有制度。

多种所有制经济在体制外和体制内共同发展的直接目的，是为了充分利用各种资源更好更快地发展我国的生产力，消除"短缺经济"，满足人民的生活需要，解决我国面临的主要矛盾：人民日益增长的物质文化需要与落后的社会生产的矛盾。

发展股份制经济，使其成为公有制的实现形式或主要实现形式，是为了搞活国有经济，增强国有经济的影响力、控制力。如果国有资本控股，无论绝对控股或是相对控股，吸收私人资本参股，都会增大资本总量，放大国有资本的功能，有利于生产力的发展。

使混合所有制经济成为"基本经济制度的重要实现形式"。除"有利于国有资本放大功能，保值增值、提高竞争力"外，还"有利于各种所有制资本取长补短、相互促进、共同发展。"可见，使混合所有制成为基本经济制度的实现形式，其具体目的，既是为了更好地发展公有制经济，也是为了更好地发展非公有制经济。

不应忽视和忘记：多种所有制经济共同发展和混合所有制经济更多发展的具体和直接目的，是服从于发展社会主义的总的战略目的的。中国特色社会主义，不能背离科学社会主义，中国社会主义要由初级阶段走向中级阶段和高级阶段。中央明确指出，在现阶段既不搞单一的公有制，也不搞私有化；既不走封闭僵化的老路，也不走改旗易帜的邪路。发展非公有制经济，不能以私害公，走全盘私有化的邪路。发展混合所有制经济，不能是提供一个让私有制侵蚀和排斥公有制、取代公有制的平台，要警惕主张全盘私有化的人借机会这样做，也防范某些国企和地方管理人员由于理解和认识上的偏误走上歧途。

我国的改革与发展，要坚持和发展马克思主义和中国特色社会主义。一切改革包括发展混合所有制经济，只能有利于和服从这一总的目标。国有经济为主导、公有制为主体，多种所有制经济共同发展的基本经济制度，是中国特色社会主义制度的经济基础，也是走中国特色社会主义道路的主要标志。我国《宪法》是全民应遵守的根本大法，它明确规定："中华人民共和国的社会主义经济制度的基础是生产资料的社会主义公有制，即全民所有制和劳动群众集体所有制。"又规定"国有经济，即社会主义全民所有制经济，是国民经济中的主导力量。国家保障国有经济的巩固和发展。"① 党的十八大报告中指出："必须坚定不移走中国特色社会主义道路，道路关乎党的命脉，关乎国家前途、民族命运、人民幸福。""中国特色社会主义道路，中国特色社会主义理论体系，中国特色社会主义制度……必须倍加珍惜、始终坚持、不断发展。"② 党的十八届三中全会的《决定》，同样强调这方面的内容。这些方面的规定和总的指导方针，是一切改革与发展必须遵从的原则，也是发展多种所有制经济和发展混合所有制经济所应遵从的总的、战略性目的。也就是说，当我们进行混合所有制的改革时，在思想和理论认识上要事先明确和遵从这一原则和根本目的，才不至于在认识和实践中发生偏离，出现扭曲。

（三）怎样发展混合所有制经济

十八届三中全会提出积极发展混合所有制经济，是将其作为公有制和非公有制多种所有制的重要实现形式。"允许更多国有经济和其他所有制经济发展成为混合所有制经济"，也就是要形成国有资本、集体资本、非公有资本交叉持股、相互融资的混合所有制经济。③

目前，人们讨论发展混合所有制经济，重在国有经济放开门户，让非公有资本进入。国有企业引入私人资本，相互混合，这是一种单向混合。其实，从公有制经济和非公有制经济共同发展的思路来考虑，在理论上和实践上应是双向混合。即私人资本可以进入国有企业持股；同样，国有资本和集体资本也可以进入私营企业持股，这才真正成为"交叉持股"。但从目前一般的认知

---

① 《中华人民共和国宪法》，中国法制出版社 2010 年版。
② 胡锦涛：《坚定不移沿着中国特色社会主义道路前进　为全面建成小康社会而奋斗——在中国共产党第十八次全国代表大会上的报告》，载于《求是》2012 年第22 期。
③ 《中共中央关于全面深化改革若干重大问题的决定》，人民出版社 2003 年版。

来看，国有资本进入私营企业是个敏感区，容易被渲染为"国进民退"，或是与"三大改造"时期的公私合营相比拟。其实，私营企业吸收国有资本入股的事例早已存在。多年前笔者到南方参观一家私营制药企业，企业主管是一位博士，经营得很好，重视保障职工权益，利润率很高。经过了解，这家企业的国有资本占大头，为什么是私营企业呢？因为国有资本是分散的，私人资本相对控股，私人经营，故称私营企业。我国现有私营企业1 200多万家，有些企业资金短缺，贷款难，有的求助于高利贷，如果吸收一些国有或集体资本入股，私人资本掌握控股权，绝对控股或相对控股，可以放大私人资本的功能，是私人资本管控公有资本，有利于非公有制经济的发展。这与"三大改造"时的公私合营企业不同。当时的公私合营企业称作国家资本主义，是国有资本管控私人资本，最后要吃掉私人资本。现在私营企业吸收国有资本入股，是发展壮大自己的途径，是国进民进，国小进、民大进。十八届三中全会的《决定》中提出："鼓励发展非公有资本控股的混合所有制经济"。① 私人资本怎样取得控股权，主要不是进入国有企业取得控股权，主要途径应是私营企业引进公有资本，掌握控股权。

积极发展混合所有制经济，重点依然在国有经济。国有企业怎样吸收私人资本参股？是减少国有存量资本，增加和增大私人资本，搞"国退民进"，还是在国有资本保值增值的前提下，在增量资本中增添私人资本。十八届三中全会的《决定》中明确指出：发展混合所有制经济，"有利于国有资本放大功能、保值增值"。② 也就是说，不是国有经济将自己做好的大蛋糕切一块让给私人资本，而是引进私人资本将蛋糕做得更大，将增大的这块蛋糕公私分成。

国有经济发展混合所有制经济，涉及两方面的情况：一方面

---

① ② 《中共中央关于全面深化改革若干重大问题的决定》，人民出版社2013年版。

是新投资项目的资本安排；另一方面是原有国企引入私人资本的安排。国家的某些新投资项目可由国有资本和私人资本共同参与。十八届三中全会的《决定》中讲："国有资本投资项目允许非国有资本参股"。[①] 这种新投资项目一般是新兴高科技产业和战略性产业，或与国计民生相关的产业，一般要由国有资本控股，某些项目也可由民营资本控股。

需要着重研究的是原有国企怎样改革为混合所有制经济。根据国务院国资委副主任黄淑和的说明和国务院国资研究中心副主任彭建国的解答，他们提出了中央国企实现混合所有制经济的四种路径：一是涉及国家安全的少数国有企业和国有资本投资公司、国有资本运营公司，可以采用国有独资形式；二是涉及国民经济命脉的重要行业和关键领域的国有企业，可保持国有企业的绝对控股；三是涉及支柱产业和高新技术产业等行业的重要国有企业，可保持国有相对控股；四是国有资本不需要控股并可以由社会资本控股的国有企业，可采取国有参股形式或者可以全部退出。[②] 彭建国提出："混合所有制企业逐步降低国有股权比重"，"在增量产权多元化的新设混合所有制经济中，国有资本是否控股、参股或不参与，可以参照存量产权多元化的做法。"他还提出，实行混合所有制经济，"要打破所有制界限"，即打破"公有制与非公有制的界限"。[③]

在混合所有制经济中，控股问题是个关键问题。如果是私营企业吸收公有资本参股，肯定是由私人资本控股，而且大都为绝对控股。如果把控股权让给国有资本，那就真是"国进民退"了。私人资本不会允许，除非是某些经营困难，经营不下去的私营企业，愿交给国有资本控股。至于国有企业引入私人资本参

---

① 《中共中央关于全面深化改革若干重大问题的决定》，人民出版社 2013 年版。
② 白天亮：《国企四种路径实现混合所有制》，载于《人民日报》2013 年 12 月 20 日。
③ 彭建国：《积极发展混合所有制经济》，载于《人民日报》2014 年 9 月 15 日。

股，控股权应归国有资本，原有国企的国有资本要保值增值，国有资本在混合所有制经济中应占较大比例，因此，应是绝对控股。新建企业，实行混合所有制，视公私资本各自参股量的比重大小，确定由国资控股还是私资控股，是绝对控股还是相对控股。

在混合所有制的改制中，不要忘记改制的总的目的。改革是社会主义制度的自我发展与完善，要坚持和发展中国特色社会主义，就必须坚持和发展国有经济为主导，公有制经济为主体。如果国企改制中放弃了国有资本的控股权，转由私资控股，那就成了私营经济了，国企无法发挥主导作用。我国的国有经济比重，改革以来已大幅度降低。在改革开放初期，国有工业在工业总产值中的比重占80%以上。根据国家统计局的资料，1997年国有工业在工业总产值中的比重降为25.5%。现在没有官方统计数字，国有工业比重大约不到20%了，低于1949年新中国成立时的26.2%。不要再通过混合所有制改革削减国有经济了。因此，轻易提出"在国家不需要控股的企业，实行国有参股或全部退出"，不知是根据什么。哪些国企不需要控股或应全部退出？如果是好端端的国有企业，在改制中要求转归私资控股，变成私营企业，或者"全部退出"会是什么结果？"全部退出"就是要关闭和出售给私人，化公为私，这有悖于改革的总目的。如果是一些经营不善、濒临倒闭的国企，私人资本会来参股取得控股权吗？更值得考虑的是，笼统地提出国家不需要控股的国有企业，可由私资控股或全部退出，没有明确界限，容易被利用来搞新一轮国有资产流失。

事实上，我国混合所有制经济的改革已经多年了，股份制公司数量也已很多。2012年，我国已有2 494家境内上市公司，股票市值达23万亿元，占当年国内生产总值的43%。其中既有国有资本，也有私人资本参股或控股，是先行的混合所有制经济。现在是要进一步打开国企大门，更多地积极发展混合所有制经济。2013年9月6日，国务院常务会议提出：尽快在金融、石油、电力、铁路、电信、资源开发、公用事业等领域向民营资本推出一批符合产业导向、有利于转型升级的项目，形成示范效应，并在推进结构改革中发展混合所有制经济。也就是过去私人资本不准进入的某些产业，现在可以进入了。

现在需要注意的是，搞混合所有制改革既要积极，又要稳妥。目前有些地方把实行混合所有制企业的比例作为改革考核的目标。有的省国资委要求两年到三年内完成 70% 以上二级企业的股权多元化改革任务；有的要求 2017 年混合所有制的企业户数比重超过 60%。下指标，定任务，急于求成向上邀功，是我国地方政府历来惯用的手段，但往往会产生一些不好的后果。需要有科学有效的顶层设计，需要有规范的实施细则。习近平同志反复强调，关键是细则，成败也在细则，数量和指标不是重点。要进行试点，制定规则和程序，在改革的总目标和法律框架下进行运作。

面对积极发展混合所有制的改革，不同的社会成员会从不同的角度发出自己的声音。现在有五种声音：党和政府文件中的声音；国有企业主管的声音；私营企业主的声音；坚持新自由主义学者的声音；马克思主义和中国特色社会主义理论工作者的声音。党和政府的有关文件是从自己认知的改革需要制定指导思想和政策的。国企主管和私营企业主是从各自的利益领会和考虑中央改革精神的。新自由主义学者是主张通过混合所有制让私有制销蚀公有制，全盘私有化。马克思主义和中国特色社会主义理论工作者是从坚持和发展社会主义事业大局和改革总目的提出意见的。因此，难以形成统一的共识，声音杂乱，势所必然。马克思主义理论工作者要对各种不同的声音进行辨别与评析，澄清是非，减少摩擦。

我国的国有企业情况不同。有的国有企业，目前经营得很好，效率高、利润高，社会效益也高，如果不愿意私人资本进入，切去一块蛋糕，就没有必要搞"一刀切"，强制其实行混合所有制。国资委高管的改革设计未必完全科学和符合根本目的，也可提出不同意见。私营企业家，有的心中无数或心存疑虑，等待观望，有的提出自己的见解和要求。有些问题是可以讲清楚的。比如，有人认为，积极搞混合所有制，是不是与"三大改造"时的公私合营一样，要用国有资本吞并掉私人资本？其实这完全是两回事，目的不同，进程不同。公私合营虽然也可以算作一种混合所有制经济，但那是以消灭私人资本为目的的一种经营形式，是要通过公私合营变私人资本主义经济为社会主义国营经济。现在发展作为基本经济制度重要实现形式的混合所有制经济，其目的是既要搞活国企，又要发展私企，让国有资本和私人资本联合，取长补短，相互促进，共同发展。

有的私营企业要求私人资本参股国企，取得控股权。如果是国家某些新建项目，国有资本吸收私人资本共建，根据项目的性质，有的应由国资控股，有的可由私资控股。但原有的国企实行混合所有制，私人资本要求控股是不现实的。正如国有资本参股私人公司时，不能要求国资控股一样。私营企业家被称为社会主义事业建设者，不能一切都从一己私利出发行事，还应考虑为社会主义事业发展做贡献。参股国有公司，献计献策，提高效率，做大"蛋糕"，双方共赢，增加收益，是三利的事情：有利于国资，有利于私资，有利于国家。

我国已经存在国企改革引进私企资本发展混合所有制的成功经验。中国建材集团与上千家民营企业融合，将国企与民企的混合优势发挥得淋漓尽致，使其从一个营业额只有 20 亿元的企业，发展为营业额超过 2 500 亿元的全球第二大建材企业。既确保国有资本保值增值，又带动了私企资本的发展。它的成功经验是一个公式和十六字原则。一个公式是："央企的实力 + 民企的活力 = 企业的竞争力"。十六字原则是："规范运作，互利共赢，相互尊重，长期合作"。这具有发展混合所有制的示范效应。了解这一发展混合所有制成功的典型，可以对人们起到释疑解惑的作用。

参 考 文 献

1. 曹敏、崔广平：《论法治与市场经济的内在契合性》，载于《三峡学院学报》1999 年第 3 期。

2. 陈和：《完善社会主义市场经济法律制度》，载于《经济日报》2014 年 10 月 31 日。

3. 冯玉军：《推进科学立法完善法律体系》，载于《前线》2014 年第 10 期。

4. 弗里德曼：《自由选择》，商务印书馆 1982 年版。

5. 蒋梦惟：《法治经济，市场经济升级版》，载于《北京商报》2014 年 10 月 29 日。

6. 李永纯：《论市场经济就是法治经济》，载于《中国农业大学学报（社会科学版）》2000 年第 3 期。

7. 《列宁选集》第 4 卷，人民出版社 1995 年版。

8. 《列宁选集》第 3 卷，人民出版社 1995 年版。

9. 《马克思恩格斯文集》第 9 卷，人民出版社 2009 年版。

10. 《马克思恩格斯文集》第 7 卷，人民出版社 2009 年版。

11. 《马克思恩格斯文集》第 5 卷，人民出版社 2009 年版。

12. 《马克思恩格斯文集》第 3 卷，人民出版社 2009 年版。

13. 《马克思恩格斯文集》第 2 卷，人民出版社 2009 年版。

14. 王荣：《打造以法治为基础的现代市场经济体系》，载于《人民日报》2014 年 10 月 27 日。

15. 卫兴华：《社会主义经济和有中国特色社会主义经济的几个理论问题》，载于《南方经济》2000 年第 9、10 期。

16. 卫兴华：《探索·改革·振兴：社会主义初级阶段的经济》，中国人民大学出版社 1988 年版。

17. 周人杰：《市场经济需要打好法治算盘》，载于《人民日报》2014 年 10 月 31 日第 5 版。